SOCIAL WELFARE
POLICY

[개정판]

사회복지정책론

김성철 김성숙 김제선 박란이 박윤희
박종란 배순정 오현주 이성은 이혜영
이흥재 임유진 한화진 공저

양 성 원

머리말

본서는 사회복지정책 형성과 집행, 분석과 평가를 위한 기본적인 지식과 기술을 습득하고, 사회복지정책에 내재되어 있는 기본적인 가치와 관점에 대한 개념적 이해를 통해 사회복지정책의 내용과 발전방안을 분석하고 조망할 수 있는 분석적, 개입적 역량과 비판적, 관계적 역량을 배양하고자 한다.

또한 사회복지정책의 개념과 원칙, 유형과 원리를 이해하며, 사회복지정책의 주요 가치, 철학, 이념, 사상, 역사를 이해하는 목적이 있다. 사회복지정책 형성과정, 분석틀, 평가방법 등에 대해 학습하며, 사회복지정책의 현황과 과제 분석 및 대안을 탐색한다.

본서는 사회복지정책의 개요를 사회복지정책의 개념을 통해 사회복지정책의 개념, 가치, 사회복지정책의 목표, 사회복지정책의 대상(객체)을 제안하였다.

사회복지정책과 사상과 이론에서는 사회복지정책과 이데올로기, 사회복지정책 발달이론을 살펴보았다. 사회복지정책의 역사에서는 서구의 사회복지정책 발전과정과 한국의 사회복지정책 발전과정을 분석하였다.

사회복지정책의 구성요소에서는 사회복지정책의 대상, 대상의 분류, 사회복지정책 대상자 선정의 기준을 제시하였다. 사회복지정책의 급여와 목표, 급여의 형태, 급여의 수준 및 종류를 살펴보며, 사회복지정책의 전달체계와 전달체계의 개념, 분류, 원칙을 설명하였다.

사회복지정책의 재원에서 사회복지 재정의 개념 및 중요성과 공공재원을 분석하였다. 사회복지정책의 분석, 형성, 평가하였으며 사회복지정책의 형성의 개념과 필요성, 형성과정, 사회복지정책의 평가를 제시하였다.

한국의 사회복지정책에서는 사회보험정책을 분석하였으며 빈곤과 공공부조와 사회서비스정책과 사회복지정책의 전망을 통하여 사회복지정책의 미래의 과제를 제안하였다.

이 책이 출간되기 위하여 애쓰시고 배려해주신 양성원 출판사 사장님과 직원 여러분께 다시 한번 감사를 드린다.

2025년 3월

저자 일동

차 례

Part 02 사회복지정책의 구성요소

chapter 04 사회복지정책의 대상 / 87

chapter 05 사회복지정책의 급여 / 97

chapter 06 사회복지정책의 전달체계 / 117

chapter 07 사회복지정책의 재원 / 141

Part 03 사회복지정책의 분석, 형성, 평가

chapter 08 사회복지정책의 분석 / 159

chapter 09 사회복지정책의 형성 / 179

chapter 10 사회복지정책의 평가 / 207

Part 04 한국의 사회복지정책

Social Welfare Policy | part

01

사회복지정책의 개요

Social Welfare Policy | chapter 01

사회복지정책의 개념

[학습목표]

1. 사회복지정책의 개념에 대해 설명할 수 있다.
2. 사회복지정책의 가치에 대해 분석할 수 있다.
3. 사회복지정책의 목표에 대해 제안할 수 있다.
4. 사회복지정책의 대상에 대해 분류할 수 있다.

[개요]

1. 사회복지정책의 개념은 광의와 협의로 나누어서 정의할 수 있으며 정책의 특징, 기능으로 분석한다.
2. 사회복지정책의 가치는 인간의 존엄성과 평등, 자유, 사회적 공평, 효율성, 사회적 효과성으로 살펴본다.
3. 사회복지정책의 목표는 사회복지정책 프로그램, 급여대상자, 정책목표의 기능, 정책수단으로 설명한다.
4. 사회복지정책의 대상에 대해서 사회적 욕구와 문제로 분류해서 설명한다.

1. 사회복지정책의 개념

1) 정책의 정의

정책은 결정 사항을 안내하고 합리적인 결과를 수행할 수 있게 하는 원칙이나 규율을 가리킨다. 사전적 의미로는 정치나 정무를 시행하는 방침이다. 이 용어는 실제로 끝난 것을 가리키는 데에는 잘 쓰이지 않고, 절차나 의정서를 가리키는 것이 보통이다. 정책이 “무엇”과 “왜”를 포함하지만, 절차나 의정서는 “무엇”, “어떻게”, “어디서”, “언제”를 포함한다.

라스웰(H. Lasswell)은 정책은 “목적가치와 실행을 투사한 계획(course of action)”이라 정의하였고 예츠켈 드로어(Y. Dror)는 “정부기관에 의하여 결정이 되는 미래를 지향하는 행동의 주요지침이며 이 지침은 최선의 수단에 의하여 공익을 달성할 것을 공식적인 목표로 삼는 것”이라 정의하였다. 윌다브스키(A. Wildavsky)는 정책은 “목표와 그 목표의 실행을 위한 행동으로 구성된 것”이라 하였으며 달(Dahl)이나 린드블롬(Lindblom)은 정책을 “집단 간의 타협과 조정의 산물”로 보았다. 또한 다이(T. Dye)는 “정부가 하는 일이나 하지 않기로 결정한 모든 것”을 정책이라 정의하였다.

정책에 대한 개념규정은 학자들의 관점에 따라 다양하다. 학자마다 정책의 정의를 달리 표현하고 있을지라도 실제 내용상에서는 커다란 차이가 없다. 미국의 경우 사회복지정책은 1935년 「사회보장법」 제정 이후 잔여적 측면에서 실업보험과 연금보험 등을 실시한 이후에 오히려 공공부조와 사회복지서비스를 중심으로 서비스를 시행하였다.

이러한 공공부조와 사회복지서비스의 정책형성이나 평가에 관심을 두어 미국은 사회복지정책을 협의적 의미로 생각하고 주로 기술론적 관점에서 접근하여 사회복지행정의 개념과 동일시하여 용어를 정리하고 있다.

마셜(Marshall, 1970: 11-15)은 사회정책이 정확한 의미를 지닌 전문적 용어는 아니라고 하였다. 그것은 시민에게 서비스 또는 소득을 보장하는 기능으로서 시민의 복지에 직접적 효과를 주는 행위이며 정부의 정책이라고 규정하였다.

협의의 정책개념에 있어 칸(Kahn, 1973)은 정책을 "이른바 지속적인 계획, 장래 의사결정의 지침이나 결정의 연속선이다. 이것은 특수한 프로그램, 입법, 우선순위를 뒷받침하는 원리에 있어서 암시적이거나 명시적인 중핵인 것이다."라고 규정하고 있다.

길버드와 스펙트(Gilbert & Specht, 1974)는 협의의 개념에 입각하여 "정책이란 공사(公私)의 기관에 있어 행동의 방향이나 계획의 기초를 이루는 제 결정과 선택이다."라고 규정하고 있다.

티트머스(Titmuss, 1974)도 광의의 정책개념으로 "정책이란 용어는 주어진 목적을 지향하는 행동을 좌우하는 원리에 관련된 것으로 볼 수 있다. 이 개념은 목적뿐만 아니라 수단에 관한 행동을 의미하고 있다. 따라서 그것은 변동 - 변화하고 있는 상황, 체계, 실천, 행동 - 을 의미하고 있다."고 규정하고 있다. 협의의 정책이란 목적 내지 목표의 선택 설정으로 쓰이는 개념이며, 광의의 정책은 일정의 목적달성을 위해 행해지는 수단의 효율적 · 효과적 이용을 위한 방도의 선택으로써 쓰이는 경우가 많다.

티트머스는 사회복지정책은 소득 재분배와 자원의 배분을 통해 사회적 연대를 증진하고, 구성원의 삶의 질을 보장하는 기능을 한다고 주장한다.

사회복지정책은 국민의 복지를 증진하기 위해 국가와 공공기관이 공식적으로 계획하고 실행하는 일련의 활동과 결정체를 의미한다. 이를 통해 사회적 약자를 보호하고, 사회적 불평등을 완화하며, 국민의 삶의 질을 향상하는 데 목적을 둔다.

김태성(2003)은 사회복지정책은 인간다운 삶을 실현하기 위해 사회적 위험으로부터 보호하고 생활의 질을 높이는 것을 목적으로 함(김태성 & 성경륭, 2003).

송정부(2001)는 사회복지정책은 인간의 존엄성과 사회적 형평성을 달성하기 위해 사회적 자원을 활용하는 과정으로 정의한다(송정부, 2001).

조흥식(2012)은 사회복지정책을 공공정책의 한 분야로 규정하며, 사회적 약자 보호와 사회적 통합 촉진을 그 핵심으로 본다. 특히 노인, 여성, 아동 등 취약계층 지원

정책을 강조한다(조흥식, 2012).

이태수(2010)는 사회복지정책을 경제적·비경제적 자원의 재분배 과정으로 설명하며, 정책 형평성과 효율성의 균형을 중점적으로 다루고 있다(이태수, 2010).

황성동(2015)은 사회복지정책에서 국가의 적극적 개입의 필요성을 강조하며, 사회문제 해결뿐만 아니라 사전적 예방기능에 대한 중요성을 주장한다(황성동, 2015).

요약하면 , 사회복지정책은 국민의 삶의 질 향상과 사회문제 해결을 목적으로 하는 공공정책이다. 이는 사회적 형평성과 효율성을 동시에 달성하는 것을 목표로 하며, 국내 학자들은 이를 사회적 연대와 재분배를 통한 복지 실현으로 정의한다. 특히 사회적 약자 보호, 경제적 안정, 사회문제 예방이 중요한 방향성으로 제시되고 있다.

2) 정책의 특징

정책은 '마땅히 있어야 할 것', '당연히 바람직한 것'을 찾아서 구현시키려는 의도이다. 이는 정책의 '당위성'으로 표현된다. 이를 통해 정책은 국가가 사회적으로 필요한 가치를 전제로 특정한 '목표를 설정하고 그 목표를 달성하는 과정'이라고 볼 수 있다.

정책이란 권위 있는 공공기관이 정책목표(공익 및 사회적 형평의 실현, 사회문제의 해결)를 달성하기 위하여 정치적 · 행정적 과정을 거치거나 당위성에 입각하여 공식적 · 의도적으로 선택한 미래의 행동지침이다.

이러한 정의에 입각할 때 정책은 다음과 같은 특징을 가진다.

① 정책은 그 주체가 개인이나 사적인 집단이 아니라 공공기관이다. 즉, 정책은 권위 있는 기관에 의해 다루어진다는 것이다.

② 정책은 목표를 지닌다. 그 내용이 분명하지 않거나 표면상으로는 보이지 않는 경우가 있지만 원칙적으로 정책은 정책을 통해서 달성하고자 하는 목표를 지니고 있다.

③ 정책에는 특정한 가치가 함축되어 있다. 특정의 가치라 함은 아주 특수한 경우 사익이 될 수 있겠으나 대부분의 경우 공익을 말한다.

④ 정책은 복합적 구성체이다. 정책의 주체만 보더라도 그것은 개인에 의해서 만들어질 수도 있으며, 집단에 의해서도 정부기관에 의해서도 또는 삼자가 함께 어우러져서 정책을 만들 수도 있는 것이다.

사회복지정책은 공익성을 바탕으로 국민의 삶의 질을 향상시키기 위한 공공의 정책이다. 자원과 기회는 사회적 형평성을 고려해 재분배되며, 모든 국민을 대상으로 하는 보편적 복지와 취약계층에 집중하는 선별적 복지가 공존한다. 이는 정부, 민간, 지역사회의 다양한 주체가 참여하는 다원적 성격을 가지며, 시대적 요구와 환경 변화에 따라 가변적으로 변한다. 또한, 사회복지정책은 정치적 의사결정과 경제적 여건에 따라 큰 영향을 받는다.

국내 사회복지정책의 특징은 다음과 같다.

① 경제 성장 중심에서 복지 확대로의 전환

국내 사회복지정책은 경제 성장 중심의 정책에서 복지 확충 중심으로 변화했다. 1997년 IMF 외환위기 이후 사회안전망 강화에 대한 요구가 커지면서 사회보험과 공공부조 체계가 강화되었다.

② 사회보험 중심의 체계

국내 사회복지정책은 국민연금, 건강보험, 고용보험 등 사회보험 제도를 중심으로 설계되었다. 사각지대 해소를 위한 노력이 진행되고 있으나, 여전히 과제가 남아 있다.

③ 보편적 복지의 확대

아동수당, 기초연금, 무상보육 및 고교 무상교육 등 보편적 복지정책이 확대되고 있다. 전 국민이 기본권으로 복지를 누리는 기반이 강화되고 있다.

④ 지역 중심 복지 강화

지역별 요구와 특성에 맞춘 복지가 강화되고 있다. 커뮤니티 케어와 읍·면·동 단위의 복지허브 체계가 대표적이다.

⑤ 저출생 · 고령화에 대한 대응

국내 복지정책은 저출생 문제 해결을 위해 부모급여, 출생지원금 등 가족 중심 정책을 강화하고 있다. 고령화 문제에도 대응하기 위해 노인 돌봄 및 연금제도를 발전시키고 있다.

⑥ 민관협력

정부와 민간이 협력하여 사회복지 서비스의 공급과 관리를 공동으로 수행하고 있다. 이러한 협력은 복지서비스의 품질과 효율성을 높이는 데 기여하고 있다.

⑦ 디지털 복지서비스 확대

전자정부 시스템과 같은 디지털 기술이 복지서비스에 도입되고 있다. 이를 통해 온라인 기반의 접근성과 효율성이 향상되고 있다.

사회복지정책은 공익성과 재분배성을 바탕으로 국민의 삶을 보호하고 향상시키는데 기여하고 있다. 국내 사회복지정책은 시대적 변화와 사회적 요구에 따라 점진적으로 확대·발전하고 있으며, 이를 통해 전 국민이 체감할 수 있는 복지국가로 나아가고 있다.

3) 정책의 기능

정책의 구성요소로는, 첫째, 정책은 정책목표를 지닌다. 둘째, 정책목표를 달성하기 위한 정책수단이 정책의 또 다른 구성요소이다. 셋째, 원칙적으로 정책목표와 수단의 기본방침만 포함한다. 정부기관의 결정에 의해 공식적으로 천명된 것이다.

정책은 다음과 같은 여러 가지 기능을 수행한다.

① 정책은 문제해결을 위한 노력의 산물이다.

일단 정부에 의해서 채택된 정책문제가 해결을 위한 하나의 청사진으로 나타나는 것은 문제해결을 위한 노력의 일환으로 볼 수 있는 것이다.

② 정책은 일관성 있는 행동지침을 제시한다.

정책은 그 자체가 하나의 행동노선을 담고 있기 때문에 그에 관련된 개인의 행동을 위한 지침역할을 수행한다.

③ 정책은 변동을 야기하기도 한다.

정책은 환경에 무엇인가 변화를 일으키려 하는 것이다.

④ 정책은 사회를 재구성하는 기능을 한다.

정책을 통하여 사회문제를 해결한다는 것은 새로운 사회문제를 형성하는 것이다.

4) 사회복지정책의 정의

사회복지정책의 정의로서

첫째, 사회복지 프로그램이나 제반 사회문제에 대한 의사결정에 활용되는 지침(guideline)이다.

둘째, 사회생활을 영위해 나가는 데 필요한 인간의 기본적 욕구에 대응하기 위한 정책 분야이며, 각종 사회문제의 해결을 목적으로 하는 사회복지 프로그램의 형성 및 구체화를 통한 권위적인 가치 배분 활동이다.

셋째, 사람들이 인간다운 삶을 영위하도록 서비스나 소득을 제공함으로써 인간의 기본적 욕구를 충족시켜 주고, 각종 의존문제를 해결하기 위한 정부의 지침, 계획, 과정이다(박차상, 2020).

2. 사회복지정책의 가치

가치는 주관적이고 개인마다 다른 비중을 가지며, 사회경제적 여건에 따라 개인적/사회적 가치기준이 변한다. 정책이란 사회 구성원 사이에 제한적인 사회적 자원을 어떻게 배분할 것인가라는 논의의 결과로 만들어지는 소산이다. 정책 선택에는 가치선호가 결정적 기능을 할 수 있고, 따라서 정책연구에 가치분석이 매우 중요한 자리를 점한다. 특히, 사회복지정책은 다른 어느 정책보다도 추상적이고 예민한 가치적 반영을 하는 것이니 만큼 가치분석과 선택이 중요하다. 사회복지정책의 가치에 대해 많은 학자들이 각자의 견해를 제시하고 있는데, 크게 기본적 가치와 상대적 가치로 나누어 볼 수 있다.

1) 인간의 존엄성

인간이 신분이나 직업, 경제 상태나 신체적 조건, 출신지역이나 민족, 피부색, 성별, 연령 등을 이유로 해서 차별하거나 차별받거나 인간성이 부정되어서는 안 된다는 가치이다.

① 인간의 존엄성은 인간 사회에서 절대적인 가치이자 최고의 목적적 이념이다.
② 모든 인간은 인간으로서 살아갈 존엄한 가치가 있으며 권리가 있다는 사실을 전제로 만약 누구든 기본적 욕구가 충족되지 못하거나 못할 가능성이 있는 경우, 이를 사회 또는 국가가 도와주어야 한다는 사상이 사회복지사상이다.

③ 인간의 존엄

인간이 주체적인 존재라는 사실은 자기결정의 가치 생성이다.

적극적인 자극과 기회제공에 의해 반드시 바람직한 변화를 가져오는 존재라고 하는 사실은 사회보장의 가치 생성이다.

2) 평등

대한민국「헌법」제11조

① 모든 국민은 법 앞에 평등하다. 누구든지 성별·종교 또는 사회적 신분에 의하여 정치적·경제적·사회적·문화적 생활의 모든 영역에 있어서 차별을 받지 아니한다.

② 사회적 특수계급의 제도는 인정되지 아니하며, 어떠한 형태로도 이를 창설할 수 없다.

③ 훈장 등의 영전은 이를 받은 자에게만 효력이 있고, 어떠한 특권도 이에 따르지 아니한다.

태어날 때부터 평등하다는 관념과 실제적으로 평등한 대우를 받아야 한다는 규범적인 측면이 포함되어 있다.

① 수량적 평등

- 모든 사람을 똑같이 취급하여 차이에 관계없이 자원을 분배하는 개념
- 수량적 평등은 평등의 개념 가운데 가장 적극적인 것으로 산술적 평등이라고도 하며, 흔히 결과의 평등이라고 불린다.
- 그러나 수량적 평등의 개념이 의미하는 결과의 완전한 평등은 아직까지 인류의 사상 어떠한 사회에서도 존재하지 않았으며 또한 현실적으로도 존재할 수 없다.

② 비례적 평등

- 국민연금의 산정방식 소득비례부분
- 비례적 평등은 수량적 평등과는 달리 개인의 욕구, 노력, 능력, 기여 등에 따라 사회적 자원을 상이하게 배분하는 것을 의미한다. 즉, 비례적 평등은 공평한 처우를 말하며, 흔히 공평이라고 불린다.

③ 기회의 평등

- 기회의 평등은 주로, 기회를 가짐에 있어서 모든 개체들이 동등하게 보장받는 것이다.
- 기본적으로 지위, 인종, 가족, 계급, 종교, 출생 등 여러가지 선택할 수 없는 요소들로 차별받지 않고, 모두 똑같은 기회가 주어지는 것을 말한다.
- 이러한 측면에서 기회균등은 평등주의의 영향을 받았다고 할 수 있다.
- 기회균등을, 결과의 평등과 대치되는 의미로 보는 시각도 존재하지만, 기회균등은 엄연히 결과의 평등을 실현하기 위한, 기본적인 과정이며 두 개념은 서로 대립하지 않는다.

3) 자유

자유(自由)는 존재가 기반이 된 의지의 형태이다. 서구 학술사의 맥락에서는 영어로 리버티(Liberty)와 프리덤(Freedom)의 번역어로 사용되고 있다. 단정할 수는 없으나 일반적으로, Liberty는 Freedom과 뚜렷한 차이를 갖는다. 또한, Freedom은 주로 누군가가 의지한 대로 할 수 있는 능력이며, 누군가가 행위할 수 있는 힘을 가짐을 말한다. 반면, Liberty는 원칙 혹은 법이 아닌 자의적인 의지로 행해지는 억압을 봉쇄하는 것에 관심을 가지며 연루된 모든 이의 권리를 고려한다. 따라서 Liberty로서의 자유는 자유를 행할 수 있는 능력(Capability)을 조건으로 할 뿐 아니라, 다른 이들의 권리

(Rights of Others)에 따라 일부 제약을 받는다.

철학적 맥락의 자유는 결정론과 대조되는 자유의지와 관계된다. 사르트르(Sartre)는 자유가 형벌에 가깝고, 결속·앙가주망을 참자유라 하였다. 불가에선 죽음도 자유라 하였고, 도가에선 문명과 욕망의 자유를 거부하고 자연적으로 사는 것을 자유라 한다. 정치학에서 자유는 공동체의 모든 구성원들이 자격을 갖는 사회적이며 정치적인 자유로 구성된다. 신학에서 자유는 원죄로부터의 자유를 의미한다.

① 소극적 자유

- ~로부터의 자유
- 타인이나 사회 또는 국가로부터 간섭을 받지 않을 자유를 말한다.
- 신자유주의자들이 선호한다.

② 적극적 자유

- ~를 향한 자유
- 스스로 원하는 혹은 바람직하다고 생각하는 어떤 목적이나 행위를 추구할 수 있을 때 경험하는 자유를 말한다.
- 국가의 적극적인 역할과 개입을 강조한다.

③ 사회복지정책 비판과 합리화

사회복지정책이 개인의 자유를 침해하며, 선택의 자유를 침해함으로써 일부 사람들의 소극적 자유는 줄지 몰라도 전체 사회구성원이 누릴 수 있는 적극적 자유 수준은 증가하며, 완전경쟁 시장에서 소비자의 자유로운 선택에 어려움이 있다.

④ 어떠한 상태가 바람직한 것인가?

- 소극적 자유보다는 적극적 자유를 높이는 것이 사회적으로 보다 바람직할 수 있다.

- 적극적 자유가 소극적 자유의 가치를 높일 수 있다는 점이다.
- 굶어 죽기 일보 직전의 사람은 자유롭게 행동할 수 있는 기회는 무의미하며 음식을 제공하여 자신이 원하는 것을 할 수 있는 적극적 자유를 높여야 한다.
- 소극적 자유로부터 감소되는 효용(utility)이 적극적 자유로부터 증가되는 효용보다 적을 수 있다.
- 가난한 사람에게 음식을 지급하기 위해서 부자의 자유(소극적 자유)를 감소시켰을 때 이때 늘어난 빈자의 자유를 통한 효용의 증가는 부자가 잃은 자유로 인한 효용의 감소보다 클 수 있다.

4) 사회적 공평

사회적 자원들이 사회성원들의 지불능력, 즉 경제적 능력 여하에 따라 배분되는 것이 아니라 필요한 정도에 따라서 배분되는 것이 보다 바람직하다는 가치를 말한다.

① 수직적 공평

- 동일한 처지에 있는 사람을 동일하게 취급하자는 이념이다.
- 같은 조건의 클라이언트에 대한 서비스 배분이 동일해야 한다는 것이다.

② 수평적 공평

- 서로 다른 처지에 있는 사람을 적절히 상이하게 취급하자는 이념이다.
- 성별, 나이, 소득 따위의 차이가 있는 시민들 사이의 복지서비스 배분에는 서로 다른 기준이 적용되어야 한다는 것이다.
- 사회복지정책의 대안 분석은 사회적 약자인 클라이언트에게 좀 더 많은 서비스가 제공되어야 사회적 공평이 이루어질 수 있다는 것을 전제로 이루어진다.

5) 효율성

최소한의 자원을 투입하여 최대한의 결과를 얻는 것을 의미한다.

① 효율성의 두 가지 개념

- 투입이 일정하면 산출을 최대한으로 만드는 것이 효율적인 것이다.
- 산출이 일정하다면 투입을 최소화하는 것이 효율적인 것이다.

② 수단으로서의 효율성

효율성이 일차적 목표(primary objective)를 달성하기 위한 수단으로 의미 있는 것이지 효율성 그 자체가 주된 목표는 아니라는 개념이다.

이러한 의미의 효율은 평등과 같은 일차적인 목표와 동일한 수준의 개념이 아니기 때문에 평등과의 관계를 직접적으로 논하는 것은 무의미한 것이다.

즉, 수단으로서의 효율은 평등을 추구하는 여러 정책 가운데 어느 것이 적은 자원으로 보다 더 큰 평등을 성취할 수 있는가를 판단하는 기준일 뿐이며, 따라서 평등을 추가할 경우 너무 많은 자원을 필요로 하여 비효율적이라고 하더라도, 비효율이라는 것이 바로 평등이라는 일차적 목표 그 자체를 희생할 수 있게 만드는 기준이 될 수는 없는 것이다.

- '효율적인' 정책이란 기능한 한 적은 비용으로 사회구성원들이 중요하게 여기는 가치나 목표를 가능한 많이 달성할 수 있는 정책을 의미한다.
- 어떤 정책이 효율적이냐의 여부는 이론적으로 볼 때 투입한 자원에 대하여 달성된 결과를 대비하여 그 비율이 높을수록 효율적인 것이다.
- 정책의 효율성 여부를 파악하기 위해서는 정책이 달성할 수 있는 결과의 이득(benefit)을 모두 파악할 수 있어야 하는데 현실적으로 이것도 불가능하며, 어떤 정책의 결과가 가져올 수 있는 이득인 직접적인 것과 간접적인 것, 개인적인 것

과 사회적인 것, 현재 이득과 미래 이득, 시장가격으로 평가할 수 있는 것과 그렇지 못한 것 등 여러 차원으로 나타날 수 있기 때문이다.

③ 목표로서의 효율성

- 목표효율성(=대상효율성)

정책이 목표하는 대상자에게 자원이 얼마나 집중적으로 할당되는가의 여부를 판단하는 기준이다.

- 운영효율성

- 운영비를 줄여 비용 절감 효과를 높이고자 하는 것
- 최소한의 자원을 투입하여 최대한의 결과를 얻는 것을 의미한다.

- 사회복지정책이 추구하는 목표인 배분적 효율을 의미한다.
- 배분적 효율이란 사회 전체의 효용(만족감)을 높일 수 있도록 사회적 자원을 배분하는 것으로서 파레토 효율(Pareto efficiency)이라고도 한다.
- 파레토 효율(pareto efficiency)의 개념은 사회적 자원의 바람직한 배분이라는 보다 포괄적인 측면에 초점을 두고 있으며, 파레토 효율의 개념을 사용한다면 평등과 효율의 대체적인 관계는 수단으로서의 효율의 경우보다 중요한 쟁점이 될 수 있다.
- 자유시장주의자 완전경쟁시장에서만 파레토 개선과 파레토 최적이 가능하다고 본다.
- 정부개입 옹호정부가 시장실패를 교정하기 위해 개입할 때 사회적 자원이 적절하게 분배될 수 있다고 주장한다.

6) 사회적 효과성

효과성이란? 문제해결에 동원되는 자원과 이로부터 나타나는 복지서비스의 투입과 산출의 관계에서 투입은 상관없이 산출을 최대한으로 만드는 것을 말한다.

- 사회복지는 소비가 아니고 하나의 투자이며, 장기적으로 사회통합을 이룸으로써 사회비용을 줄이는 작용을 하기 때문에 사회복지자원의 투입은 경제적 효율보다는 사회적 효과를 염두에 두고 이루어져야 한다는 가치이다.
- 빈곤문제를 해소하고 소득격차를 줄이며, 모든 국민이 보건의료, 주거 등의 분야에서 국민최저기준 이상에서 생활하게 되면 많은 사회비용을 줄일 수 있다는 것이 사회복지의 기본적인 생각으로 장기적인 투자라는 관점에서 이루어지는 것이므로 단기간에 증명하기 어렵다.

7) 사회적 약자 보호와 사회적 평등을 구현

(1) 평등의 가치

사회복지정책은 모든 국민이 최소한의 인간다운 삶을 누릴 수 있도록 하는 것을 목표로 한다. 이러한 평등은 기회 평등만이 아니라 결과의 평등도 포함한다. 김태성(2003)은 평등을 사회복지의 핵심적 가치로 보며, 복지가 사회구성원 간 차이를 줄이고 사회적 통합을 이루는 데 기여한다고 보았다(김태성, 2003).

(2) 형평성의 가치

형평성은 복지 자원이 개인의 필요에 따라 분배되어야 한다는 가치를 반영한다. 조흥식(2012)은 형평성을 강조하며, 모든 사람에게 같은 자원을 제공하는 것보다 필요에 따라 자원을 분배해야 사회적 효율성과 정당성을 높일 수 있다고 주장하였다(조흥식, 2012).

(3) 연대와 상호 책임의 가치

사회복지정책은 사회 구성원 간의 상호 의존과 책임을 기반으로 설계된다. 송정부(2001)는 연대를 사회복지정책의 핵심 가치로 보며, 개인과 공동체의 상호 협력이 사회적 안정과 발전을 도모한다고 설명하였다(송정부, 2001).

(4) 사회적 통합의 가치

사회복지정책은 사회적 갈등과 계층 간의 차이를 줄이고, 사회 통합을 실현하기 위한 도구로 기능한다. 이태수(2010)는 사회적 통합이 복지국가의 중요한 가치라며, 다양한 계층을 포용하는 정책이 민주주의 발전과 사회 안정에 기여한다고 평가하였다(이태수, 2010).

(5) 인간의 존엄성과 기본권 보장의 가치

사회복지정책은 인간의 존엄성을 존중하고, 생존권, 건강권, 교육권 등 기본권을 보장하는 데 초점을 둔다. 황성동(2015)은 복지를 인간의 기본적 권리 실현을 위한 제도로 정의하며, 사회적 약자의 권리를 보장하는 것이 민주사회의 필수 조건이라고 주장하였다(황성동, 2015).

결론적으로 사회복지정책은 평등, 형평성, 연대, 사회적 통합, 인간 존엄성 등 다양한 가치를 바탕으로 국민의 삶의 질 향상과 사회 안정에 기여하고 있다. 국내 학자들은 이 가치들을 토대로 사회복지정책이 단순한 제도가 아닌, 사회발전과 개인 삶의 향상을 위한 핵심 도구임을 강조하고 있다.

3. 사회복지정책의 목표

사회복지정책의 목표는 국민의 삶의 질 향상, 사회적 통합과 안정 도모 그리고 인간의 기본권 보장에 있다. 이는 사회적 가치와 정책적 우선순위에 따라 구체화된다.

1) 인간의 기본적 욕구 충족

사회복지정책은 모든 국민이 기본적인 욕구를 충족하도록 지원하는 것을 목적으로 한다. 기본적 욕구에는 의식주, 건강, 교육 등이 포함된다. 김태성(2003)은 이러한 목표가 정책의 핵심이며, 인간다운 삶을 보장하는 데 필수적이라고 강조하였다 .

2) 사회적 형평성 증진

사회적 형평성을 증진하는 것은 사회복지정책의 주요 목표 중 하나이다. 이는 사회적 약자와 소외 계층이 적절한 보호와 지원을 받아 사회적 불평등을 완화하는 것을 의미한다. 조흥식(2012)은 사회복지정책이 모든 국민에게 공평한 기회를 제공하며, 특히 불리한 위치에 있는 사람들에게 더 많은 자원을 배분해야 한다고 주장하였다 .

3) 사회적 통합 실현

사회복지정책은 개인과 집단 간의 갈등을 줄이고, 다양한 계층을 아우르는 사회적 통합을 실현하는 데 기여한다. 이태수(2010)는 사회적 통합이 복지국가의 안정적 발전을 위한 필수 요소이며, 사회복지정책이 이를 촉진하는 핵심적인 도구라고 보았다.

4) 사회적 위험 예방과 대응

사회복지정책은 질병, 실업, 빈곤 등 사회적 위험을 예방하고, 이에 대한 대응체계를 구축하는 데 초점을 맞춘다. 송정부(2001)는 이러한 예방적 접근이 복지 비용을 절감하고, 사회 구성원의 안정성을 확보한다고 분석하였다 .

5) 경제적 안정과 생산성 향상

사회복지정책은 경제적 안정과 생산성을 증대시키는 것을 목표로 한다. 이를 통해 국민의 복지와 국가의 경제적 발전 간의 선순환 관계를 형성한다. 황성동(2015)은 사회복지정책이 노동시장 참여를 촉진하고 경제적 불평등을 완화하는 데 중요한 역할을 한다고 설명하였다 .

6) 국민의 행복과 삶의 질 개선

최근 사회복지정책은 국민의 행복과 삶의 질 개선을 궁극적인 목표로 삼고 있다. 보건복지부(2023)는 사회서비스 고도화 추진 방향과 제1차 사회서비스 기본계획을 발표하여, 국민 누구나 필요할 때 누리는 질 높은 사회서비스를 목표로 약자부터 촘촘한 지속 가능한 복지국가를 구현하겠다는 의지를 밝혔다 .

결론적으로 사회복지정책의 목표는 국민 개개인의 복지를 증진하고, 사회 전체의 안정과 발전을 도모하는 데 있다. 이를 위해 인간의 기본적 욕구 충족, 사회적 형평성 증진, 사회적 통합 실현, 사회적 위험 예방과 대응, 경제적 안정과 생산성 향상, 국민의 행복과 삶의 질 개선 등이 정책적으로 구현되고 있다.

4. 사회복지정책의 대상

사회복지정책의 대상은 복지 서비스 제공과 사회적 보호가 필요한 개인이나 집단을 말한다. 이들은 정책의 목적과 목표에 따라 다양한 기준으로 정의되며, 주로 다음의 기준에 따라 구분된다.

1) 필요 기준에 따른 구분

사회복지정책은 생계유지, 건강보호, 교육보장, 주거안정 등 사회적 필요를 충족하지 못하는 계층을 대상으로 한다. 김태성(2003)은 사회복지정책의 대상은 사회적으로 인정된 욕구를 충족하지 못하는 사람들이며, 그들에게 정책적 지원이 이루어져야 한다고 주장하였다(김태성, 2003).

2) 사회적 약자 중심의 구분

사회적 약자란 경제적, 신체적, 정신적으로 자립하기 어려운 사람들을 의미한다. 이들은 빈곤층, 장애인, 노인, 아동, 한부모 가정 등으로 구분된다. 조흥식(2012)은 사회적 약자가 사회복지정책의 중심적 대상이며, 이들에 대한 지원은 사회적 형평성을 강화하는 역할을 한다고 설명하였다(조흥식, 2012).

3) 법적 자격 기준에 따른 구분

사회복지정책은 법령에 의해 대상이 명확히 규정되는 경우가 많다. 예를 들어, 기초생활보장제도의 수급자, 아동복지법에 따른 보호대상아동 등이 이에 해당된다. 이태수(2010)는 법적 기준은 자원의 효율적 배분과 정책 실행의 정당성을 높이는 중요한 요소라고 보았다(이태수, 2010).

4) 보편성과 선별성에 따른 구분

사회복지정책의 대상은 보편적 정책과 선별적 정책으로 나뉜다. 보편적 정책은 전 국민을 대상으로 하지만, 선별적 정책은 저소득층이나 특정 취약 계층에 집중된다. 송정부(2001)는 보편성과 선별성은 사회복지정책 대상 선정에서 중요한 기준으로 작용하며, 상호보완적 관계를 이룰 수 있다고 강조하였다(송정부, 2001).

5) 사회적 상황에 따른 구분

사회복지정책의 대상은 사회적 환경 변화에 따라 달라진다. 저출생, 고령화, 이민자 증가 등은 새로운 대상의 등장을 의미한다. 황성동(2015)은 사회적 상황 변화는 새로운 사회적 위험을 초래하며, 이에 따라 정책 대상도 변화해야 한다고 설명하였다(황성동, 2015).

결론적으로 사회복지정책의 대상은 사회적 필요, 법적 기준, 사회적 약자 중심 등 다양한 기준에 따라 구분된다. 국내 학자들은 사회복지정책의 대상 선정이 정책의 효과성과 정당성을 결정짓는 중요한 과정임을 강조하며, 사회적 환경 변화에 따라 유연하게 대응해야 한다고 제안하고 있다.

Social Welfare Policy | chapter 02

사회복지정책의 이념과 발달이론

[학습목표]

1. 사회복지정책의 이념과 발달이론에 대해 분석한다.
2. 사회복지정책의 형성과 발전에 영향을 미친 주요 이론들을 분석해 본다.
3. 주요한 이론들이 사회정책에 어떻게 영향을 미쳤는지 분석해 본다.
4. 사회복지정책을 학습하는 데 이론에 대한 이해가 필요한 이유에 대해 분석해 본다.

[개요]

사회복지정책의 이념과 발달이론은 사회복지정책의 형성과 발달, 변천과정을 체계적으로 설명하고 있다. 사회복지정책의 이념과 발달이론은 매우 다양하다. 이념이란 자유와 평등을 주요 가치로 지향하면서 인간과 사회의 바람직한 존재 방식으로 상황을 표현하는 사고체계이다. 사회복지정책의 이념과 발달이론은 사회복지정책과 연관되어 있는 제반 현상과 사건을 이론적 진술을 통해 상호관계와 의미를 설명하는 것이다.

이 장에서는 사회복지정책의 이념과 주요 이론들을 알아보고 어떻게 사회복지정책에 영향을 미쳤는지 역동적인 변천과정을 정확히 이해하고 사회복지정책의 형성과 변화발달의 설명에 유용한 이론들을 분석해 보고자 한다.

1. 사회복지정책의 이념과 전략

사회복지정책의 이념과 전략은 복지제도의 설계와 운영 방향을 결정하는 철학적 기반이다. 각 이념과 전략은 사회적 맥락과 시대적 과제에 따라 융합적으로 적용되며 효율성과 형평성 간의 균형을 추구하는 것이 현대 사회복지정책의 핵심이다. 사회복지정책의 이념은 각국의 역사적, 사회적, 경제적 맥락에 따라 다양하게 발전했으며 이를 이해하는 것은 복지정책의 평가에 있어 중요한 기초를 제공한다. 각각의 이념과 전략은 고유한 장단점을 가지며 이를 융합적으로 활동하는 것이 현대 복지국가의 방향성을 자리잡고 있다. 사회복지정책의 이념과 전략은 사회적 욕구에 따라 변화한다. 정책의 성공은 특정이념의 절대적 적용보다는 이념과 전략을 융합하여 효과적이고 지속 가능한 방안을 모색하는데 달려 있다.

사회복지정책 분야에서의 이념과 전략은 정책의 목표를 판단한다. 사회복지정책을 평가한 이후 전망을 논할 때, 어떤 기준을 적용하는가에 따라 그 성격이 달라지는데, 이때 이념과 전략이 그 기준을 정하는 역할을 하게 되어 각기 다른 관점이 만들어진다(오미옥 외, 2013). 그러므로 사회복지정책의 이념은 복지국가의 본질을 형성하고 복지국가의 정책을 발전시키기 위한 관점을 다양화하고 나아가 여러 가지 정책 모형을 발전시키는 데 이바지하는 부분이 있다. 따라서 이러한 이념적 관점은 사회현상을 진단하고 변화와 방향과 특징을 추측할 수 있는 하나의 지표로 영향을 미치고, 사회복지정책의 방향을 결정하는 데 중요한 역할을 한다. 사회복지정책의 이념으로 자유주의, 신자유주의, 신우파, 보수주의, 사회주의, 사회민주주의, 페미니즘, 녹색주의 등에 대해 살펴보기로 한다(김종상 외, 2014).

1) 자유주의

자본주의의 태동과 함께 발생한 자유주의는 봉건에 저항하는 조건을 함양하고 동시에 태동하고 있던 자본주의를 정당화하는 요소를 갖고 있다. 즉, 자유주의는 전 자본주의 시기와는 다른 사회의 주요한 조건으로 자유로운 개인, 국가개입 제한에 일치하는 내용을 갖추고 있다. 자유주의에서 근대 시민사회와 자본주의의 형성과 발전의 기본 이념으로 가장 중요하게 추구하는 가치는 개인과 자유로써, 개인은 합리성을 가진 자유로운 시민으로 자유와 권리의 핵심은 특히 소유에 관한 것이다. 존 로크(John Locke)는 자유주의를 최초로 체계화한 사상가로, 개인의 천부적 재산권의 정당화가 그의 시민사회와 정부이론의 핵심으로 간주하였고, 모든 사람이 소유에 대한 자연권을 소유하고 있는 것이 분명하다며[1)]천부적 재산권을 정부보다 앞서 있는 존재로 가정했다(윤홍식 외, 2019).

19세기 말 20세기 초 빈곤이 확산되고 사회주의 운동이 크게 성장하여 이것이 자본주의 체제의 정당성에 의문을 제시하게 조성하면서 토머스 그린(Thomas Green) 등은 자유를 사회적 맥락에서 재개념화하여 국가개입의 정당성을 옹호했다. 그린은 자유의 의미를 사회적인 것으로 변경하면서 자유를 단순히 외적 구속의 부재가 아니라 '다른 사람들과 협력하여 행할 가치가 있는 어떤 것을 행할 적극적인 힘 또는 능력'이란 적극적인 자유의 의미로 재개념화하였다(Green, 1888; 문지영, 2009 재인용)[2)]. 그린은 '인간을 인간답게 살도록 보장하는 것'이라는 의미에서 '인격의 성장'을 최고의 가치로 삼았다. 그는 자유권 중 재산권이 재산을 가진 자에게만 유익이 된다면 다수의 영세민을 옹호하기 위해 개인의 자유를 제한하는 것이 불가피하다고 했다. 그린은 개인의 인격 성장에 장애가 되는 것을 제거하기 위한 국가의 적극적 역할을 주장하면

1) 크로포드 맥퍼슨(Crawford Macpherson)은 로크가 개인의 소유권을 최초로 정당화할 때 포함했던 자연적 제한 - 즉, 부패되지 않을 만큼, 자신의 노동력이 혼합된 만큼 소유할 수 있음 - 을 화폐도입을 통해 제거해 냈음을 논증했다(Macpherson, 1962). 이로써 자연권 이론은 전적으로 재산 불평등과 개인의 무제한적 점유를 자연권으로 정당화하는 것이 되었다고 설명한다. 맥퍼슨은 로크가 개인의 절대적 재산인 노동 및 타인의 노동력 구매를 통해 획득한 재산에 대한 권리는 사회의 어떠한 도덕적 요구도 능가한다고 말했는데, 이는 재산 소유가 사회적 기능이자 사회적 의무를 수반한다는 전통적 견해를 붕괴시키는 것이었다고 평가한다.

2) 정치사상가 벌린(Isaya Berlin: 1909~1997)은 어떤 목표를 추구할 수 있는 적극적 자유의 속박에서 벗어나는 소극적 자유를 구분한 바 있다. 그는 그린과는 반대로 소극적 자유를 지지하고 적극적 자유는 결국 집단의 이름으로 개인 자유의 훼손을 가져온다고 비판한 바 있다.

서 19세기 말에 영국 자유당의 정책 전환에 큰 영향을 미쳤다.

자유주의 이론에 의하면 인간의 필요는 국가가 아닌 시장을 통해 충족되는 것이 정당하고 자연스러운데, 즉 자유주의자들은 개인이 구매능력에 따라 자유로운 선택을 하여 복지욕구를 충족시키는 것이 도덕적이며 경제적으로도 바람직하다고 보았다. 그럼에도 불구하고 지나친 불평등과 빈곤이 초래하는 도덕적, 정치적 문제 등을 고려할 때 최소한의 국가개입은 마땅하다. 그러나 자유주의의 바탕이 되는 시점은 불평등한 빈곤은 문제이지만 그렇다고 자본주의 시장경제 자체가 잘못된 것은 아니라는 것이다. 따라서 도덕적, 정치적인 이유 등에서 불평등, 빈곤, 노동문제 등에 대해 국가개입이 이루어질 수 있지만, 그 원인이 되는 시장경제질서를 직접 변경하는 것이 아니라 그 결과에 대한 것으로 제한되어야 한다고 보았다(윤홍식 외, 2019).

2) 신자유주의

신자유주의(neoliberalism)는 개인의 경제적 자유, 혹은 자유로운 시장경제를 최고의 가치로 여기는 이데올로기로서, 경제적 자유 혹은 자유로운 시장경제란 개인들이 자신들의 소유물(노동력, 지식, 자본, 자연자원 등)을 스스로의 의지에 따라 자유롭게 교화할 수 있는 상태를 말한다(조영훈, 2017).

신자유주의 경제학자들이 사회안전망에 관심이 있으며, 신자유주의 경제학자들은 기존의 사회보장이란 용어 대신 사회안전망이라는 용어를 선호한다. 신자유주의자들은 사회안전망이란 구조조정을 위한 경제 개혁조치가 사회적 취약계층에게 미치는 역효과를 최소화하기 위한 수단이라고 정의한다(Chu & Gupta, 1998; 원석조, 2020).

신자유주의자들은 인간 행위의 유일한 발단은 이기심이며 국가개입 역시 개인들의 이기심과 가까운 견해이며 사회복지정책은 관료조직 자체의 팽창을 위해 불필요하게 확대된다는 것으로, 시장실패가 조성되는 경우에도 국가가 개입하지 않는 것이 무방한 방법이라고 말한다. 국가는 문제해결보다는 오히려 문제를 초래하므로 신자유주의자들은 정치를 비합리적이고 부패한 것으로 간주하면서 그 영역을 최소화한다. 신자유주의의 복지국가 비판은 기본적으로 가치와 윤리의 차원에서 야기되거니와 개입주의적인 국가는 자원 재분배를 통해 일부 사람들을 위해 다른 사람들의 자유에 피해를 주는 등 신자유주의가 갈망하는 가치인 개인의 자유를 위협하고, 복지국가는 정부에 대한 개인의 의존을 발전시킴으로써 인간의 본성을 왜곡한다는 점에서 비윤리적이다. 더욱이 복지국가는 평등과 분배를 지나치게 강조하면서, 개인의 선택과 책임을 간과하고 있으며 복지를 국가복지와 동일시하여 시장 · 가족 · 자원봉사 분야의 역할을 외면한다. 더구나 복지국가를 통해 대규모로 재분배가 이루어지면서도 변함없이 빈곤문제는 중대하다는 점에서 개인을 국가에 의존하도록 만드는 전략의 문제해결 효과성은 의심스럽다. 이러한 신자유주의 이념에 따라 영국 대처정부는 국민에게 의존문화에서 해방되어 가족 내에서 일하고 이웃을 돌보도록 촉구했다(Taylor, 2007).

신자유주의가 사회복지정책에 미친 영향력은 전방위적이다. 우선 신자유주의자들은 사회복지서비스 공급에 대한 국가의 역할을 축소하면서 시장에 대해 개선하고 가족과 지역사회, 종교단체 등 사적 영역이 복지에 대해 더 많은 책임을 갖도록 하는 형태의 개혁을 추구했다. 특히 자원배분의 효율화를 명목으로 복지공급에서 민간영리 기관들의 역할을 확대하고 빈곤층에 대한 공공부조 수급 조건을 더욱 제한하고 복지수급 조건으로 일을 요구하는 근로복지연계(워크페어)의 확대 역시 신자유주의 이념의 영향력을 반영한다(윤홍식 외, 2019).

신자유주의는 경제사회적 측면에서 실업과 사회문제의 증가, 지역경제기반의 붕괴, 소득의 양극화와 사회적 배제, 빈곤의 세계화, 금융의 불안정성 등 많은 폐단을 가져올 뿐만 아니라 신자유주의적 패러다임은 교육, 의료 등 사회의 다양한 분야에 막대한 파급 효과를 주었다(김영화, 2010).

3) 신우파

신우파는 오일쇼크 이후의 경제불황을 구실로 확장 흐름에 있던 공공복지를 공격하면서 등장하였다. 1970년대에 지적·정치적 세력으로 대두했으며, 기본적으로 국가활동에 관한 고전적 자유주의 비판을 확대하고 발전시킴으로써 경제 및 사회 정책상의 중요한 현안문제에 신자유주의적 비판을 반영한 것이다. 신우파의 3대 가치는 자유, 개인주의, 불평등으로 그중에서도 자유는 핵심가치이며 이들은 자유를 소극적 개념, 즉 강제가 없는 상태로 파악하고 있다. 개인이 자유를 핵심가치로 내세우는 신우파는 복지에서 국가의 역할이 강화되는 것에 가장 강한 적대감을 보이고 있다(정현태 외, 2017). 복지국가에 대한 신우파의 비판적 의견은 포괄적인 복지국가가 창조의 불가능을 지적하면서, 자유를 위협하는 행위이고, 비효율적이고 비효과적이라고 했다. 복지에서 국가의 역할이 강화되는 것에 가장 강한 적대감을 보이는데 이것은 높은 과세로 기업과 개인들에게 부담을 줌으로써 복지국가가 경제를 악화시킨다는 판단에 근거하고 있기 때문이다. 신우파의 주요 내용으로는 신보수주의 성격이며 복지감축과 가족책임을 역설하고 있다. 복지에서 국가의 역할이 강화되는 것에 대해 적대감을 지니고 있으며, 높은 과세로 기업과 개인에게 책임을 부과하고 복지국가가 경제를 악화시키고, 또한 성장가능성의 악화와 의존문화를 선동하여 사회적으로 폐해라고 보면서, 복지국가는 시장경제 발전에 장애물이며, 사회정책 확대가 경제적 비효율성과 근로동기 약화를 가져왔다고 비판한다(이정서, 2018).

보전켓(Bosanquet)은 신우파는 구우파가 주로 전통과 위계(hierarchy)에 대한 정치철학에 바탕을 둔 것에 관해서 개인주의와 시장에 대한 경제사상에 기반하고 있다고 보았다. 신우파의 사상적 특징을 사회복지와 관련하여 살펴보면 다음과 같다. 첫째, 정부는 위험한 정책을 생산하므로 자유를 확보하기 위해서는 정부의 성장이 축소되어야 한다. 둘째, 지금까지의 경제변화과정은 빈민의 생활수준을 높이고 빈곤은 관여하지 않아도 경제성장은 절감하게 된다. 셋째, 생계유지 이상으로 소득을 재분배하려는 계획은 합법성이 전혀 없고, 마지막으로 영국과 미국에서는 사회보장과 건강보호를 위하여 프로그램들을 시행하고 있지만 소비자들의 실제적 이익은 없고 낭비적이다. 사회보장은 화폐를 빈민에게서 부자에게로 잘못 재분배함으로써 복지국가는 실패해 왔다는 것이다(한국복지행정학회, 2014). 신우파가 생각하는 이상적인 복지국가는 국가의 역할이 축소되는 대신 시장이 더 많은 역할을 수행하는 형태이다. 이들은 시장이야말로 소비자의 선호를 발견하고 조정하는 최선의 시스템이라고 강조한다. 또한 시장을 통한 서비스 제공은 개인의 책임 및 이기심과 같은 인간의 본성에 적합하기 때문에 민주적이라고 보고 있다(정현태 외, 2017).

4) 보수주의

보수주의의 개념은 정치에 대한 매우 다른 접근방법들을 광범위하게 합치고 있다. 그것은 이데올로기 전통주의자, 정치적 신비주의자, 근대의 실용주의자, 개혁가까지 합해서, 모두 관통하는 단일한 접근방법을 구별해 내는 것은 용이하지 않다(Mullard & Spicker, 2004). 포플과 라이닝거(Popple & Leighninger)는 보수주의 관점을 다음과 같이 정리하였다. 우선 변화는 바람직하나 현재의 상태를 유지하는 것이 더 월등하다고 본다. 그리고 인간은 근본적으로 이기적이므로 통제할 필요가 있고, 개인은 자유의지를 가지고 있기 때문에 각자 자기의 인생과 문제에 대해 책임져야 한다고 보고 있다. 또한 전통적인 가정을 존경하며, 가족이 사회의 기본단위로서 정부의 간섭을 받지 않아야 한다고 생각할 뿐만 아니라 사회는 원래부터 공평하며 자체적으로 역할을 잘한다고 본다. 마지막으로 번영과 개인 욕구의 충족을 보장하는 최선의 방법은 자유시장경제이며, 정부의 역할은 시장을 통제하는 것이 아니라 뒤받침이 실행되는 것이라고 본다(김종상 외, 2014).

오늘날 사회복지와 관련하여 보수주의는 두 가지로 구분되고 있다. 첫째, 영미의 보수주의로서 작은 정부, 큰 시장, 개인의 책임과 같은 가치를 존중하며 복지에 대해서는 매우 부정적인 입장을 나타낸다. 둘째, 유럽 대륙의 보수주의로서 사회복지, 특히 소득보장에 대한 국가책임을 폭넓게 인정하면서 사회복지가 기존의 계층구조를 변화시키는 것에는 반대하며, 사회복지가 가족과 종교의 역할을 약화시키지 않도록 일정한 한계를 확립하려는 태도를 취한다(김종일, 2009).

보수주의의 기본윤리는 위계질서의 유지와 충성심을 강조하면서, 보수주의 이념에서 정당한 사회상은 자본주의의 기간의 가족, 직업, 종교 등 위계관계들이 철저하게 구축되어 있는 사회공동체에서 발견된다. 보수주의 윤리는 이러한 위계질서를 유지하는 데 기능적이고 인간은 개인으로 존재하기보다는 가족, 직업집단, 종교, 국가 안의 위치에서 적합한 역할을 하는 존재이다. 특히 인간은 소속집단에 대한 충성심을 가져야 하며, 가부장, 종교지도자 그리고 국가는 개인의 충성에 대해 개인의 복지와 안전보장으로 보상해야 한다. 보수주의에 입각한 사회복지정책의 형태를 통해 보수주의자들은 기존의 종교, 직업, 지역 등에 근거한 집단 혹은 체계들과 소규모 단위의 전통과 특수성을 유지하고자 한다. 또한 보수주의에서는 공동체 내의 위계와 불평등을 유지하는 것이 정당하다고 보기 때문에, 가부장제라는 보수주의의 가치는 구체적인 사회복지정책의 사항에 적용되고 있다(윤홍식 외, 2019).

5) 사회주의

마르크스(Marx, 1818~1883)[3]가 활동했던 무렵인 19세기 중・후반에는 근대적인 사회복지정책이 대두되기 전이었다. 따라서 오늘날과 같은 사회복지정책에 대한 마르크스의 명확한 입장은 확인할 길이 없다. 사회주의자(Marxism)는 자유, 평등, 박애 등 사회가치를 강조하고 있고, 자유를 적극적 의미로 해석하고 이러한 적극적 자유를

3) 독일 라인란트팔츠 주 트리어에서 태어나, 본 대학에 입학, 베를린 대학으로 전학한 후 법률・역사・철학을 공부하고 박사학위를 취득했다. 잘 알려져 있듯이 과학적 사회주의를 창시했다. 1848 '공산당선언'을 작성했으며 주저 『자본론』 제1권을 영국 망명시절(1867) 발간하였다.

성취하기 위해서는 경제적 평등이 필수적이라고 주장한다. 사회주의자들이 경제적 평등이 이루어지지 않는 곳에서 정치적 평등은 실현될 수 없다고 보는 이유는 경제적 평등의 부재 속에서 정치권력은 경제권력의 종속관계로 작용할 수 있다고 판단하기 때문이다. 사회주의자들이 주장하는 평등은 특권의 부재이며, 모든 사람에게 적절한 기회가 주어지는 문호가 열려 있는 것을 의미한다. 이들이 강조하는 박애는 인간이 서로를 필요로 한다는 것을 인정하고 좋은 사회를 만들기 위해 서로 조화롭게 협동적으로 살아가는 것을 의미한다. 이러한 박애는 여러 측면에서 개인주의와는 서로 상반되는 가치이다(김종명 외, 2015).

사회주의는 사회적 가치와 국가의 본질, 정부의 역할, 복지국가의 정당성 등과 같은 쟁점에 대해 반집합주의자들과 완전히 반대되는 의견를 갖고 있으며, 사회주의는 페이비언주의와 마찬가지로 자유와 평등을 상호 조화롭고 서로 풍부하게 제공하는 것으로 보며, 실용주의적 관점보다는 기본적 원리의 규명에 초점을 두고 자본주의 체제의 비인간성을 끊임없이 비판하는 데 초점을 두고 있다. 즉, 모든 사람들의 이익에 공평하게 봉사할 사회적 생산 및 분배형식을 반영한 사회적 가치, 소득분배와 개인의 자유를 가르칠 광범위한 원리를 대체적으로 거론하였다.

사회주의자들은 사회주의적 사회서비스는 욕구충족에 중점을 두어야 하며, 의도뿐만 아니라 실제에 있어서도 적용범위가 보편적이어야 하고 전문직의 능력을 가능한 한 축소시키면서 참여적이고 예방을 중심적 원리로 한다고 주장한다. 사회주의자들은 인간의 욕구를 무시하는 경제체제에서 기인하는 문제를 단순히 청소하는 제도로서 사회복지를 다루는 것을 반대하며, 그러한 이유로 예방적 사회복지는 자본주의 체제에서 불가능하다고 생각한다. 사회주의는 자본주의의 문제를 해결하기 위해서는 노동자 계급의 혁명이 필요하고 자본주의 사회에서의 사회복지(복지자본주의)는 혁명을 늦추기 위한 전술로 보고 있다(양정하 외, 2016). 사회주의자들은 사회보험에 대한 노동자들의 재정부담을 반대하면서 국가와 자본가 계급만의 부담을 요구했는데 노동자의 임금은 겨우 생계를 유지할 정도에 불과하기 때문에 보험료를 부담할 능력이 없고, 노동자 생계의 불안정은 자신의 잘못이 아니라 자본가의 이익에 봉사하는 자본주의 체제의 잘못에 기인하기 때문에 노동자는 보험료를 낼 필요가 없다는 것이다. 또한 재정이 노동자의 임금에서 충당되어야 한다면 급여의 수준은 절대로 충분하지 않기 때문에 사용자의 부담이 커질수록 자본주의는 빨리 붕괴할 것이다(원석조, 2020).

6) 사회민주주의

사회민주주의는 20세기 동안 사회민주주의 정당들의 성공을 통해 유럽의 정치와 사회정책의 발전에 영향을 미쳤다(윤홍식 외, 2019).

오늘날 사회민주주의 개념은 실제 정치과정을 통해 자본주의로부터 사회주의로의 평화적이고 점진적인 사회변화를 주장하는 정치이념을 말한다. 즉, 사회주의사회 건설을 위한 혁명을 거부하고 사회주의로의 단계적이고 점진적인 이행을 지향한다는 점에서 마르크스주의와 근본적인 차이가 있다. 보다 구체적으로 사회민주주의는 민주주의를 사회주의 이상을 실현하기 위한 필수적인 안건으로 보며, 국유화보다는 국가의 통제를 지향하며, 경제성장과 부의 공정한 분배를 증진시키는 자유경제활동의 기능을 받아들이고 있다. 또한 의회절차를 통해 진보가 성취될 수 있으며, 평등한 사회를 창조하기 위해 사회정책의 실행을 기대하는 것이 있다(김영화, 2010). 사회민주주의자들에게 복지국가는 자유방임적 자본주의에서 사회주의로 이행하는 중요한 단계로 이해되고, 이 과정에서 정치를 중요시한다. 복지국가를 노동의 정치적 세력의 확대의 결과라고 보며, 노동계급을 대변하는 정치집단의 세력이 커질수록 발전한다고 본다. 한마디로 복지국가는 자본과 노동의 계급투쟁에서 노동이 획득한 승리의 전리품으로 간주한다(김태성 외, 1993).

복지국가가 사회의 조화, 즉 민주주의에 의해 제공된 정치적 권리와 시장의 힘만을 강조하는 자유시장의 한계 사이를 조정하는 중요한 힘이 바로 복지국가라고 생각하며, 따라서 복지국가가 불평등을 감소시키고 더욱 평등한 사회로 활성화할 수 있다고 주장하지만 사회민주주의의 이론이 복지국가 발달에서 노동자 계급의 역할을 지나치게 강조하는 점이 약점으로 판단되고 있다. 에스핑 앤더슨(Esping Andersen)은 스칸디나비아 복지국가 연구에서 계급연합의 중요성을 강조하였다. 그럼에도 불구하고 이 접근책에서 사회민주주의 정당이 전국단위의 계급연합을 구축하는 데 중요한 역할을 한 것으로 남아 있다. 사회민주주의론은 여러 가지 비판을 받고 있는데, 이를테면 중간계급, 사용자들의 역할에 대한 중요성을 설명하지 못하는 점 등이 그것이다(현외성, 2019).

사회민주주의자들은 복지국가가 지닌 취약점에도 불구하고 사회복지서비스 제공이 필요하다고 인정한다. 사회민주주의자들은 마르크스주의자들과는 달리 임금체계를 통한 수평적・수직적 불평등을 감소시키려는 시도에는 망설였기 때문에 사회복지서비스가 병든 자와 건강한 자, 고용자와 실업자, 젊은이와 노인 등 수평적으로 불평등의 삶의 기준에서 차별을 감소시켜 줄 것이라고 기대한다. 또한 사회민주주의자들은 우파에서 주장하는 보수적 사회정책과는 확연히 구분되는데, 그들이 생각하는 사회복지서비스는 자산조사의 기초 위에서 제공되기보다는 보편적으로 모든 사람이 자유롭게 이용할 수 있도록 제공되어야만 하기 때문이다(조성한 외, 2006).

7) 페미니즘

페미니즘(feminisa)은 세계를 여성의 관점에서 설명하는 이론이며 남성과 여성 간의 생물학적 차이가 성별분업화를 설명하고 정당화하는 데 충분하다고 하는 기존의 사회학에 대한 도전으로 등장하였다(김양희 외, 1993).

사회복지와 관련하여 페미니즘은 성(gender)의 관점에서 복지국가를 전망하면서 그 결과로 페미니즘은 복지국가의 주요 목표와 역할이 남성의 여성에 대한 지배를 강화하는 데 있다는 상황을 말한다(김종상 외, 2014). 따라서 여성에게 필요한 것은 탈상품화뿐만 아니라 유급노동의 접근권인 것을 주장한다. 페미니스트들은 남성을 기준으로 다루는 기존의 복지국가에 대하여 여성을 함께 감안하는 대안적 복지국가

유형론을 제안하였는데 이것은 요즘 '젠더레짐(gender regime)'으로 거론되고 있다(박주현, 2021).

복지국가가 노동시장에서 여성들이 평등한 지위를 보장받을 수 있도록 하는 데 필요한 서비스를 제공할 수 있다는 측면에서는 강한 지지를 받고 있지만 페미니스트들은 복지국가가 남성들이 정책입안자이고 여성들은 단지 정책수혜자로 그치는 남성지배적인 국가라고 주장하고 있다. 페미니즘의 주요 내용을 살펴보면 다음과 같다. 첫째, 노동시장에서 여성들이 평등한 지위를 보장받도록 하는 데 필요한 서비스를 제공하고 여성의 평등한 지위보장을 주장한다. 둘째, 남성들이 정책입안자로 여성은 정책수혜자로 머무는 남성지배적 국가라고 비판한다. 셋째, 성차별적 정치권력의 결과에 초점을 두고 있으며, 가부장적 복지국가를 비판하지만 양성평등을 위한 사회복지정책의 역할도 인정한다. 넷째, 빈곤여성 등 여성의 불공평한 처우 개선을 주장한다.

페미니즘을 자유주의 페미니즘, 사회주의 페미니즘, 급진주의 페미니즘으로 구분하여 설명하면 다음과 같다. 우선 자유주의 페미니즘은 교육, 모든 종류의 기회, 중요한 사회적 위치 등에서 여성의 평등한 권리에 관심이 있으며, 초점은 중립적이고 공평한 중재자로서 정치적 압력의 영향에 개방적인 국가이다. 따라서 전체적으로 볼 때 자유주의 페미니즘은 중간계급의 전략이다. 둘째, 사회주의 페미니즘은 자본주의와 가족이 착취관계로 결합되어 있는 사회제도가 복지국가라고 여기며, 가족을 지지하도록 설계된 정책을 통해 복지국가가 지속된다고 간주한다. 자유주의 페미니즘의 강점은 여성의 종속적 위치를 설명해 내는 데 있으며, 개혁과 개선이 이루어졌다. 셋째, 급진적 페미니즘은 한 집단의 여성이 집단으로서의 남성에 의해 억압되는 것으로 보고 있으며, 이런 억압은 남성과 여성의 생물학적 기원에 기반하고 있다고 본다. 결혼한 남성과 여성을 남성고용주의와 여성피고용인 같은 대립적 계급관계로 보면서 남녀 간의 기본적인 갈등을 설명하고 있다(이정서, 2018).

복지국가가 노동시장에서 여성들이 평등한 지위를 보장받을 수 있도록 하는 데 필요한 서비스를 제공할 수 있다는 분야에서는 강력한 지지를 나타내고 있지만, 한편 페미니스트들은 복지국가가 남성들이 정책입안자들이고 여성들은 단지 정책수혜자로 머물러 있는 남성지배적인 국가라고 주장하고 있다(박경일, 2020).

8) 녹색주의

환경에 대한 관심은 전 세계적으로 다양하고 오래된 역사를 가지고 있지만, 이데올로기로서 녹색주의의 기원은 1970년대에 발생한 것이다. 페미니즘이 여성에 대한 배려가 가능한 풍요사회에서 나타났듯이 녹색주의도 지구의 미래를 배려할 수 있는 탈산업사회에서 등장하였다. 자립심, 참여, 소단위를 강조하고 지역사회 내에서 복지서비스를 전달하고 주민들이 서비스 발굴과 전달에 직접 참여할 것을 주장한다. 사회복지서비스는 소비를 부추기는 현금급여의 형태보다는 현물서비스를 제공하면서 성장과 소비를 감소해야 한다는 주장이다(정현태 외, 2017).

녹색주의자들은 경제성장이 개인적 풍요나 공공서비스의 자원을 증가시킴으로써 복지를 강화하는 수단으로 파악하고, 이들은 경제성장이 개인적 풍요나 공공 서비스의 자원을 증가시킴으로써 복지를 강화하는 수단으로 이해하고, 경제성장이야말로 엄청난 비복지라고 생각한다. 녹색주의자들의 이념사회는 생태중심적이고 생명중심적이면서 최소한의 탈중앙화, 지역사회, 국가참여, 주거지의 소규모화 등을 강조한 생태지역적이다. 녹색주의의 주요 내용을 살펴보면 다음과 같다. 녹색주의는 경제성장이 환경문제를 초래하므로 복지국가를 반대하고, 자연과의 친화를 주장하고 자연을 손상하는 방향의 모든 개발을 부정한다. 어둡고 짙은 녹색주의는 어떤 종류에서의 개발이나 성장이든 부정하고 따라서 복지국가도 반대한다. 밝고 약한 녹색주의는 자연친화적인 수준에서의 개발이나 성장은 인정하면서 그 이상은 부정하고 있다. 경제성장을 개인적 풍요나 공공 서비스의 자원을 증가시키고 복지를 강화하는 수단으로 이해하면서, 복지국가가 경제성장에 의지하므로 반대한다. 경제성장이 환경을 파괴한 막대한 비복지라서 경제성장은 지구환경의 심각한 사회문제를 일으키므로 탈산업화를 주장하고 있다(이정서, 2018).

녹색주의 상황에서 우리 사회에서 적극적으로 제기되고 논의된 사회복지정책 과제는 살펴보기 어렵지만, 녹색주의(생태주의) 역시 우리 사회의 패러다임을 옮기고 사회구성원을 공동체적 삶으로 재구성하는 데 필요한 사회복지정책의 과제를 제안하는 데 이바지할 것이다(윤홍식 외, 2019).

조지와 와일딩(George & wilding, 1994)은 우리가 원하는 사회는 민주적이며 진정한 기회평등이 보장되고, 부와 소득의 평등이 더욱 확대되어 있으며 선택과 자유가 강화되어 있고 지속가능성을 진정으로 이해하고 있는 사회이고, 국가복지에서 주된 역할을 수행, 성취될 수 있는 사회여야 한다는 것을 주장하면서, 이런 주장은 우리가 살고 있는 사회에서 틀림없이 필요한 것이라고 판단한다(박경일, 2020).

2. 사회복지정책의 발달이론

사회복지정책의 발달이론은 사회복지제도가 어떻게 발전하고 변화해 왔는지를 설명하는 다양한 이론적 접근이다. 이는 사회복지정책의 시대적 배경을 이해하고 제도의 도입 및 발전에 영향을 미친 요인들을 분석하는 데 활용되고 있다.

사회복지정책의 발달이론은 사회복지정책과 관련된 각종 현상과 사건을 이론적 진술을 통해 상호관계와 의미를 설명하는 것이다. 즉, 사회복지정책의 발달이론은 사회복지정책과 관련된 개념, 변수 및 진술로 구성되어 있다. 보다 간략하게 말하자면 사회복지정책의 제반 측면에 대하여 체계적으로 설명하는 것으로 이해하면 된다.

1) 사회양심론(Social Conscience Theory)

사회양심론은 이타주의에 기반하는 이론으로 도덕성과 인도주의를 최우선의 신념으로 내세우며 사회복지정책은 개인 차원의 이타주의가 사회 차원의 이타주의로 승화한 것으로 보고 있다(김기원, 2020). 이는 사회적 양심이 확산되어 박애주의자가 사회사업가에 의하여 사회복지제도나 그 정책이 발전되었다는 주장이다. 그러나 이러한 관점으로 보는 것은 지나치게 단선적이고 낙관적으로 사회복지를 양심적인 산물로만 볼 수 없다는 비판과, 사회복지서비스 측면에서는 양심이 촉구된다는 점에서 사회양심론은 사회통합의 기초를 이루고 있다는 긍정론이 있다(강희갑 외, 2019). 존 베이커(John Baker)는 사회복지의 발전은 사회구성원의 집단양심이, 즉 사회적 양심의 확대가 사회복지 발전을 가져온다는 '사회양심체제'를 주장한다. 사회복지란 인간이면 누구나 가지고 있는 타인에 대한 사랑을 국가를 통해 실현하는 것이며, 사회적 책임감의 확대와 욕구에 대한 국민의 지식향상이라는 두 요인에 의해 변화되고 누적되며 사회복지는 변함없이 지속적으로 발전하고 개선은 불가피하며 현행 서비스는 지금까지의 것 중 최선의 것이고, 역사적으로 볼 때 현행 서비스가 완전한 것은 아닐지라도 사회복지의 주된 문제는 이미 해결되었고 사회는 안정 기반 위에 구축되어 있기 때문에 지속적인 발전을 기대할 수 있다고 본다(박병현, 2007). 사회복지정책의 발전을 아동의 성장과정에 유추하고 있는 진화론적 시각으로 나타내고 있으며 진화적 시각은 마땅히 사회복지정책 발전의 역전 불가능성과 발전에 대한 낙관주의를 포함하고 있지만, 최근 공공정책들이 계속해서 실패하고 사회문제의 재발로 인해 사회양심론의 설득력은 매우 약화되었다(원석조, 2020). 사회양심론의 장점으로는 낙관적이고 문제해결 중심의 관점으로서 사회질서에 있어 도덕성을 최우선적인 신념으로 간주한다는 점이다. 사회양심론은 복지국가를 수립하고 사회복지정책의 역사적 경험에서 결과론적으로 해석한 낙관론적 이론으로 특히 기독교적인 박애와 이웃사랑은 국가복지정책의 성장과 제도적 정착을 가져오는 초석이 되었지만 비판에 직면하게 된다. 첫째, 만일 사회복지정책이 본질적으로 인간적인 가치나 신념의 표현이라면 모든 사회에서 이러한 가치와 신념을 표현하는 데 보편적으로 발견할 수 없다는 것이다. 둘째, 사회적 서비스 발달에 대한 인도주의적 영향력을 과장하면서 정책과정에 있어서 생길 수 있는 정치적 맥락의 중요성을 이해하는 데 실패하였다. 셋째, 사회양심론은 영국의 역사적 · 사회적 특수성을 반영한 결과, 영국 사회를 넘어 사회복지정책이 다른 문화적 · 사회적 배경에서 발달하는 비교연구의 시각 혹은 다양한 발달론적인 시야를 마련하는 데 장애가 될 수 있다는 것이다(현외성, 2019).

2) 산업화론(Industrialization Theory)

산업화론 또는 수렴이론(Convergence Theory)은 경제발전이 적당한 수준에 도달하게 되면 사회복지가 유사한 형태로 수렴된다는 이론으로 선진 자본주의 국가의 사회복지가 유사해지고 선진 자본주의 국가와 선진 사회주의 국가의 사회복지까지도 비슷해진다는 이론이다. 사회복지제도의 수렴에 있어서 중요한 요인은 기술발전으로서 사회복지를 포함한 제반 제도를 유사하게 만든다. 체계를 떠나 기술이 국가발전의 원동력임을 인식한 국가는 기술발전을 조직하고 기획하며, 복잡한 기술개발에 필요한 환경구축을 지원하게 되는데, 기술개발에 필요한 환경구축의 하나로 사회복지가 활용되고 보니 자본주의 국가는 물론 양 체제의 사회복지가 비슷한 형태를 확보하게 된다는 것이다[4](원석조, 2020).

산업화는 새로운 사회욕구를 초래하면서 한편 도시화, 이혼증가, 지리적 이동, 핵가족화는 가족 기능을 약화시킨다. 이로 말미암아 가족에 대한 지원이 필요하고 산업화는 힘 있고 잘 교육된 노동력을 기대하기 때문에 실업자, 장애인, 고령자 등의 고용이 크게 문제된다. 따라서 산업화이론은 결국 국가의 관여와 지원이 불가피하여 복지서비스를 확대시키는 요인이 된다. 산업화의 복지정책은 전문적이고 기술 수준이 높은 고급 노동력의 양성에 기여하며 한편으로는 생산성 향상을 위한 요인이 된다(강희갑

4) 벨과 커(Bell & Kerr) 등은 산업사회가 고도화되는 후기 산업사회에서는 사회발전이 이데올로기가 아니라 기술(technology)에 의해 결정된다는 이데올로기의 종언을 주장했다. 이들에 의하면 자본가 대신 기술을 보유한 기술관료(technoctas)가 사회의 지배층이 된다. 기업의 예를 들면 소유의 분산, 소유와 경영의 분리(경영자혁명)에 따라 전문경영자들이 회사경영의 실권을 장악한다는 것이다.

외, 2019). 셜리번(Sullivan)은 산업화로 인한 사회복지정책의 발전을 설명하고 있다. 우선 산업화로 노동자들이 임금노동자로 전환되면서 자신의 노동력을 노동시장에 팔아서 임금을 받아 생활해야만 하는 노동의 상품화 현상이 일어난다. 이러한 임금노동자들이 노령, 질병, 실업, 산업재해와 같은 사회적 사고로 소득이 중단되었을 때 이들의 소득을 제도적으로 보장하기 위해 소득보장프로그램이 도입된다. 둘째, 산업화과정에서 가족, 친족, 교회 등 그들의 전통적인 비공식적 도움이 역할을 제대로 하지못할 때 이를 대체하는 공식적인 사회복지제도가 적용된다. 셋째 산업화 사회에서 여성의 사회참여가 증가함에 따라 전통적인 여성의 역할인 아동양육이나 노인보호와 같은 전통적인 여성이 역할을 대체할 보육서비스나 주간보호서비스와 같은 사회복지제도가 발달하게 된다(박병현, 2007). 산업화론은 자본주의 사회에만 국한된 것이 아니라 공산주의 사회의 정책도 언급하여 탈이데올로기적으로 광범위하게 파악하고 법적제도에 제한적이지 않다. 산업화론은 산업화 단계와 경제발전 과정에서 어떠한 사회복지정책을 설정할 것인지를 제시하고 있다. 이와 같은 장점에도 불구하고 다음과 같은 한계점이 있다. 산업화론은 사회복지정책을 기술과 경제가 판단하고 사회복지정책에 효과를 줄 수 있는 정치적, 규범적, 이념적인 여러 요소를 배제하고 있다는 점에서 직접 경계를 포함하고, 산업화 이후 고도선진화사회에서는 문화, 이념, 정치적 확신 등은 복지정책에 영향을 미치지 못하면서 확실한 근거가 제시되지 않는다(강희갑 외, 2019).

3) 독점자본주의 이론

독점자본주의 이론은 네오마르크스주의(neo-marxism) 계열의 이론으로서 전통적인 마르크스주의[5]에 이론적 바탕을 두고 고도화된 독점자본주의에 대한 분석을 통해 복

5) 전통적인 마르크스주의에 의하면 국가는 주어진 자본주의 생산양식 체계를 유지・강화하기 위해서 자본가의 이익만을 위하여 기능하기 때문에 국가에 의한 복지 확대는 불가능하다고 본다.

지국가의 발전을 설명하고 있다. 이 이론을 신마르크스주의 이론이라고도 한다. 독점자본주의의 이론은 도구주의 관점과 구조주의 관점으로 분류하고 있다. 첫째, 도구주의 관점에서 자본주의 사회는 자본가들이 경제조직을 독점하기 때문에 이러한 경제부문의 독점에 힘입어 장치조직에도 자본가들이 강력한 영향력을 발휘하게 되고, 따라서 국가의 역할은 자본가들의 이익을 수행하는 도구에 지나지 않는다고 본다. 결국 대공황과 같은 자본축적의 위기나 폭등, 전쟁 등과 같은 사회혼란이 있는 경우 자본가들이 자본축적과 노동력 재생산 보장의 필요성에 따라 국가에 영향을 미쳐 복지국가의 사회복지정책이 형성되고 발전되는 것으로 보는 이론이다(이진숙 외, 2010). 독점자본주의 이론에서는 사회복지제도를 자본의 이익을 위한 것으로 간주하고 있다. 즉, 사회복지가 형식적으로는 노동자나 빈민들에게 이익을 주는 것처럼 보이지만, 근본적으로는 이들을 자본주의 체제에 단련된 기술로서 사회복지에 대해서 비판적 입장을 유지하고 있다. 그러나 이 이론은 사회복지가 일반적으로 이해되는 것처럼 자본가의 이익에 반하고 경제발전을 방해하는 것이 아니라 자본가의 이익에도 도움이 되면서 장기적인 측면에서 자본주의의 안정적인 발전에도 기여한다는 점을 나타내면서, 사회복지 발전과정에서 자본의 양보를 구하고 사회적 합의를 도출해 내는 데 중요한 이론적 정당성을 부여하였다.

독점자본주의 이론의 한계로는 지나치게 경제 결정론에 의존하고 타당성을 외면하는 경향과 이론이 비슷한 자본주의의 발전 정도를 보이는 국가들은 사회복지도 유사한 발전양상을 보여야 하지만, 자본주의 발전 정도가 대등한 국가들 간에도 복지형태 및 발전 정도가 다른 측면에서 한계를 갖고 있다고 볼 수 있다(김귀환, 2013).

4) 시민권론(Citizenship Theory)

시민권론은 시민권의 변천과정에 따라 사회복지제도의 변화를 설명하고 있으며 공민권(civil right), 정치권(political right), 사회권(social right)으로 구분하고 있다. 공민권은 개인의 자유, 표현과 사상 신념의 자유, 사유재산권, 정당한 계약의 권리, 재판받을 권리 등 개인의 자유에 필요한 권리이다. 정치권은 정치적 권위가 부여된 조직의 구성원이나 조직의 구성원을 선출하는 유권자로서 정치권력의 행사에 참석할 수 있는 권리를 말한다. 복지권은 최소한의 경제적 복지와 보장에 대한 권리로부터 사회적 유산을 공유하고 사회의 일반적 기준에 따라 문명화된 삶을 누릴 수 있는 권리에 이른다(원석조, 2020).

시민의 복지에 대한 권리는 종속적 계급에서 시민으로 변화하는 과정에서 성립된 것으로 경제적 안정, 교육 및 제반급부와 책임에 대한 접근을 말한다. 이러한 관점은 법령에 정해진 복지를 의미하므로 인간의 욕구를 충족하는 자선적·자발적 직업복지(occupational welfare) 등의 다른 방법을 포함하지 않는다. 티트머스는 사회복지를 다른 욕구충족의 방법, 즉 재정복지와 직업복지로부터 분리하는 것으로 욕구충족을 목적으로 공통된 목적을 가진 방법이라고 했다. 따라서 사회복지를 제대로 이해하기 위해서는 다양한 욕구충족의 상태와 그들 간의 관계를 이해하는 것이 필요하다는 점에서 시민권으로서 복지는 제한된 개념이다(김기원, 2020).

시민권론의 한계점은, 첫째, 시민권적 복지를 법률적 복지에 제한하므로 사회봉사 등의 복지형태를 포함하기 어렵다. 둘째, 시민권으로서 복지개념은 나라마다 차이가 있고, 복지권의 개념은 추상적이고 정확하지 못하다. 셋째, 복지권은 같은 생존권적 기본권의 법적 성격을 어떻게 보고 있는가에 법적인 보장이 강력하고 이에 국가가 요구를 받으면 실현해 주어야 하는 완전하고 구체적인 권리로 보고 또한 법적 보장이 미약한 추상적 권리로 보는 관점에 따라 이론이 나누어져 있다는 것을 한계점으로 보고 있다. 하지만 시민권론은 복지권을 인간다운 생활을 보장하는 생존권적인 기본권으로 각국의 「헌법」이나 국제조약에서 필수적인 복지의 가치로 승화시켰다고 평가하고 있다(강희갑 외, 2019).

5) 음모이론(Conspiracy Theory)

음모이론은 1960년대와 1970년대 미국에서 신좌파(New Left)의 확산과 함께 발전된 이론으로 사회복지정책은 인도주의적 이타심, 양심의 실현보다는 사회 전체의 안정과 질서의 유지를 통한 사회통제와 현상의 유지에 목적을 두고 있으며, 인도주의에 입각하여 사회복지의 확대와 발전을 설명하는 전통적인 사회양심론의 입장에 대해 새로운 견해를 나타내는 이론이다(김기원, 2020). 피븐과 클로워드(Piven & Cloward)의 빈민규제론(Regulating the Poor)이 대표적이며 이들은 미국 출신의 중상층계급이 자비심에서가 아니라 빈민을 규제하기 위해 공적 사회복지제도를 이용한다고 주장하였다. 그것을 기반으로 대량실업과 같은 심각한 사회문제가 사회적 무질서를 초래할 때 정부는 공적 복지제도를 확대하고, 반대로 고용이 확대되고 사회가 안정되면 복지가 위축된다는 사실을 제시했다. 이러한 견해는 사회복지가 인도주의나 경제적·정치적 인재들의 선한 의지와 결과라는 기존의 통념을 완전히 부정하고, 사회복지의 확대는 서민들이 생활환경과 추락과 궁핍화에 대해 저항하고 투쟁하는 것에 대한 지배계급의 대응책이라는 것이다. 다시 말해, 사회복지의 진정한 수혜층은 지배계급이라는 것이다. 음모이론에서는 빈민규제론이 투쟁의 측면을 강조하면서 보다 근본적인 한계는 자본의 논리 또는 자본의 운동법칙을 자본가나 지배층의 음모로 간주한다는 점으로 지배계급인 자본가의 가혹한 탄압행위나 적대행위는 자본가의 성품의 문제가 아니라 궁극적으로 그들을 그렇게 행동하도록 만드는 적대적인 사회적 생산관계라고 설명한다. 개인의 능력과 성품은 사회적 관계와 규칙에 비해 부수적이다. 다시 말해서, 자본은 개별 자본가의 음침한 전략이나 탐욕성과 무관하게 꾸준히 타인의 노동을 흡수하려는 성격을 지니고 있으며, 이는 곧 계급투쟁을 초래하는 근본적인 요인이다(원석조, 2020). 음모이론은 사회복지정책 내에 숨겨진 정책결정자의 숨겨진 의도를 파악할 수 있도록 하여 정책목표의 다양성을 밝힐 수 있는 이론적 단서를 제공한다는 가치를 두고 있다(황선영 외, 2016).

6) 확산이론(Diffusion Theory)

확산이론은 한 나라의 복지정책이나 제도가 다른 나라로 확산되어 영향을 준다는 이론으로써 선진복지국가의 복지경험이 다른 나라로 옮겨 간다는 것이다. 한 국가의 복지제도나 정책이 이웃국가로 확산되기 때문에 지리적인 요인과 경제적인 요인이 중요한 변수이다. 지리적으로 먼 나라보다는 인접한 국가로 정책이나 제도가 확산된다는 것으로 유럽지역이 복지제도나 정책에 있어서 다른 지역보다 앞선 것은 일찍부터 복지국가의 모습을 지니고 다양한 사회보장 프로그램을 개발한 영국과 지리적으로 밀접하기 때문이다(이수천 외, 2011).

로저스(Rogers, 1979)의 의견으로 확산은 '특정 사회체계를 구성하는 여러 구성원 사이에서 일정기간에 걸쳐 특정 경로를 통해 혁신이 전파되는 과정'이라고 정의하고 있다.

콜리어와 메식(Colloer & Messick)은 두 가지 종류의 전파유형으로 구분하여 사례를 실증적으로 연구하였는데, 위계적 전파로서 이는 기술혁신이나 새로운 제도가 선진국에서 후진국으로 확산되는 경우를 말하고, 공간적 확산으로서는 특정 국가에서 만들어진 제도나 프로그램이 우선 인정 주변국을 중심으로 하여 단계적으로 확산된다는 것이다.

확산이론은 사회복지정책 발달을 국내적인 요인으로 설명해 온 기존의 이론에 비해, 국가 간의 상호관계와 국제환경을 중요시한 이론으로 일정한 설득력을 갖고 있다. 특히 현대사회와 같이 교통, 정보, 통신의 발달 및 인터넷이 일반화된 상황에서 확산이론의 설득력이 향상되고 있다.

확산이론의 한계점을 살펴보면 다음과 같다. 반드시 사회복지정책이 선진국에서 후진국으로 확산된다는 것이 아니라는 것이다. 이는 상대적으로 근대화가 늦었던 독일에서 세계 최초로 비스마르크(Bismarck)가 사회보험을 만들어 영국에 영향을 미친 것이 이를 증명하고 있고, 확산효과는 미미하다는 것이다. 독일의 사회보험에 대해 유럽 각국의 정책결정자들이 관심을 보인 것은 사실이지만 제도도입에 있어서는 확산효과보다는 이를 감안하여 국가 내부의 정치·경제적 상황을 먼저 고려했다는 것이 지배적인 의견이다(양승일, 2015).

7) 종속이론(Dependency Theory)

근대화이론과는 다른 관점으로 세계경제의 중심부 국가(선진자본국가)의 발전과 주변부 국가(제3세계 저개발국가, 라틴아메리카)의 저발전 사이에 관계를 파악하고, 자본주의의 팽창주의적인 특성과 사회의 구조적인 분석을 계획한 접근방법 이론이다(이정서, 2018).

종속이론은 사회정책의 관심 영역을 제3세계까지 확대시키는 데 공헌한 이론으로써 제3세계의 사회정책을 설명하는 데에는 서구에서 개발된 이론이 부적절하다는 가정에서 시작된 이론이다. 맥퍼슨에 의하면 중심국가의 경제적 지배형태가 주변국가의 사회적 부정의를 심화시키게 되고, 이러한 사회부문에서의 불평등 심화현상은 제3세계(주변국가)가 선진국(중심국)의 발전전략을 무분별하게 도입한 결과, 외국의 부적절한 소액의 지속적 억지 적용에 기인한다고 하였다(김병록 외, 2010). 즉, 사회정책은 국민요구에 의해 결정되는 것이 아니라 외국지향적 경제와 관련된 사회형태의 불가피성으로 결정되는 것이다(서보준 외, 2014). 미즐리(Midgley)는 제2차 세계대전 후 개발도상국들이 사회보장제도의 적극적인 확장에도 불구하고 빈곤, 자원 재분배 실패, 불평등 심화가 계속되었는데 이러한 근본 원인은 식민지 영향으로 식민시대의 유습이 그대로 반영되었기 때문이라고 하였다(임봉호 외, 2013).

제3세계의 사회보장제도를 분석한 미즐리에 의하면 제2차 세계대전이 종식된 이후 개발도상국은 사회보장제도를 확대시켰지만 빈곤자의 생활정도 향상이나 자원의 재분배에는 실패했으며, 오히려 불평등을 강화시켰다는 결론이다. 그와 같은 현상이 초래된 근본원인을 그는 식민영향(colonial influence)에서 찾고 있는데, 식민영향이란 식민시대의 종주국이 그들의 이익에 이바지할 수 있는 방향으로 사회정책을 실시한다는 것이다. 결국 제3세계의 사회정책에 대한 정확한 이해는 식민시대 이후에 나타난 중심국과 주변국 간의 새로운 형태의 종속관계를 파악할 때 비로소 가능해진다는 것으로 해석될 수 있다(양정하 외, 2016).

종속이론에 대한 비판을 살펴보면 다음과 같다. 첫째, 이 가설은 부분적으로 타당할지 모르지만 완벽한 분석개념이라 볼 수 없다. 왜냐하면 국가 간의 불평등 문제는 유독 주변국과 중심국 사이에서뿐만 아니라 한 국가 간의 두 지역 간 또는 중심권 내의 두 국가 간에서도 발견되기 때문이다. 둘째, 제3세계에 대한 선진국의 영향력을 과대평가하는 반면 개발도상국 자체의 잠재력이나 책임을 과소평가함으로써 자신들의 민족사를 정확히 이해하지 못하는 오류를 범하고 있다. 셋째, 카우프만(Kaufman)의 라틴아메리카 17개국 분석에 따르면 종속수준이 높은 나라도 토지소유의 구조가 공평하며, 자본의존도가 높은 나라가 정치적 안정을 누리는 경우가 있다고 분석되면서 종속학파의 주장과는 다른 결론이 도출되었다. 넷째, 종속이론은 분석개념으로 유용성이 없는 일종의 이데올로기라는 비평을 받고 있다(김병록 외, 2010).

Social Welfare Policy | chapter 03

사회복지정책의 역사

[학습목표]

1. 서구 사회복지정책 발전과정을 이해하고 설명할 수 있다.
2. 한국의 사회복지정책의 과정에 대해 이해하고, 현재 정책과 어떻게 연결되는지 설명할 수 있다.

[개요]

사회복지정책의 역사는 특정 사건과 더불어 사회문화적 맥락까지 함께 살펴보아야 한다. 당시 사회문제를 해결하기 위하여 국가가 어떠한 노력을 하였는지 복합적이고 다차원적인 분석을 통해 현재의 정책에 대해 이해하고 대안을 찾을 수 있다. 이러한 정책의 역사는 국가의 특성과 성격에 따라 다양하게 구분되지만 크게 빈민법, 사회보험, 복지국가 시기로 구분한다. 1601년 「엘리자베스 빈민법」으로 시작되어 「정주법」, 「작업장법」, 「길버트법」, 「스핀햄랜드법」, 「신빈민법」을 거쳐, 조합원 간 부조를 목적으로 하는 공제조합과 독일의 최초 사회보험 도입, 영국의 「국민보험법」, 미국 「사회보장법」 제정을 통해 시대적 변화를 경험하게 된다. 이후 복지국가의 시대는 베버리지 보고서로부터 시작되며 1970년 석유파동과 함께 복지국가는 위기를 맞게 되고, 이후 신자유주의적 흐름이 지속되면서 다양한 위기를 극복하기 위한 정책적 시도를 하고 있다.

우리나라의 경우 짧은 역사 속에 다양한 정책 도입과 시행이 급속도로 진행되었다. 일제시대, 미군정시대, 제2공화국 시대는 적극적이고 특징적인 정책을 찾아보기는 어렵고, 제3공화국부터 제5공화국까지는 정치, 경제, 사회적 상황과 맞물려 다양한 법·제도를 도입하고 있다. 이후 문민정부부터 정권을 거듭하면서 기존 복지정책에 대한 전면적 또는 부분적 보완과 더불어 시대적 상황을 고려한 다양한 정책을 시행하고 있다.

1. 서구의 사회복지정책 발전과정

서구 사회복지정책의 발전과정은 다양하게 구분되지만 헝가리 과학아카데미의 퍼지(ferge)의 빈민법시대, 사회보험시대, 복지국가시대의 세 단계 분류를 많이 활용한다. 빈민법시대는 유럽 절대왕정시대, 사회보험의 시대는 1880년 독일 비스마르크 사회입법의 시대, 복지국가의 시대는 2차 세계대전 직후 영국에서 시작된 시대이다. 이 세 단계 중 빈민법 시대는 절대왕정시대 농촌 노동력에 대한 통제를 위해 제정되었기에 사회복지정책의 역사로 보기는 어려우나 사회복지정책인 공공부조가 「빈민법」의 영향을 받았음을 인정하여 발전과정에 포함하였다. 이 세 단계 분류에는 1970년대 후반 복지국가의 후퇴를 반영하고 있지 않아 복지국가 후퇴 혹은 복지국가 개혁의 시기를 추가로 포함하였다.

〈표 3-1〉 사회복지정책의 세 단계

	빈민법	사회보험	복지국가
대상자	걸인, 부랑자, 구제가치가 있는 빈민	노동자계급	시민, 개인
복지주체	국가, 교회, 봉건영주	국가, 노동조합	국가, 시민단체
대상욕구	최소한의 생존	사회적 위험에 대한 최소한의 자원	국민최저 이상, 직업보장과 복지 관련성 중시
주요제도	시설 및 거택보호, 공공부조	사회보험, 공중보건, 교육, 주택	확장된 사회보장, 시장 보완을 위한 케인즈주의적 사회경제정책
권리수준	무권리, 정책당국 재량	사회보험에 입각한 권리	시민권
경제와의 관계	주변적, 사회문제를 경제와 무관한 것으로 인식	경제에 종속, 잔여적 복지정책	경제와 거의 대등한 파트너 관계로 인식

출처: 원석조(2020).

1) 빈민법 시대

빈민법 시대 정책의 시행주체는 절대주의 국가, 교회, 봉건영주였으며, 시행주체가 인정하는 대상의 요구는 최소한의 생존이었다. 정책수단으로는 부랑자와 빈민을 구빈원이나 작업장에 수용, 보호하거나 집이 있는 빈민에게는 구호금품을 제공하는 방법을 사용하였다. 「빈민법」은 오늘날의 시설보호와 거택보호 형태의 지원을 생계능력이 없는 빈민만을 대상으로 하고 그 재정을 국가가 마련했다는 점에서 공공부조의 효시라 볼 수 있다. 「빈민법」의 시기는 1948년 영국 노동당 정부가 「국민부조법」을 제정함으로써 완전히 막을 내린다.

(1) 엘리자베스 빈민법(Elizabeth's poor law)

「엘리자베스 빈민법」은 엘리자베스 여왕 재임기간이었던 1558년부터 제정된 빈민과 관련된 법을 재검토하여 1601년에 제정된 법을 말한다. 「엘리자베스 빈민법」은 16세기 인클로저운동, 1594년~1597년까지 지속된 흉작, 신세계 귀금속 대량유입으로 발생한 인플레이션과 이로 인한 부랑인 증가로 실업이 개인 책임뿐 아니라 정부 책임도 있다는 사실을 인식하여 제정되었다.

「빈민법」의 주요 내용과 특징은 다음과 같다. 첫째, 빈민을 근로능력이 있는 빈민, 근로능력이 없는 빈민, 요보호 아동으로 구분하였다. 근로능력이 있는 빈민은 작업장에서 강제노역을 시켰으며, 도망쳐서 구걸하거나 일하기 싫어하는 게으른 자에 대해서는 교정원에서 1년간 감금하여 노동을 시켰으며 심할 경우 처형을 하기도 하였다. 이들에게는 시민들이 자선을 제공하는 것을 금지했다. 근로능력이 없는 신체적 · 정신적 장애인, 노인, 병자 등은 구빈원에 수용하여 보호하였으며, 부양할 가족이 없거나 부모가 있어도 부양가족이 없는 요보호 아동은 가정 위탁되거나 도제로 보내져 남자의 경우 24세까지 장인으로부터 기술을 배우게 하였고, 여자의 경우 21세까지 하녀로 양육되었다. 이처럼 구빈사업은 근로능력 유무에 따라 차별하여 처우하는 동시에 부랑자를 일하게 함으로써 자활시키려는 노동정책적 측면을 가지고 있었다. 둘째, 통일된 업무의 추진을 위해 구빈을 담당하는 행정기관을 두었다. 셋째, 각 교구에 치안판사가 임명한 2~4명의 구빈감독관을 두어 구빈업무와 구빈세 징수 업무를 수행하도록 하였다. 넷째, 구빈사업에 소요되는 예산을 위해 구빈세를 신설하고, 교구단위로 구빈세를 부과하여 구빈 재정으로 활용하였다.

「엘리자베스 빈민법」은 빈민에 대한 구제보다는 사회질서 유지를 위한 사회 통제적 성격이 강했다. 그러나 「엘리자베스 빈민법」은 1948년 「국민부조법」이 제정될 때까지 약 350년간 지속되었을 뿐 아니라 최초로 빈민구제를 국가 책임으로 하고 국세를 국가사업에 투입하였기에 사회복지와 공공부조의 근원으로 평가된다.

(2) 정주법(Settlement Act)

영국 국민은 전통적으로 일정한 교구에 소속되어 여러 가지 의무를 지는 대신 교구는 빈곤할 때 부양을 해 주거나 부랑자의 단속을 맡았다. 산업화가 진행되면서 농촌 빈민들이 도시로 유입되어 인구의 도시집중 현상이 나타났고, 빈민들도 더 나은 구호를 받기 위해 구호 수준이 높은 교구로 이동하는 현상을 보이기 시작했다. 이처럼 빈민들이 부유한 교구로 이동하면서 각 교구의 구빈비용이 증가하게 될 뿐 아니라 장원제도가 붕괴될 위기에 놓이게 되었다. 이에 거주권을 가지지 못한 자는 소속 교구로 돌려보내고, 빈민의 이동을 금지하기 위한 소송이 교구를 중심으로 이루어져 찰스(Charles) 2세가 1662년 「정주법」을 제정하기에 이르렀다.

「정주법」에서는 빈민의 자유로운 이동을 금지하기 위하여 정주는 출생, 결혼, 도제, 상속에 따라 결정되도록 하였고 지방판사와 교구 당국의 동의가 있을 경우에만 교구 이외의 장소에 거주할 수 있는 허가를 받을 수 있었다. 새 교구로 이동을 하더라도 토지를 소유하지 못하면 40일 이내에 떠나야 했고, 토지가 없더라도 1년에 10파운드의 집세를 낼 수 있으면 이주가 가능했다. 「정주법」은 「스핀햄랜드법」이 제정되었던 1795년에 폐지되었다.

(3) 작업장법(workhouse test Act)

「작업장법」 또는 「작업장 테스트법」은 노동이 가능한 빈민을 고용하여 국가 부 증대에 기여하고자 제정되었다. 「작업장법」은 1696년 영국의 브리스톨(Bristol) 시에서 공동작업장을 마련하고 빈민에게 일을 시키고 노임을 지불하였는데 이는 곧 영국 전역과 유럽 일부국가로 확산되었다. 작업장은 국가 부 증대에 기여할 것이라는 기대했던 결과를 충족하지 못했다. 숙련된 기술자들이 직장을 옮기면서 노동력이 없는 아동, 장애인, 노인 등도 작업장에 수용되었는데, 이들은 생산기술이 없었고 숙련된 기술자들과 경쟁이 되지 못했다. 또한 빈민들이 오랜 기간 작업장에 고용되어 숙련된 노동자가 되면 높은 임금을 주는 일자리를 찾아 도시로 떠나 실패로 사업이 끝이 났다.

이후 1722년 새로운 「작업장법」이 선포되었는데, 작업장 운영은 지방정부와 계약을 맺는 민간업자와의 계약을 통해 위임하였고, 작업장 수용을 거부하는 빈민은 구제등록부에서 이름을 삭제하여 구제자격을 박탈하였다. 그리고 이전에 남자에게만 적용되었던 것이 남녀 모두에게 적용되어 구제를 받으려면 가족 전체가 작업장에 입소해야 했다. 작업장은 이후 공포의 집으로 변했는데, 구빈대상자임이 드러나는 의복을 입어야 했고, 여성들은 정해진 시간에만 자녀를 케어할 수 있었다. 정부와 계약을 맺은 민간업자는 이윤을 남기기 위해 질 낮은 식사나 생필품을 제공하는 등 최소한의 케어만을 제공하였다. 뿐만 아니라 작업장은 아기의 82%가 사망할 정도로 비위생적이었으며, 노예 같은 장기간 중노동을 하여야 했기에 작업장에 들어가기보다는 빈민으로 남기를 원했다.

(4) 길버트법(Thomas Gilbert Act)

「길버트법」은 1782년 영국의 리치필드의 하원의원인 토마스 길버트가 「작업장법」으로 인한 비참한 생활과 착취를 개선할 목적으로 제안한 법이다. 「길버트법」은 노동능력이 있는 빈민을 작업장에 보내는 대신 자신의 가정이나 인근의 직장에서 취업하도록 알선해 주는 원외구호를 인정하였고, 노동능력이 있는 농민들에게 순번으로 일하게 하는 순환고용제도도 허용하였다. 「길버트법」으로 많은 작업장이 폐쇄되었고, 6세 이하 유아는 가족과 생활하는 것이 의무화되었다. 작업장 운영자를 민간기업에서 지방정부가 고용한 운영자로 대체하였고, 교구들이 연합하여 구빈세의 징수와 지출을 같이 하였다. 또한 합동으로 빈민공장을 만들고 빈민들을 노동시켜 그 비용으로 구제비용을 조달하였고, 근로능력이 없는 빈민들을 위해 구빈원도 설립하여 구제할 수 있도록 하였다.

「길버트법」은 작업장 중심의 공적원조체계에서 시설 외 구호로의 전환점이 되었으며, 인도주의적 구빈정책 시행에 기초가 되었다고 평가되지만, 법 시행을 교구의 재량에 맡겼기에 큰 성과를 거두지는 못하였다고 평가된다.

(5) 스핀햄랜드법(Speenhamland law)

「스핀햄랜드법」은 1795년 영국의 버크셔주(Berkshire County) 스핀햄랜드 지역의 치안판사회의에서 일정소득 이하의 빈민에게 보조금을 지급하도록 제정된 법이다.

18세기부터 지속되었던 경제적 호황은 끝나고 산업화, 인구이동 등은 빈곤문제를 심화하였고, 노동자도 식량부족으로 어려움을 겪었다. 당시 프랑스혁명과 전쟁이 있었기에 지배자들은 빈민폭동을 의식하기 시작하였고 이에 대한 대책으로 기존 「빈민법」과는 다른 대안이 필요하게 되었다. 이에 「스핀햄랜드법」은 최저생활비를 정하고, 최저생활비에 미달하는 임금에 대하여 그 부족분을 보충해 주는 제도를 시행하였다. 최저생활은 남자의 경우 주 3갤런의 빵, 여자의 경우 주 1.5갤런의 빵을 기준으로 하였고, 가족규모와 빵의 가격변화(물가연동제)에 따라 저임금 노동자의 임금을 보충해 주었다.

「스핀햄랜드법」은 생계비와 가족 수를 고려한 최저생계보장 제도와 가족수당의 기원이 되었다는 점에서 의의를 갖는다. 그러나 고용주가 임금을 적게 지급해도 구빈세로부터 보조금이 나오기 때문에 노동자가 아닌 고용주에 대한 보조금이 되었고, 노동자는 수입이 적어도 교구로부터 부족한 부분을 보충받을 수 있었기 때문에 노동의욕을 상실하는 부작용을 초래하였다는 비난을 받았다.

(6) 신빈민법(new poor law)

1760년에서 1840년까지의 산업혁명은 영국사회가 근대 사회로 가는 기반을 마련해 주었으며 자본주의 제도의 확립을 이루게 하였고, 국민투표 시행, 대의제도를 통한 정부입법 활동을 촉진시켰다. 자유방임주의 사조가 확산되고 번영을 누리게 되었으나 이후 궁핍이라는 사회현상을 가져왔고, 1830년에는 노동자 폭동까지 일어난다. 노동자 폭동, 경제적 불황에 따라 요보호자가 증가하여 구빈비는 증가하였고, 구빈비가 큰 부담으로 작용하자 「스핀햄랜드법」의 모순과 빈민의 도덕성에 대해 비판하기에 이른다. 또한 정부의 행정효율화를 요구하게 되었고, 새로운 「빈민법」 개정에 대한 요구가 생기게 된다.

이에 1834년 Senior 왕실위원회에 의해 기존의 「빈민법」은 다음과 같이 개정된다. 「신빈민법」의 3가지 원칙과 그 내용은 다음과 같다.

첫째, 열등처우의 원칙(principle of less eligibility)이다. 열등처우의 원칙은 「빈민법」 폐지를 주장한 자유주의자 맬서스(Malthus)의 주장을 반영한 것으로 정상적인 노동을 권장하기 위하여 "구제를 받는 자에 대한 처우는 국가의 구제를 받지 않는 최하급 노동자 처우보다 열등하게 해야 한다"는 것이다. 구제받는 빈민의 생활수준이 더 나을 경우 임금노동자가 일하지 않고 구제를 받으려 하게 되는 등 게으름과 악덕을 초래한다는 것이다.

둘째, 균일처우의 원칙(principle of national uniformity)이다. 행정기구를 개혁하여 전국적인 행정수준을 통일하고 구빈행정을 중앙집권화 하였다.

셋째, 작업장 활용의 원칙(principle of workhouse system)이다. 이는 노역장 강제수용의 원칙으로 노동능력이 있는 빈민과 그 가족에 대한 구제는 작업장 내에 한정하여야 한다는 것이다. 작업장이 아닌 장소에서 제공되는 원외구제를 불법으로 간주했다.

「신빈민법」은 「엘리자베스 빈민법」 이후 시행되었던 「길버트법」의 원외구호, 「스핀햄랜드법」의 최저생계비 지원과 같은 인도주의적 지원을 폐기하고 다시 「엘리자베스 빈민법」 수준으로 회귀하는 정책이라 할 수 있다. 그러나 「신빈민법」의 원칙은 20

세기 사회보장제도가 확립되기 전까지 영국 공공부조의 기본원리로 간주되었을 뿐 아니라 다른 나라의 사회보장제도 발달에 큰 영향을 미치게 된다. 열등처우의 원칙은 생활보호의 수준을 정하는 원칙이 되었고 작업장 활용의 원칙은 사회복지서비스가 시설보호 중심의 서비스가 되는 데 영향을 미쳤으며 균일처우의 원칙은 중앙정부 중심의 사회복지 전달체계의 근간을 이루게 되었다.

2) 사회보험 시대

사회보험의 시대는 19세기 말에서 20세기 중반까지 비교적 짧았지만 진정한 의미의 사회복지정책이 시작된 시기였다. 자본주의 체제가 발전하면서 산업재해, 직업병, 실업, 정년퇴직 이후의 빈곤 등 새로운 문제에 대비하기 위하여 사회보험이 만들어졌다. 사회보험의 주된 대상자는 노동자계급, 특히 산업 프롤레타리아였는데 산업화는 복잡한 산업 기술을 가진 숙련노동자를 요구했고 이들의 확보를 위해 자본과 국가는 사회복지정책이 필요했다. 또한 노동자 계급도 더 나은 근로조건과 인간의 존엄성 확보 등에 대한 권리를 요구했다. 이에 대한 대응으로 조합원 간의 부조와 복지를 목적으로 하는 공제조합이 등장하고 공제조합은 사회보험으로 발전한다.

(1) 공제조합

공제조합이란 노동자 조합원 간의 부조와 복지를 위하여 조합원들이 기금을 만들어 각종 사회적 위험에 대하여 급여를 지급하는 민간조직이다. 당시 국가가 시행하는 사회보장제도가 없거나 부족하였기에 노동자 가족의 문제는 스스로 해결할 수밖에 없었는데 공제조합은 국가가 본격적으로 개입하기 전까지 유일하고도 유력한 조직이었다.

영국의 대표적인 공제조합은 17세기 노동자들이 자생적으로 만든 우애조합이다. 우애조합은 조합원이 정기적으로 납부한 부금이 적립된 일종의 은행으로, 돈을 낸 사람은 돈에 대한 권리로 급여를 받았다. 상호주의 정신에 의해 조합원은 회의에 평등하게 참여했고, 조합은 조합원을 중요하게 생각했다. 적립된 부금은 연말에 수익을 조합원수로 평등하게 나누는 배당금 형태로 지급되었고, 질병에 걸린 조합원에게는 현금급여가 제공이 되었으며 조합이 고용한 의사에게 진료서비스를 받았다. 가장인 조합원이 사망하면 유족에게 사망급여를 지급하였고, 고령 조합원은 조합이 운영하는 요양원에 입소하도록 하여 보호하였다. 영국의 우애조합은 19세기 들어 크게 발전하여 1911년 국민보험이 시작되었을 당시 등록된 우애조합의 조합원 수만 660만(국민보험 가입자의 3/4)이었다.

우애조합 이외에 노동자 상호부조 조직인 노동조합, 주택조합, 주민은행, 협동조합 등이 있었다. 노동조합은 노동자 상호부조 조직으로써 빈곤과 저임금이 만연하면서 노조의 호전성이 크게 증대되었다. 노조를 불온시한 영국 정부는 1793년 「로즈법」을 제정하여 활동을 감독하였고 이후 「단결금지법」을 만들어 모든 노조를 불법화하였는데, 노조가 불법화되자 합법화된 우애조합의 가입자 수가 크게 늘어났다. 주택조합은 조합원이 주택청약금으로 펀드를 조성하여 주택을 취득하는 것을 돕도록 조직된 상호부조 조직이며, 주민은행은 저축을 목적으로 발전한 공제조합으로 노동자들이 안전하게 자산을 보관할 목적으로 생겨났다.

독일 공제조합의 경우 17세기 전국 각지에서 직인, 도제, 광부를 중심으로 자연적으로 생겨났다. 1845년 프로이센은 「영업법」을 제정해 독일 최초로 공제조합을 합법화하였는데, 공제조합은 공장 노동자의 가입을 의무화하고 노동자가 부담하는 공제조합 기금의 절반까지 사용자가 내는 것을 의무화하였다. 독일 공제조합은 이후 직업별, 공장별, 직업별로 결성되고 통폐합되었으며, 건강보험조합이 공존했는데 조합은 실업, 사망, 질병 급여 등을 실시하고 있었다. 이후 비스마르크의 「사회주의자 진압법」에서 노동운동의 거점으로 노동조합을 탄압했는데, 그때 노동운동의 거점이 된 것이 이 공제조합이다. 또한 독일이 세계최초로 사회보험을 만든 후 시행이 비교적 순조로웠던 것은 기존의 잘 조직화된 공제조합이 있었기 때문인데, 1883년 질병보험을 도입 할 때도 중앙집중식 기구를 새로이 만드는 것이 아닌 기존의 질병급여를 제공하고 있던 공제조합을 중심으로 조합을 만들기도 하였다.

공제조합은 사회적 위험에 대한 보상을 사전에 약정한 다음 사전에 일정한 부금을 납부하고, 위험이 발생하면 급여를 권리로 제공하였는데 이러한 사회보장의 기술은 현대 사회보험의 기본원리가 되었다. 그러나 조합원의 범위가 좁고 재정 규모가 영세한 공제조합은 규모가 커진 사회적 위험에 대응하기에 어려움이 있었기에 국가 차원의 사회보험이 필요하게 되었다.

(2) 독일 사회입법(1883년)

독일은 1871년 통일을 이룬 후 급속도로 발전하기 시작하였으나 1873년부터 시작된 불황으로 주가 폭락, 기업 도산, 대량 실업을 경험했다. 독일은 영국에 비해 산업화가 늦게 추진되었고, 늦은 산업화 결과 노동자수는 늘어났다. 또한 장기불황으로 노동자들은 경제적 궁핍에 처하게 되었고 지주계층 및 부르주아계층과의 빈부격차를 경험하게 되었다.

이에 노동자들은 평등을 지향하는 사회주의 노선을 지지하게 되었는데, 노동자 계급의 권익 향상을 주장하던 사회민주당의 영향력이 확대되고 정치 진출이 두드러짐에 따라 당시 지배엘리트인 토지귀족 융커계층과 신흥 부르주아지 등이 위협을 느끼게 되었다. 당시 독일수상으로 재임하고 있던 비스마르크는 보수적 지주귀족층이었던 융커족 출신으로, 성장하는 이들을 제재하기 위하여 「사회주의자 진압법」을 통과시켜 사회주의를 억압하였다. 그럼에도 불구하고 사회주의에 대한 노동자의 지지도는 지속되었고, 비스마르크는 국가가 나서서 노동자들의 생존을 보장

[그림 3-1] 비스마르크의 사회입법

출처: 한국경제신문(2014.07.18.).

하여 국가에 충성을 바치도록 하는 방법으로 우회한다. 이른바 당근과 채찍 정책을 수행했는데, 당근정책이란 노동자 계급을 결속하기 위한 양보책인 사회입법을, 채찍 정책은 사회주의자 탄압을 위한 「사회주의자 진압법」을 말한다.

이 과정에서 나타난 사회입법은 세계 최초의 의료보험, 산업재해보험, 그리고 노령폐질연금이다. 1883년에 먼저 도입된 의료보험은 질병예방, 치료, 임신 및 분만에 대한 부조, 아동교육을 위한 가사부조, 경영부조, 사망금 지급 등의 기능을 하였다. 의료보험은 중앙통제기구를 만들지 않고 질병급여를 담당하고 있었던 길드, 공장, 산업체에서 담당하도록 하였는데 노동자들은 보험료의 2/3를, 자본가는 1/3을 부담하였다. 의료보험은 발병한 지 3일 후부터 시작해 13주까지 지급되었다. 산업재해보험은 1884년에 도입되었는데, 무과실 책임주의를 적용하여 사업주가 과실이 없어도 노동자가 보험금을 청구할 수 있는 권한이 주어졌다. 또한 급여수준이 산업재해발생 전 납부한 보험료에 상응하여 결정되었다. 1889년 도입된 노령폐질연금은 연간소득이 2천 마르크 미만인 모든 노동자들이 강제 가입하도록 하여 70세가 되면 노령연금을, 자신의 잘못이 아닌 이유로 노동이 불가능한 노동자에게 폐질연금을 지급하였다. 보험금은 노사 각 반반씩 부담하였다.

사회입법의 원칙은 크게 4가지인데, 첫째, 강제보험의 원칙이다. 광산업, 조선소, 건축업 등에 종사자하는 저소득 임금노동자를 의무적으로 가입시켰다. 둘째, 중앙통제의 원칙이다. 보험을 정부가 독점하고 엄격한 통제를 하였다. 셋째, 사보험회사 배제의 원칙이다. 보험을 국가 책임영역으로 보고, 이윤동기 등이 침투하지 않도록 차단시켰다. 넷째, 정부보조금 지급의 원칙이다. 비용은 고용주가 부담하지만 정부의 원조도 요구된다.

비스마르크의 사회입법은 사회문제를 해결하고 노동자를 통합하려는 의도로 마련되었으나 사회개혁을 위한 제도로는 한계가 있다고 평가된다. 그러나 세계최초로 보험을 도입하였다는 데서 의의가 있고, 당시 사회적 대립과 갈등을 상당히 완화하는 기능을 하기도 하였다. 뿐만 아니라 사회입법은 현재 독일 사회보험제도의 중요한 골격이 되며, 다른 나라 사회보험제도의 초석이 되었다는 데서 의의가 있다.

(3) 영국 국민보험법(1911년)

영국의 「국민보험법」(National Insurance Act)은 1911년에 자유당 정부의 개혁을 주도했던 로이드 조지(Loyd George)와 윈스턴 처칠(Winston Churchill)에 의해 추진된 입법을 의미한다.

20세기에 들어 빈곤문제 해결에 대한 자유방임적 관점과 집합주의적 관점이 공존하였고, 1906년에는 자유당이 집권하면서 다양한 사회정책을 실시하기에 이르렀다. 자유주의 개혁파의 경우 이러한 보험제도는 피보험자가 부담하여 급여혜택을 받기 때문에 자신의 관념과 잘 부합한다고 생각했고, 로이드 조지는 사회보험을 강제된 자조로 생각하여 급여수준은 인간다운 생활을 유지할 만큼 충분해서는 안 되고, 국가부담도 적어야 하며, 노동자와 고용주가 재정을 분담해야 한다는 논리를 가지고 있었다.

특히 자유당 정부의 '급여수준은 인간다운 생활을 유지할 만큼 충분해서는 안된다'는 국민최저선(national minimum) 사상은 웹 부처를 중심으로 활동하였던 페이비언 협회에서 고안된 것으로 그 시대의 사회복지사상에 큰 영향을 미치게 되었다. 이들은 이후 1905년 왕립구빈법위원회의 소수파 보고서에서 「빈민법」 제도의 철폐를 주장하기도 하였다. 당시 노동자들의 공제조합의 다수가 재정적인 문제에 직면했고 영국 내 사회주의 부활에 대한 지배계층의 우려 때문에 새로운 구빈제도의 필요성을 절감하였다.

1908년에는 70세 이상 빈곤층 노인에게 무갹출 연금을 지급하는 「노령연금법」이 실시되었다. 노령연금은 사회적 낙인을 수반하지 않고, 징벌적 성격의 「신빈민법」의 원칙을 타파하는 새로운 방향으로의 모색이라 할 수 있었으나 연금 수혜자는 스스로 연금을 받을 만한 도덕적 자질이 있음을 입증해야 하는 등 「신빈민법」의 철학에서 벗어나지 못하고 있었다.

이후 1911년에는 국민의료보험과 실업보험으로 구성되어 있는 「국민보험법」이 시행되게 되었다. 국민보험은 크게 제1부 국민의료보험과 제2부 실업보험으로 구성되어 있다.

제1부 국민의료보험이 등장하게 된 배경은 국민의료보험 실시 전 의료관계보험에 가입하지 못한 사람이 노동자의 절반이었고, 그들은 「빈민법」에 의하여 낮은 수준의 의료혜택을 받고 있었기에 실업 요인인 질병을 감소시켜 국가 효율성을 향상시키기 위해 도입되었다. 도입당시 공제조합, 의사, 보험회사와 같은 강력한 기득권 집단과의 협상을 거쳐 도입하였다. 당시 의료급여를 제공하고 있던 조합은 정부와 경쟁하기를 꺼려 하였고 정부는 공제조합에게 국민의료보험을 맡김으로써 이들이 제도 시행에 협조하도록 하였다. 보험회사는 미망인과 고아급여를 폐지해 줄 것을 요구하고 정부는 이를 수용하며 운영기구로의 기능을 하게 하였다. 여러 가지 어려움으로 국민의료보험은 1913년에 와서야 실시되었는데, 연소득 250파운드 이하 16~70세의 육체노동자와 연소득 160파운드 이하 비육체노동자가 대상자가 되었다. 건강보험조합은 기존 공제조합, 노동조합, 보험회사에서 설립이 가능하였고, 5,000명 이상 가입자가 있는 경우 인정하였다. 보험료는 균일제로 하였고, 지급은 질병수당을 제공하였다.

제2부 실업보험의 경우 보험료를 납부하지 못한 저임금노동자들에 대한 실업대책의 일환으로 등장하였다. 정부가 보험료 일부를 부담하여 낮은 보험료로 보험혜택을 받을 수 있도록 한 것이다. 주요 대상은 경기에 민감한 건축, 토목, 조선, 기계, 철강, 자동차 산업 등이었고, 보험료는 사용자와 노동자가 주당 2펜스, 정부에서 1펜스의 2/3를 부담하였다. 1911년의 실업보험은 세계최초로 실업에 보험원리가 적용되었다는 데서 의의가 있으며, 의무적 실업보험제도는 노동능력자에 대한 전근대적인 「빈민법」제도로부터 결별을 선언하고, 국민권리 관점에서나 인도주의적 관점에서나 비약적인 사회정책적 발전을 가져온 것으로 평가된다.

이와 같이 「국민보험법」은 자비에 의해 불쌍한 사람들에게 자비를 베풀던 기존의 사고방식에서 벗어나 국민 권리로 개념을 전환하는 역할을 하여 1834년 「신빈민법」의 열등처우의 원칙을 폐기하도록 만드는 계기가 되었다. 또한 빈민세라는 개념에서 보험원리의 적용에 의해 고용주, 고용인, 정부라는 3자 비용부담의 원칙으로 권리개념이 강해졌고, 빈곤문제에서도 구빈에서 방빈으로 초점이 변화되는 계기를 마련하였다. 그리고 「국민보험법」을 통해 자유방임적 빈곤관에서 벗어나 빈곤이 사회구조적이고 국가개입이 필요한 문제임을 인식하는 계기가 되었다.

(4) 미국 사회보장법(1935년)

미국의 「사회보장법」(Social Security Act)은 1933년 루즈벨트(Roosevelt)에 의해 추진된 입법으로, 연방정부가 관장하는 노령연금, 주정부가 관장하고 연방정부가 재정을 보조하는 실업보험, 공공부조의 내용을 담고 있다.

[그림 3-2] 루즈벨트 행정부의 「사회보장법」 홍보포스터

출처: 아틀라스뉴스(2020.05.14.).

19세기 말과 20세기 초 산업혁명으로 도시로의 급격한 인구유입은 다양한 사회문제를 야기하였고, 1929년 대공황은 미국 경제전반을 파괴했다. 대공황으로 일부 도시들의 실업률은 40%에 육박했고, 대량실업, 소득경감으로 중산층에게 위기를 안겨 줌으로써 시위와 파업이 전국적으로 일어났다. 빈곤에 대해서도 새로운 관점을 모색하게 되었는데, 그동안 빈곤의 원인을 개인의 결함에서 찾아왔지만 대공황 이후 개인의 결함이 아닌 사회구조의 결함에서 빈곤 또는 실업의 원인을 찾게 되었다.

이 시기 경기침체 극복과 빈곤대책에 소극적이었던 공화당 후버(Hoover) 대통령이 물러나고, 1933년 루즈벨트 대통령이 취임하면서 뉴딜정책을 통해 적극적으로 미국의 부흥과 구제, 사회문제 해결에 총력을 기울이게 되었다. 뉴딜정책은 정부의 개입과 규제력에 의해 자본과 노동을 조직화하고 이를 통해 산업에서는 일정한 이윤을 보장하고, 실업과 저임금이 확대되지 않도록 다양한 내용으로 고안되었다.

또한 민간부문에만 의존하던 기존의 복지 관점에서 탈피하여 공공복지에 투자해야 하며 빈곤과 실업 등의 문제는 더 이상 개인의 문제가 아닌 사회문제로 인식하게 되었다. 이에 1934년 경제보장위원회의 권고로 「사회보장법」 제정이 추진되었고 자본가 측의 반대로 7개월간의 토론을 거친 끝에 국가가 개입하여 해결해야 한다는 자각에서 1935년 제정된다.

실업문제 해결을 위해서는 고용 확대가 필요하고, 경기 회복을 위해서는 구매력 확대를 필요로 하였는데, 「사회보장법」은 연금, 보험, 각종 부조 제도를 통해 노인과 실업자 등이 구매력을 가질 수 있도록 하였다. 구체적인 「사회보장법」 내용을 살펴보면 다음과 같다.

첫째, 연방정부가 1/3에서 1/2의 재정을 보조하고 주정부가 운영하는 장애인부조(AD), 노령부조(OAA), 요보호 아동 가족부조(AFDC), 시각장애인부조(AB)의 4가지 공적부조프로그램을 구성하였다. 이는 빈민에 대한 지방 책임이라는 원칙이 폐기되고 주정부에 대한 연방정부의 지원정책이 제도화되는 중요한 의미를 갖는다. 둘째, 보건, 입양, 장애인서비스를 제공하는 데 있어 연방정부가 재정을 보조하고 주정부가 운영하였다. 마지막으로 연방정부가 재정 보조와 운영을 맡은 사회보험으로, 실업보험, 노령·유족 및 장애보험이 있다. 실업보험은 4인 이상 노동자를 둔 사업자에게 임금총액의 3%에 해당하는 갹출료를 부과하여 충당하였고, 고용 안정 유도를 위해 해고율이 낮은 사용자에게는 특별감면제도를 마련하기도 하였다.

「사회보장법」은 빈곤을 개인의 게으름이나 방탕함이 아닌 사회구조적인 문제임을 자각하는 데서 출발한다. 「사회보장법」을 통해 과거 자유주의적 생활을 강조하였던 복지 원칙을 깨뜨리고, 연방정부의 적극적인 개입이라는 큰 변화를 가져왔다. 이를 통해 연방정부가 주요하게 개입하는 사회보험, 공공부조, 보건 및 복지서비스의 항구적인 사회보장제도를 갖추게 된 것이다.

3) 복지국가 시대

복지국가 시대는 사회보험 시기에 이어 나타난 시대로 제1, 2차 세계대전을 거치면서 나타나게 되며, 2차 세계대전 이후 세계경제의 호황과 시민계급의 정치성장에 따라 1970년대 오일쇼크까지 지속적으로 확대 발전된다. 이 시기 OECD 국가들은 평균 4~5%의 높은 경제성장율을 달성하였고, 낮은 수준의 물가상승 및 실업률로 실업비용이 최소화되었다.

복지국가 시대에는 사회복지정책의 대상자를 전 국민으로 확대했고, 국가와 함께 시민단체가 사회복지정책의 주체가 되었고, 욕구는 국민최저 이상으로 확장되었다. 사회서비스나 공공부조가 확충되었고, 이전의 자비나 시혜가 아닌 권리로서 인정을 받게 되었으며 복지비 지출증대로 사회보장의 적용대상 확대와 급여의 안정적 실시가 가능한 시기였다. 복지국가 시대에는 전 국민으로 확대된 사회보장과 시민들의 복지수급권이 완전히 보장되었으며 사회복지정책이 사회적으로 차지하는 비중이 커짐에 따라 경제와도 대등한 파트너 관계를 유지하게 되었다.

(1) 베버리지 보고서

베버리지 보고서는 이른바 요람에서 무덤까지라는 복지국가 체계의 시작점으로 1941년 베버리지 위원회에 의해 만들어졌다. 베버리지 위원회는 병사와 시민의 사기제고를 위해 현존하는 사회보험 및 관련 서비스를 전면적으로 재검토 조정하는 역할을 맡았으며, 실업보험 전문가인 베버리지(Beveridge)가 위원회 위원장으로, 그 이외 고위관료들이 임원으로 참여하여 발간하게 되었다.

베버리지는 웹(Webb) 부부의 소수파 보고서 영향을 많이 받았는데, 소수파 보고서는 1905년 왕립조사위원회에서 「빈민법」, 실업자 구제책에 대한 실태파악을 위해 작성된 것으로 3년간의 조사 끝에 1909년 제출된다. 소수파 보고서에는 기존 「빈민법」의 전면폐지와 더불어 국가주도 보험, 의료서비스, 직업안정 정책 등이 제시되어있었다. 이처럼 개혁적인 소수파 보고서는 정부정책으로 채택되지 못했고, 자선기금 및 구빈행정에 의한 서비스제공의 자율성에 강조점을 둔 다수파 보고서가 채택되었다. 그러나 「빈민법」과 구빈법적 세계관 및 구빈법적 행정적 실천 폐기 등의 내용을 담은 소수파 보고서는 이후 베버리지 계획의 시발점이 되었다 할 수 있다.

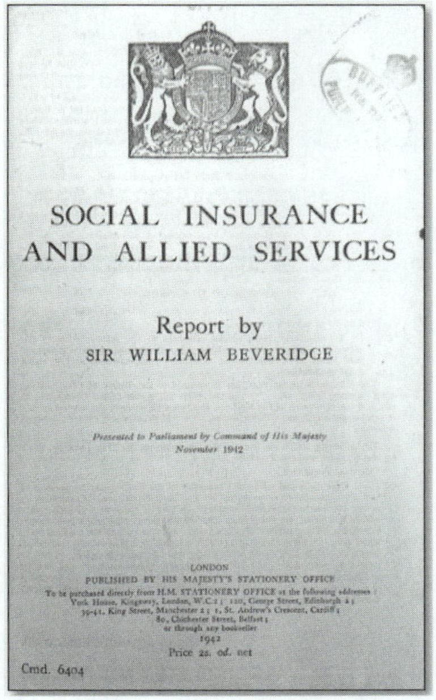

[그림 3-3] 베버리지 보고서 표지
출처: 슬로우뉴스(2020.04.01.).

베버리지 보고서에는 빈곤, 질병, 무지, 불결, 나태의 5대 사회악을 벗어나는 것을 목적으로 하는 포괄적 사회보장 제도의 내용을 담고 있다. 1941년 문서에 빈곤 문제를 해결하기 위한 사회보장 계획의 성공을 위한 3가지 가정으로 국민보건서비스, 아동수당, 고용확대가 중요하다고 보았다. 첫째, 국민보건서비스는 질병의 예방, 치료와 노동력 회복을 위한 포괄적인 보건의료서비스 제공에 대한 내용을 담고 있다. 둘째, 아동수당은 부모가 다른 급여를 받는지의 여부와 무관하게 실시되어야 한다고 보았는데, 15세까지 지급되도록 하였다. 셋째, 고용확대는 완전고용에 대한 것으로 고용유지를 통한 대량실업 방지에 대한 가정을 제시하였다.

베버리지가 제시한 사회보장제도는 강제적 사회보험이다. 국민들의 빈곤을 추방하는 데 있어 강제적 사회보험을 1차적으로 상정하였고, 이에 포괄되지 못하는 경우를 대비하여 국민부조 장치를 마련하였다. 국가가 제공하는 사회보장의 목표는 국민최저선(National minimum) 달성에 두었는데, 국민최저선을 넘는 욕구는 개인적 차원으로 남겨 두었다.

이 외에도 사회보장의 6가지 원칙을 제시하였는데, 첫째, 사회보장의 모든 부문별 행정 운영을 통합하는 행정의 통합원칙, 둘째, 기본적 생활욕구 충족을 위해 사회보장의 모든 분야에서 급여가 고르게 이루어져야 한다는 포괄성의 원칙, 셋째, 소득에 관계없이 균일하게 갹출하는 정액기여의 원칙, 넷째, 모든 국민에게 평등하게 소득을 보장한다는 정액급여의 원칙, 다섯째, 급여 수준이 최소한의 인간다운 생활을 보장하는 데 적절해야 한다는 급여적절성의 원칙, 여섯째, 대상자 분류의 원칙이다. 1942년의 문서에는 생존선에 대한 규정, 사회보험방식을 통한 빈곤퇴치에 대한 내용이 담겨 있다. 국민최저수준을 위해 개인과 가족의 기본적인 욕구를 정하고 화폐로 환산했다.

(2) 복지국가체계 확립

1945년 영국은 애틀리(Attlee)의 노동당이 보수당을 압도적으로 누르고 총선에서 당선되었다. 노동당은 베버리지 보고서에 기반하여 복지국가의 틀을 마련하기 시작했다. 1946년에는 2인 이상의 아동을 둔 가족에게 지급하는 가족수당제도가 실시되었고, 같은 해 「국민보험법」, 「국민산업재해보험법」, 「국민보건서비스법」이 제정되었다. 「국민보건서비스법」은 1948년에 본격적으로 실시되기 시작하였는데, 영국의 경우 국민보건보험과는 달리 공적서비스 형태를 취해 국가가 의료비용을 모두 충당하는 형태로 제도가 시행되어 오늘날 국가보건서비스(NHS)의 뿌리가 되었다. 1948년에는 「국민부조법」을 제정함으로써 「빈민법」의 잔재를 완전히 청산하고 최저생활보장의 이념을 현실화하는 등 요람에서 무덤까지로 일컬어지는 소득보장체계가 마련되었다.

1950년대 이후에는 각종 사회보험이 전 국민 대상으로 확대되었을 뿐 아니라 급여수준이나 대응하는 사회적 위험의 정도도 급격히 향상되었다. 1960년대부터는 가족수당 확대, 저소득층 임금보충, 최저임금 정책이 추진되는 등 복지국가의 황금기를 맞이하였으며, 다양한 복지제도는 다른 나라로 빠르게 확산되었다.

4) 복지국가 위기와 재편 시대

1970년대 초 석유산유국의 석유생산 감소로 기름값이 상승하고, 중동의 석유전쟁으로 제2차 세계대전 이후 가장 심각한 불황에 빠지게 되었다. 이러한 위기는 일시에 나타난 현상이라기보다 지속적으로 뿌리내린 상태였다. 당시 경제적인 측면에서는 경기침체, 실업증가, 세금회피 및 탈세, 지하경제, 근로의욕 감퇴의 현상들이 나타났고, 정치적으로는 정부활동 신뢰 하락, 정당에 대한 지지 결여, 행정기구 비효율성이 나타났으며, 문화적으로는 성별 갈등, 사회통합이 느슨해지는 현상 등이 이미 나타나고 있었다. 이러한 어려움으로 인해 국가는 재정적 위기를 맞이하게 되었고, 실업자 증대로 실업급여 등 공공지출이 늘어나게 되었다. 복지국가를 지지하던 대중은 우파로 이동하면서 각종 사회복지서비스 부문의 예산이 삭감되고, 사회복지정책은 축소의 길로 접어들게 되었다. 불황으로 복지국가 전성시대는 사실상 막을 내리게 되었고, 복지국가에 대한 일반적인 신뢰감이 무너지기 시작하였다.

케인즈(Keynes)의 이론이 힘을 잃게 되면서 신보수주의가 힘을 얻게 되었는데, 신보수주의는 사회민주주의가 지향했던 혼합경제의 한계를 지적하고 시장경제 내에서 국가의 간섭을 배제한다. 또한 시장의 기능과 민간의 자유로운 활동하에 경제가 맡겨져야 하며, 기업 간의 경쟁을 더욱 강화시키고, 시장경제 내에서 정치적 간섭을 배제하며, 사회복지지출을 축소하였다. 신보수주의의 대표로 표방되는 것이 영국 대처 정부의 경제정책인 이른바 대처리즘과 미국 레이건 정부의 경제정책인 레이거노믹스이다.

1970년대 들어서 미국은 「사회보장법」과 공공부조 관련법이 더 세분화되었으나, 1960년대 베트남전쟁과 빈곤과의 전쟁을 거치면서 정부에 대한 불신으로 공공프로그램이 사회문제를 해결할 수 없다는 인식이 팽배해지기 시작하였다. 경제적 어려움에 직면해 있던 1980년에 레이건 정부가 들어섰는데, 레이건 정부는 경제를 재건하고 군사력 강화를 위한 변화를 추구하였다. 이 시기 이루어진 경제회생정책을 레이거노믹스라 일컫는데, 레이건과 이코노믹스의 복합어로써 자유경쟁 시장 체제로 돌아가 공급과 수요의 자동조정기능을 강조하였다. 인플레이션, 생산성 정체, 국가경쟁력 약화 등을 해소할 수 있는 방안으로 규제완화, 감세, 노동유연성을 강조함으로써 개인과 기업은 소비할 수 있는 돈을 더 많이 가지게 되었고, 이로 인하여 경제가 성장하고 실업률이 감소하였다고 평가된다. 한편, 레이건 정부는 취임하자마자 대대적인 사회보장제도를 개편하였는데, 연방정부의 사회복지의 역할 축소를 대대적으로 감행했을 뿐 아니라 각종 지역사회 정신보건, 지역사회행동 등의 예산이 삭감되어 직영 프로그램은 주정부로 이양하거나 민영화하였다. 레이건 정부는 근로연계복지를 강화하였고, 「총괄예산조정법」을 실시하여 빈민을 위한 복지제도의 재정을 크게 감축하였으며, 요보호 아동이 있는 가정에 대한 부조(AFCD)의 수혜자격 요건을 크게 강화하기도 하였다.

1990년대 미국은 민주당 정부가 들어서지만 여전히 보수적인 기조를 유지하게 되는데 1996년 클린턴 정부 당시 개인책임과 「근로기회조정법」이 제정되면서 요보호 아동이 있는 가정에 대한 부조(AFDC) 프로그램이 폐지되고, 빈곤가정 일시부조(TANF)프로그램이 도입되었다. 빈곤가정 일시부조(TANF)는 최고 2년까지만 수급을 받을 수 있도록 하였고, 수혜자들의 근로활동 참여율의 최저기준을 정해 놓고 이를 달성한 주에서만 연방정부가 포괄보조금을 제공하였다. 2000년에 공화당 부시 정부가 출범하면서 사회복지정책은 온정주의적 보수주의 입장에서 정책을 추진하여 왔으나 911사태, 이라크 및 아프간 전쟁으로 인한 국가재정 지출로 복지축소가 단행되었다. 2008년 민주당 오바마 정부가 들어서면서 사회복지정책 강화, 균등한 분배, 건강보험개혁안 등을 추진하였는데, 특히 2010년 환자보호와 적정한 가격으로 치료하는 법(일명 오바마케어)이 시행되었으나 보수주의자의 반발에 부딪혀 왔다. 트럼프 정부가 들어서면서 개인의 자유를 침해하고 재정부담을 가중시킨다며 보조금을 대폭 축소하고 미가입 시 부과되는 벌금 조항을 사실상 폐기하는 등 사회복지정책의 지속적인 변화를 겪었다.

영국의 경우 1979년 총선거에서 보수당이 승리하여 대처(Thatcher)가 수상으로 집권함에 따라 노동당 정부가 고수해 왔던 국유화, 복지정책 대신 민간의 자율적 경제활동을 중시하는 경제 정책을 펴게 된다. 이를 대처리즘으로 부르는데, 대처리즘은 시장의 보이지 않는 손이 수요와 공급을 조절하기 때문에 국가가 과도하게 개입할 필요가 없다는 입장이다. 대처는 사회민주주의, 강한 노조, 복지국가의 이전 기조를 개혁하기 위하여 반사회민주주의, 반노조주의, 반복지국가주의를 주장하면서, 민영화 정책, 공영주택 매각, 보충급여 축소 등을 실시하였다. 1983년 대처는 사회보장예산을 삭감하였고, 1986년에는 「사회보장법」을 마련하여 연금 하향조정, 사적연금 장려, 자산조사를 전제로 하는 사회보장급여 축소 등의 제도개혁을 추진하였다.

1994년부터 블레어(Blair)가 집권하면서 내건 슬로건은 기든스(Giddens)가 이론적으로 체계화한 제3의 길로, 유럽에서도 일부 지지를 얻었다. 제3의 길은 제1의 길, 제2의 길에 대비하여 등장한 용어로, 제1의 길은 사회적 약자에 대한 배려, 복지, 평등을 지향하며, 고복지, 고부담, 저효율로 요약되는 사회민주주의적 가치, 제2의 길은 자유, 노동인센티브, 경제적 효율 등을 지향하고 고효율, 저부담, 불평등으로 요약되는 시장자유주의 가치를 말하며, 제3의 길은 새로운 정책 노선으로 사회·경제생활을 보장하는 동시에 시장의 활력을 높이자는 전략이다. 제3의 길은 국민에게 직접 투자하기보다 인적자원에 투자하는 사회투자국가로 개편하고자 하여 노인에 대한 적합일자리 창출, 평생교육 등에 대한 지원 등을 주장하였고, 중앙정부중심의 복지를 지양하고 지방정부, 비영리부문, 기업 등을 복지의 주체로 삼자는 복지다원주의를 지향하였다. 기존 의존형 복지에서 일하는 복지, 자립형 복지가 블레어 복지개혁의 핵심이었으며 이후 2007년 브라운 총리도 적극적 노동복지정책을 추진하였다.

2. 한국의 사회복지정책 발전과정

1) 1960년대 이전

일제강점기하 사회복지정책은 조선구호령이 대표적이다. 일본은 식민지정책의 일부로서 일본에 충성하도록 정치적 목적으로 시혜 또는 자선의 의미로 조선구호령을 실시하였을 뿐 실제 사회복지정책에는 큰 관심을 가지지 않았다. 일찍이 일본 자국

내에서는 1929년 「구호법」이 제정되어 운영되고 있었으나 조선에서는 유사시 생업부조나 현물급여 등 시혜의 의미로 구호를 해 왔다. 군사적 목적을 위해 징병과 노무징용이 필요해지자 1944년 조선구호령을 제정하였다. 조선구호령은 원칙적으로 65세 이상 노쇠자, 13세 이하의 아동, 임산부, 불구・폐질・질병・상병 또는 신체장애로 일할 수 없는 자를 대상으로 하였고, 구호종류는 생활부조, 의료, 조산, 실업부조로 구성되어 있다. 구호는 거택구호를 원칙으로 하고 이것이 힘들 경우 수용 위탁하도록 하였다. 조선구호령은 제정 이후에도 대대적인 시행을 기대하기는 어려웠고, 구빈 목적이라기보다는 식민통치의 효율성 제고를 위한 것이라고 볼 수 있지만, 조선구호령의 급여 내용, 대상자 등은 이후 제정되는 「생활보호법」의 기본 골격을 이루었기에 사회복지정책사에 중요한 의미라 할 수 있다.

미군정시대는 1945년 광복 후 3년간의 기간으로 사회복지정책은 구호적・임시적 대책으로서의 성격을 가진다. 당시 최소한 200만 명 이상의 요구호자가 계속 존재하였는데, 월남 피난민, 해외로부터 귀환한 전재민, 요구호 빈민에 대한 식량, 의료, 주택 등의 공급에 치중하였다. 미군정 사회복지와 관련된 입법은 후생국보 3호와 3A호, 3C호인데, 후생국보 3호에는 공공구호를, 3A호에는 이재민과 피난민에 대한 구호를, 3C호에는 궁민과 실업자에 대한 구호규칙을 담고 있다. 미군정기의 사회복지입법과 정책은 일제시대 조선구호령을 답습하는 수준이었고, 임시변통적 구호정책이 주류를 차지하였다.

미군정이 끝나고 1948년에 대한민국 정부가 수립되었고 당시 「헌법」에 노령, 질병, 기타 근로 능력 없는 자에 대한 국가보호에 대한 생존권을 명문화하였다. 그러나 1950년 6・25전쟁이 발발하여 관계 법령이 제정되기도 전에 경제난, 식량난을 극복하고 인명피해를 극복할 응급구호에 치중할 수밖에 없는 상황이 되었다. 당시 전국적으로 782만 명의 구호대상자가 있었기에 고아시설, 양로시설, 모자원 등 후생시설이 설립되었고 요구호자 구호를 위해 외국원조단체의 협조를 받게 되었다. 당시 전쟁으로 정부가 준비했던 모든 정책은 무산되어 임시적, 응급적 정책으로 전락하였고, 임시응급구호에 급급하여 사회복지정책이 제대로 자리 잡기 어려운 시기라 평가할 수 있을 것이다.

2) 1960~1979년: 제2, 3, 4공화국

1960년 제2공화국 민주당 정부는 근로자의 근로조건 개선 및 생활보장을 위하여 사회보장제도 수립과 제도모형을 연구·심의할 수 있는 사회보장제도심의위원회의 설치를 건의하였으나 의결 직전에 발생한 1961년 5·16 군사쿠테타로 무산되었다. 군사쿠테타로 정권을 잡은 박정희 정부의 제3공화국은 1963년 출범하게 되며, 1972년 유신쿠테타를 통해 1979년까지 장기집권을 하게 된다.

1961년 군사쿠테타 이후 군사정부는 혁명공약을 내세웠지만 국민은 무관심했고, 군사정부는 정통성을 유지하기 위해 경제개발을 통한 조국 근대화에 매진했다. 복지지출은 비생산적이고 낭비적인 유출로 간주하여 빠른 경제성장을 통해 소득을 증대시킴으로써 각자 욕구를 충족시킬 수 있게 하려고 하였다. 이처럼 당시 사회복지 제공에 대해서는 소극적인 입장을 취하였으나 정치상황이 의도와 다르게 흘러가자 사회복지 관련 법들을 제정하였다. 1963년 제3공화국이 출범하기까지 19개의 복지 관련 입법이 무더기로 이루어지기도 하였다. 당시 제정된 입법은 1961년 「생활보호법」, 「아동복리법」, 1962년 「재해구호법」, 1963년 산업재해보상보험, 「의료보험법」 등이 있다. 당시 제정된 생활보호제도는 생존권 보장과는 거리가 멀고, 중앙집권적 통치기제로 빈민법적 성격이 강했다. 전반적인 법의 시행에 있어 적극적이지 못했는데, 당시 예산을 보면 1963년을 정점으로 점차 감소하였다. 법의 내용은 장기적인 안목과 합리성이 부족했고, 시행도 성공적이지 못하였으나 형식적인 법제 도입과 국가 중심의 체계적인 사회복지제도를 구축하였다는 데 의의가 있다.

1970년대 유신체제에 들어선 이후 사회복지정책의 변화를 보면, 대표적으로 1970년 「사회복지사업법」이 제정되었고, 공공부조 부문에서 1970년 「의사상자구호법」이 제정되었다. 「사회복지사업법」이 제정·시행되면서 사회복지사업을 공정하고 효과적으로 운영할 수 있는 법적 근거를 제공하게 되었고, 운영해 오던 재단법인 등이 사회복지법인으로 변경되면서 사업운영 기반이 확립되었을 뿐 아니라 정부보조를 받을 수 있게 되었다. 1973년 「사립학교교원연금법」, 「국민복지연금법」이 제정되었는데, 「국민복지연금법」은 노후의 소득보장을 목적으로 하기보다는 중화학공업육성계획의 달성을 위한 내자조달 수단이라고 국민에게 인식되어 호응을 받지 못하여 법만 제정해 놓고 시행은 되지 못했다. 1963년 제정되었다가 시행되지 못하고 1976년 다시 제정된 「의료보험법」은 500인 이상 사업장 근로자를 대상으로 1977년부터 시행되었고, 저소득층을 위한 「의료보호법」도 시행되었다. 이는 산업화로 인한 국민 욕구를 충족시키고 건강증진을 통한 국가 이익과 사회적 통합을 가지고 온다는 차원에서 실시되었다.

3) 1980년~1993년: 제5, 6공화국

1979년 10·26 사태로 유신체제가 끝나고 1980년 군사쿠데타로 전두환 정부의 제5공화국이 들어섰다. 제5공화국은 집권초반 복지국가 구현을 국정지표 중 하나로 내세웠고 정통성 확보를 위해 복지예산을 대폭 증가시켰다. 1960~70년대 추진되었던 법제 중 도입되지 않은 법제를 도입하거나 사회경제적 변화에 맞추어 법을 개정하였다. 1980년 「사회복지사업기금법」이 제정되어 사회복지사업 제정 마련의 기틀을 마련하였고, 1981년에는 「노인복지법」, 「심신장애자복지법」을 제정하였고, 「아동복리법」을 「아동복지법」으로 개정하였다. 1983년에는 사회복지서비스 각 분야의 전달체계 합리화 및 체계화를 위하여 「사회복지사업법」이 개정되었고, 공공부조 부문의 「생활보호법」을 전부 개정하여 자활보호와 교육보호를 추가하였다. 1980년대 중반에 들어서는 노동자들의 저항이 표면화되면서 복지국가 건설을 내세우며 1986년에는 국민연금제도, 의료보험제도의 전 국민 확대실시, 최저임금제도의 3대 복지정책 실시를 발표하였으나 전두환 대통령 재임기에는 실시되지 못하고 노태우 정부에서 집행되었다. 이는 정치·경제적 질서를 유지하는 대가로 물질적 양보를 하겠다는 것으로 평가되며, 정치·사회적 위기를 모면하기 위한 사회통제 수단으로 추진되었다고 보기도 한다.

1986년 민주화 대투쟁 이후 민주국가로 이행하기 위한 준비작업을 진행하였고, 1987년 대통령 직선제 선거가 치루어져 우리나라 정치사상 최초로 평화적 정권이양이 이루어졌다. 사회복지의 측면에서도 1987년은 큰 변화가 시작되는 시점이었는데, 1987년 이후 노동계급에 대한 복지제공은 폭발적으로 이루어졌다. 제5공화국이 발표했던 국민연금, 최저임금, 전 국민 의료보험을 이 시기에 시행한 것이다. 1973년 제정되었던 「국민복지연금법」을 폐지하고 「국민연금법」을 새로 제정하여 1988년부터 시행하였고, 「최저임금법」도 시행하였다. 1977년 500인 이상 사업장에서만 실시되던 의료보험제도는 1989년부터 도시지역에서도 시행되어 「의료보험법」 시행 12년 만에 전 국민 의료보험제도가 실시되었다. 이외에도 1989년 「모자복지법」, 1990년 「장애인고용촉진 등에 관한 법률」, 1991년 「영유아보육법」, 「고령자고용촉진법」, 「청소년기본법」이 제정되었다. 또한 1991년 기존의 「사회복지사업법」을 개정하여 사회복지전담공무원과 복지사무전담기구 규정을 마련하여 전달체계를 정비하였다. 다양한 입법과 함께 복지비 지출이 현저하게 증가하였고 후반부터는 시설수용 위주의 복지사업에서 탈피하여 지역복지와 재가복지가 강조되기 시작하였다. 그러나 복지확대는 오래가지 못했는데, 당시 소수여당이었던 민정당이 1990년 민주세력을 대변하던 김영삼의 민주당과 김종필의 공화당과 합당하면서 노태우 정부는 정통성을 회복했고 노사분규 등은 감소하였으나 그 이후 사회복지발달이 현저히 지체되었다. 보건사회부 예산은 1991년부터 지속적으로 감소되었고, 복지구호 대신 일 더하기, 즉 근로연계복지가 등장하였다.

4) 1990년대: 문민정부, 김대중 정부

1993년 집권한 김영삼 정부는 정권초반 경제 활성화에 치중하여 사회보장부문과 보건복지부문에 대한 예산을 상대적으로 감축시켰는데 이후 예산을 늘리기는 하였으나 정권 내내 그 비율은 저하되었다. 그러나 민주적 정통성을 가지고 일반국민과 노동계급의 요구와 이익을 국가정치에 반영하고자 하였다. 김영삼 정부에서는 사회복지발전을 위한 위원회 활동이 활발하게 이루어져 장기정책 방안을 구상하였으며, 1995년 한국형 복지모형으로 성장과 복지의 조화, 한국적 특수성 반영, 생산적 · 예방적 복지 강화, 공급주체의 다원화, 물질적 만족과 정신적 행복의 추구를 제시하였다. 당시 사회복지정책과 관련하여서는 실업과 고용촉진에 대한 대책으로 1993년 「고용보험법」을 제정하면서, 기존의 산재보험을 필두로 하여, 국민연금, 의료보험 등 4대 보험 제도가 정착되었다. 1994년에는 성폭력 문제가 사회적 쟁점으로 부각되면서 「성폭력범죄의 처벌 및 피해자보호 등에 관한 법률」이 제정되었다. 1995년에는 다양한 「사회복지법」, 「사회보장법」을 질서 있게 세우는 모법이 요청되어 「사회보장기본법」이 제정되었고, 정신질환자의 예방 및 치료, 건전한 사회복귀를 위한 법적조치로서 「정신보건법」이 제정되었다. 1997년에는 국민의 자발적 성금으로 모금된 재원을 효과적으로 관리 운용하기 위하여 「사회복지공동모금회법」이 제정되어 추진되었고, 「청소년보호법」, 「가정폭력방지 및 피해자보호등에 관한 법률」도 제정되었다.

김영삼 정부 말기인 1997년 외환위기로 유례 없는 경제위기를 겪으면서 한국 사회복지는 진보적인 정부의 집권과 더불어 획기적으로 발전하기 시작하였다. 1998년 시작된 김대중 정부는 노태우, 김영삼 대통령보다 진보적 성향이 강하면서 복지 친화적이었기에 대대적인 복지개혁을 시도하였고, 복지에 대한 지출도 큰 폭으로 늘려 1990년대 초반 GDP의 4%였던 사회지출은 2000년 약 8%에 달했다. 대표적인 개혁의 내용을 보면, 먼저 우리나라 공공부조의 근간인 「생활보호법」을 약 40년 만에 「국민기초생활보장법」으로 개혁했다. 「생활보호법」은 보호, 피보호자 등의 용어로 표현하며 매우 잔여적 · 시혜적으로 시행되었을 뿐 아니라 복지대상자를 인구학적 기준으로 제한하였다. 그러나 「국민기초생활보장법」은 수급자 등의 권리성을 나타내는 문구로 대상자를 명명하며, 근로능력의 유무와 관계없이 소득이 최저생계비에 미달하는 국민이라면 누구나 대상자로 선정될 수 있도록 하였다. 또한 생활보장과 근로활동을 연계하여 자활의 계기를 마련할 수 있도록 하였다. 「국민기초생활보장법」 이외에 공공부조 차원에서 2001년 「재해구호법」을 제정하여 재해피해자의 보호와 생활안정에 기여하도록 하였으며, 2001년 「의료급여법」을 제정하여 생활이 어려운 자에 대한 급여를 실시하였다. 둘째는 의료보험의 통합이다. 의료보험은 지역, 공무원 및 교원, 직장 의료보험으로 구분되어 있어 보험료 수준도 다르며 운영도 독립적으로 하는 방식으로 운영되고 있었다. 그러나 1998년 공무원 및 교원의료보험과 지역의료보험이 1차로 통합되었고, 1999년 제정된 「국민건강보험법」에 따라 직장의료보험까지 포함한 모든 조합이 2000년부터 국민건강보험공단으로 통합되도록 하여 국가책임을 강화하도록 하였다. 셋째로 연금의 개혁이다. 세계은행이 기초연금과 확정기여방식 및 완전 적립방식이 결합된 소득비례부문으로 이원화하려는 개혁안을 제시하였으나 이는 신자유주의적 요소가 강하게 나타나는 개혁으로 김대중 정부는 이를 받아들이지 않았다. 기존의 공적관리, 세대 간 · 계층 간 연대, 관대한 급여수준, 임금근로자와 자영자의 통합관리의 기본골격을 유지하였다. 대신 소득대체율을 70%에서 60%까지 낮추고 기금운용의 투명성과 가입자가 정책결정과정에 참여하도록 개혁을 단행하였다. 마지막으로 사회복지서비스 부문의 개혁이다. 「장애인고용촉진 및 직업재활법」을 제정하여 장애인의 고용과 직업재활을 촉진하고 있으며, 저소득층 자녀를 위한 무상보육, 경로연금신설, 저소득 한부모가정에 대한 생업자금 융자확대 등을 시행하였다.

5) 2000년 이후: 노무현 정부 이후

2003년 취임한 노무현 대통령의 참여정부는 사회복지정책의 기본노선으로 참여복지를 표방하였다. 전 국민에 대한 보편적 복지서비스 제공, 상대빈곤 완화, 풍요로운 삶의 질 구현이라는 정책목표를 제시하였다. 또한 복지공급주체로서 국가역할 강화, 복지의 대상을 전 국민으로 확대, 정책결정과정에 이해당사자의 참여를 보장하였다. 노무현 정부에서는 지방균형 발전정책을 시도하였는데 지방분권을 시행하면서 사회복지 분야의 경우 2005년 138개 보건복지부 국고보조 사업 가운데 67개가 지방으로 이양되었다.

당시 사회복지입법 및 정책의 내용을 살펴보면, 2005년 12월 「긴급복지지원법」을 제정하여 갑작스러운 위기상황이 발생하면 누구든지 손쉽게 도움을 청하고 활용할 수 있도록 체계를 갖추었다. 또한 저출산 · 고령화 문제를 이슈화하고 정책대응을 위하여 2005년 「저출산고령사회기본법」을 제정하였고, 새로마지 플랜 2010를 수립하였다. 동시에 시민사회의 성숙과 시민들의 시민참여를 통한 건설에 이바지하도록 하는 배경에서 「자원봉사활동기본법」도 입법화되었다. 2007년에는 급속한 고령화의 진행으로 치매나 노인성 질환을 앓고 있는 노인들을 위해 간병 및 수발 지원이 필요함을 인식하고 「노인장기요양보험법」을 제정하였는데, 이로서 5대 사회보험제도가 정착되는 계기가 된다. 또한 경제적으로 취약한 노인을 위해 「기초노령연금법」을 제정하였고, 종래 「모자복지법」으로 불리던 법을 「한부모가족지원법」으로 법명을 개정하고 내용을 보완하기도 하였다. 사회보험 부문에서는 「국민연금법」 전부개정을 통해 군복무기간을 노령연금 산정 시 가입기간으로 인정하였고 세대 간 형평성을 위해 급여수준을 조정하였다. 노무현 정부는 개혁적 변화와 성과를 보였음에도 불구하고 복지부담의 형평성, 복지지출의 효율성에 대한 비판에 직면하기도 하였다.

2008년에는 보수정당인 이명박 정부가 출범하면서 사회복지정책의 기본노선을 능동적 복지로 표방하였는데, 경제성장과 사회통합을 함께 추구하는 복지이념이다. 이명박 정부 출범 이후 2008년에는 국제화 · 세계화에 따라 결혼이민자, 외국인근로자, 북한이탈 주민들의 사회정착과 통합, 복지증진을 위하여 「다문화가족지원법」이 제정되었다. 2009년에는 「국민건강보험법」을 개정하여 보험료징수업무를 국민건강보험공단으로 일원화하였고, 「긴급복지지원법」을 5년 한시법에서 영속법으로 개정하였다. 2010년에는 복지 사각지대에 있던 근로무능력 중증장애인을 위한 무기여 연금제도인 「장애인연금법」을 제정하였고, 2011년에는 「장애인아동복지지원법」, 「치매관리법」, 「노숙인 등 복지 및 자립지원에 관한 법률」 제정을 통해 취약계층에 대한 복지제도를 강화하였다. 또한 「사회서비스 이용 및 이용권 관리에 관한 법」을 제정하여 바우처 사업이 사회서비스 분야에서 활성화되는 것에 대한 법적 근거를 마련하였고, 「사회복지사 등의 처우 및 지위향상을 위한 법률」이 제정되었다. 이 외에도 2012년 「사회보장기본법」 전부개정을 통해 국민의 보편적 · 생애 주기적 특성에 맞게 소득과 사회서비스를 함께 보장할 수 있게 되었다.

2013년에 출범한 박근혜 정부의 4대 국정기조는 경제부흥, 국민행복, 문화융성, 평화통일기반 구축으로 서민생활 안정, 삶의 질 개선, 일자리 확충 등을 주요 정책사업으로 추진하고자 하였다. 박근혜 정부는 맞춤형 고용 · 복지 전략을 중심으로 국가 발전의 선순환을 지향하고, 이명박 정부에서 논란이 되었던 보편적 복지정책을 수용하여 친복지정책을 통한 국민행복을 실현하고자 하였다. 당시 사회복지입법 및 정책의 내용을 구체적으로 보면, 2013년 「사회보장기본법」을 개정하여 생애주기별 맞춤형복지를 제시하고 다양한 맞춤형 복지정책을 제시하였다. 2013년부터 만 0~5세에게 보육료 및 양육수당이 전면 지급되면서 보육에 대한 국가책임을 인정하였다. 2014년에는 「사회보장급여의 이용 · 제공 및 수급권 발굴에 관한 법률」을 제정하여 민관협력체계 구축을 통해 복지사각지대의 적극적인 발굴 및 지원을 하도록 하였다. 노후소득보장의 하나로 기존 기초노령연금을 전면 개편하여 「기초연금법」으로 법명을 변경하고, 보장성 강화로 노후소득보장을 개선하도록 하였다. 「긴급복지지원법」을 개정하여 지원기준을 완화하고 지방자치단체 재량권을 부여하여 신속하게 대응할 수 있도록 하였고, 「장애인연금법」을 개정하여 연금대상을 확대하고 장애인연금의 기초급여도 인상하였다. 2015년에는 2014년에 개정된 「국민기초생활보장법」을 기반으로 하여 개별 복지욕구를 고려해 지원하는 맞춤형 개별급여가 시행되고, 중위소득을 기준선으로 사용하는 등 상대적 빈곤수준이 반영되도록 하였다. 사회서비스 부문에서는 2015년 발달장애인에 대한 구체적인 장애범위, 가족이나 보호자의 특수한 수요에 부합될 수 있는 지원을 위한 지원, 권리보호에 기여할 수 있도록 「발달장애인 권리보장 및 지원에 관한 법률」이 제정되었다. 박근혜 정부에서도 복지예산은 꾸준히 늘어났는데, 2014년 100조 원을 넘었고 2017년에는 130조 원에 육박했다.

Social Welfare Policy | part

02

사회복지정책의 구성요소

Social Welfare Policy | chapter 04

사회복지정책의 대상

[학습목표]

1. 사회복지정책의 대상에 대해 이해한다.
2. 사회복지정책 대상의 분류 개념으로서 선별주의과 보편주의를 이해한다.
3. 사회복지정책 대상자 선정의 기준을 이해한다.

[개요]

사회복지정책에 있어 가장 중요한 논쟁거리는 누가 혜택을 받을 것인가? 그 자격조건을 어떻게 정할 것인가에 대한 것이다. 사회복지정책의 대상자는 사회복지의 급여나 서비스를 받는 사람을 의미한다. 사회복지정책 대상의 분류 개념으로 보편주의와 선별주의라는 두 개의 원칙이 있다. 보편주의는 전 국민을 사회복지의 대상자로 삼는 것으로, 복지 수혜 자격과 기준을 균등화하여 시민권에 입각한 하나의 권리로서 복지서비스를 제공하는 것이다. 선별주의는 사회복지 대상자를 사회적 약자나 경제적 약자만을 대상으로 하는 것으로, 사회적 · 신체적 · 교육적 기준에 따라 구분하여 자산조사를 통해 복지서비스를 제공하는 것이다. 과거에는 사회적 약자나 경제적 약자만을 사회복지정책의 대상으로 하는 선별주의가 적용되었으나 현대사회에서는 산업화로 인한 질병, 실업, 사고 등 사회적 위험을 안고 살아가는 전 국민을 대상으로 하는 보편주의를 선호하고 있다. 보편주의와 선별주의 논쟁은 어느 것이 사회적 효과성 혹은 비용효과성이 있는가? 이 두 가지 가치를 어떻게 정의할 것인가의 문제이다.

사회복지정책의 대상자 선정의 기준은 귀속욕구, 보상, 등급 분류, 자산조사 욕구로 세분화될 수 있다.

1. 사회복지정책의 대상

사회복지정책의 대상은 사회복지의 목적을 성취하기 위해 접근해야 할 대상이다. 즉, 사회복지의 혜택이 필요한 사람, 인간으로서의 최소한의 생활을 보장받지 못해 인간다운 생활을 누릴 수 없는 자, 인간생활에 필요한 정신적・경제적・사회적・문화적 삶을 영위하지 못하는 자가 사회복지정책의 대상이며, 이러한 사회복지서비스를 받는 사람을 사회복지실천(social practice)에서는 '요보호자' 또는 '클라이언트(client)'라 지칭한다. 웹스터 사전에 의하면 클라이언트는 "다른사람에게 의지하는 사람(one leaning on another)"이란 뜻이다. 초기 사회복지실천에서 힘없는 자(powerlessness)나 의존자(the dependent)라는 뜻으로 사용되었지만, 점차 사회복지가 전문화되어 감에 따라 욕구가 있는 사람(needful person)이나 고객(customer)으로 변화되고 있다(Mendelsohn, 1980: 6).

사회복지정책의 대상인 클라이언트를 바라보는 관점은 시대적・문화적・정치적 상황 등에 따라 다르게 정의되어 오고 많은 변화를 거쳐 왔다. 사회복지 발달과정 초기단계에서는 아주 특수한 상황에 처한 개별적 약자만을 대상으로 소수의 빈민에게 최소한의 생존만을 보장하는 의식주를 제공하는 선별적 수준이었다. 그러나 현대사회에서는 산업화로 인한 질병, 실업, 사고 등 사회적 위험을 안고 살아가는 전 국민을 대상으로 하는 보편주의적 방식을 선호하고 있다. 선별주의적 방식은 한정된 사회복지 자원을 효율적으로 사용하기 위해서는 욕구 수준이 상대적으로 높은 대상자를 선정하여 우선적으로 복지서비스를 제공하자는 것이며, 보편주의적 방식은 복지수급이 사회권으로 하나의 권리로 인식되어 전 국민을 대상으로 하여야 한다는 것이다.

사회복지대상으로서의 욕구는 사회복지정책이라는 범주에서 정책적으로 다루어질 수 있는 사회적 욕구나 위기의 영역을 의미한다. 즉, 사회가 해결해 나가야 할 사회적 문제가 무엇인가에 따라 다양하게 나타날 수 있다. 예를 들면, 저출산・고령화, 다문화사회로의 변화, 4차 산업혁명 등과 같은 사회환경의 변화는 사회복지 제도 및 서비스 등의 대상을 변화시켜 왔다.

따라서 사회복지발달 과정 중 대상과 관련하여 두 가지 변화가 있어 왔다. 아동・노인・장애인・빈민 등과 같은 소수의 사회취약계층을 대상으로 한 사회복지가 보편적인 국민에게 확대되어 온 점, 경제적 문제를 중심으로 사회복지대상을 규정하던 것에서 분리되는 교육, 훈련, 상담 및 지지 등과 같은 보호 욕구를 대상으로 포괄해 나갔다는 점이다(김제선 외, 2018: 80).

따라서 사회복지정책의 서비스를 받는 사람을 '수혜자'로 보는 시각은 점차 '수급자'로 변화되고, 사회복지서비스의 개념이 사회서비스로 확장되면서 '이용자'로, 사회복지프로그램이 보편화되면서 '참여자'로, 사례관리나 상담이 강화되면서 '내담자' 등의 용어로 점점 변화되는 추세이다. 이러한 경향은 법률적, 정책적인 권리주체로서, 서비스에 대한 구매자로서, 프로그램이나 상담 등의 보편적 이용주체 등을 강조한 개념으로 이해할 수 있다.

사회복지가 성장하면서 실천적, 학술적 그리고 정책적으로 사회복지 대상에 관한 용어로 주로 '클라이언트(client)'라는 용어가 사용되어 왔다. 클라이언트는 원래 "전문가로부터 전문적 조언 또는 서비스를 이용하는 개인 또는 그룹"으로서 '고객(a customer)'과 같은 뜻으로 쓰이는 경제학적 용어이다. 이러한 용어가 사회복지학적 측면에서 사용되어, 클라이언트는 "사회복지기관, 정부 등으로부터 급여나 서비스 등을 제공받는 사람", "또는 복지기관으로부터 서비스를 받거나 재정적 도움을 받는 또는 등록되어 있는 사람"으로 정의될 수 있다(김제선 외, 2018: 81).

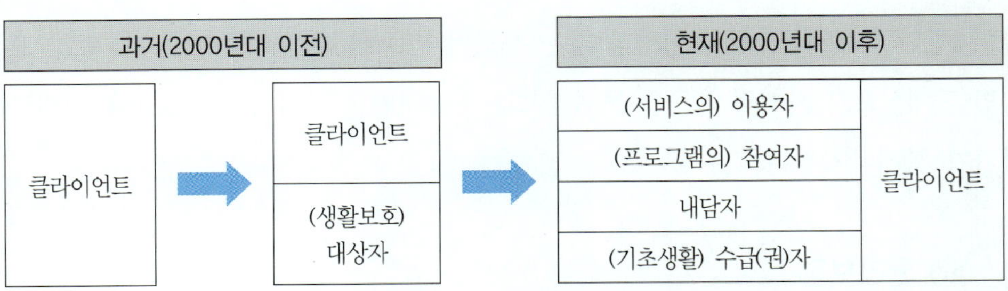

[그림 4-1] 사회복지정책 대상에 대한 용어의 변화

출처: 김제선 외(2018: 82).

2. 사회복지정책 대상의 분류

사회복지정책에 있어 가장 중요한 논쟁거리는 누가 혜택을 받을 것인가? 그 자격조건을 어떻게 정할 것인가에 대한 것이다. '사회복지정책의 대상을 누구로 할 것인가?' 하는 사회복지정책 대상의 분류 개념으로 보편주의(universalism)와 선별주의(selectivism)라는 두 개의 원칙이 있다.

1) 보편주의(universalism)

보편주의는 전 국민을 사회복지의 대상자로 하는 것으로, 시민권(citizenship)에 입각하여 하나의 권리로서 복지서비스를 제공하고, 복지 수혜 자격과 기준을 균등화하여 복지서비스의 수급자들이 그 어떤 낙인감, 열등감, 굴욕감도 갖지 않게 한다(Titmuss, 1976: 129). 이성기(2020: 138~139)는 길버트와 테렐(Gibert & Terrell, 2002: 89-90)의 보편주의 원칙을 다음과 같이 네 가지로 설명한다.

(1) 모든 시민을 대상으로 한 프로그램

보편주의자는 사회복지를 빈민이나 장애인과 같은 특정한 집단뿐만 아니라, 모든 시민이 봉착하게 되는 일상적 생활문제에 대한 대책으로 간주한다. 생활문제로 발생되는 위기는 모든 시민이 한두 번쯤은 빠질 수 있는 공통의 사회적 욕구로 본다. 예를 들어, 빈민과 부자, 남성과 여성과 같은 사회적 범주에 따라 차등을 두지 않고, 모든 시민을 대상으로 사회적 욕구를 보편적으로 충족시키는 사회적 프로그램을 시행하는 국가가 복지국가라는 것이다.

(2) 권리보장

브편주의자는 모든 시민에게 그들의 수입에 관계없이 복지권을 보장해야 한다고 주장한다. 예를 들어, 노인을 위한 사회보장급여, 청소년을 위한 공공교육, 환자를 위한 보건의료, 실업자를 위한 소득보장 등이 하나의 권리로서 보장되어야 한다는 것이다.

(3) 사회통합

보편주의자는 사회복지 프로그램에서 기여자(givers)와 수혜자(receivers)를 구별해서는 안 된다고 본다. 양자를 구별하는 것은 사회적 통합과 인간존엄성의 가치를 손상시키기 때문이다. 사회복지 수급자는 사회복지 급여가 권리로 보장되어 있다 하더라도 자신의 인격이 손상되는 것을 느낀다. 예를 들어, 공공부조 수급 빈민이나 특수교육의 대상이 되는 장애학생이 느끼는 낙인감이 이에 해당된다.

(4) 정치적 장점

보편주의자는 포괄성(inclusiveness)의 원칙에 입각한 복지프로그램의 정치적 장점(political advantages)을 중시한다. 사회적 주변 집단, 즉 빈민만을 대상으로 하는 공공부조는 정치적으로 매우 취약하다고 본다.

2) 선별주의(selectivism)

선별주의는 사회복지 대상자들을 사회적 · 신체적 · 교육적 기준에 따라 구분한 다음, 복지서비스를 제공하는 것을 의미한다. 자산조사를 통해 원조가 필요하다고 인정된 사람들, 즉 결손가정, 장애인, 무능력자, 노인, 빈민 등만을 복지서비스의 대상으로 하며, 공공부조나 공공임대주택이 여기에 속한다. 수혜 조건을 갖추었는지를 조사하는 과정과 일반 시민(조세를 통해 그 비용을 부담하는)들과의 사회적 관계에서 낙인을 피할 수 없다(Townsend, 1975: 124).

선별주의는 개인의 욕구에 기초하여 사회복지 대상자가 결정되며, 욕구의 존재 여부는 자산조사에 의해 판별된다. 선별주의는 비용효과성을 강조하며, 자원을 욕구가 가장 큰 사람에게 집중하는 것이다. 따라서 사회복지 대상자 선정에 있어서 자격이 있는 빈곤층을 가려내기 위해 자산조사가 필수적이다. 자신의 욕구를 스스로 해결할 수 있는 사람은 정부의 사회복지급여를 받아서는 안 된다고 본다. 선별을 통해 총 지출을 감소시키고 가장 욕구가 큰 사람에게 가용재원을 집중시킬 수 있다고 본다. 사회복지가 매우 잔여적 또는 제한적으로 주어질 때 시장이 제대로 기능을 발휘하고 유지될 수 있다고 여기는 자유주의의 기본적 인식에서 출발한다.

3) 공통점과 차이점

보편주의의 대표적인 장점은 사회통합이고, 선별주의의 대표적인 장점은 비용 절감과 소득재분배라고 할 수 있다. 하지만 양 진영은 서로 상대방의 장점을 갖고 있는 면도 있다고 주장한다. 보편주의자들은 보편적이고 광범위한 예방 프로그램을 실시함으로써 오히려 장기적으로는 비용을 절감할 수 있으며, 조세를 통한 환수를 통해 부자에게 지급된 급여를 세금을 통해 다시 되돌려 받음으로써 소득재분배 효과를 높일 수 있다고 주장한다.

한편 선별주의자들은 욕구가 있는 이들에게 표적화된 급여를 제공함으로써 소득불평등뿐만 아니라 사회 전체의 불평등을 감소시켜 사회통합을 이룰 수 있다고 주장한다. 선별주의자들도 보편주의자들이 중시하는 사회적 평등성 또는 사회적 효과성을 나름대로 추구한다. 다시 말해서, 사회가 보다 평등한 방향으로 나아가길 원한다면 사회복지 급여를 빈민에게만 국한시켜 제공하는 것이 모든 사람에게 배분하는 것보다 평등을 제공하는 데 더 효과적이고, 사회복지 급여를 사회적 욕구가 있는 사람에게만 집중시키면 긴장과 적대감을 야기하는 사회적 반목도 경감시킬 수 있다고 주장한다.

보편주의와 선별주의의 장·단점을 정리하면, 보편주의는 최저소득을 보장함으로써 빈곤을 예방하고, 수혜자에게 심리적·사회적 낙인을 가하지 않으며, 행정절차가 용이하고, 시혜의 균일성을 유지할 수 있으며, 모든 시민의 구매력을 일정 수준에서 유지함으로써 경제적 안정과 성장에 기여하는 장점이 있다. 단점은 한정된 자원을 꼭 필요한 부분에 효과적으로 사용하는 데 한계가 있다는 것이다. 선별주의는 서비스를 도움이 필요한 사람에게 집중시킬 수 있고, 자원의 낭비가 없으며, 비용이 적게 드는 장점이 있다. 단점은 자산조사 과정에서 일반 시민들과의 사회적 관계에서 낙인을 피할 수 없다는 것이다. 공통된 점은 모두 비용효과성을 중시한다는 것이다.

〈표 4-1〉 보편주의와 선별주의의 특성

구분	보편주의	선별주의
주요 내용	• 전 국민을 사회복지의 대상자로 함 • 시민권에 입각하여 하나의 권리로 복지서비스 제공 • 복지수혜 자격과 기준 균등화	• 사회복지 대상자들을 사회적·신체적·교육적 기준에 따라 구분한 다음 복지서비스 제공 • 자산조사를 통해 원조가 필요하다고 인정된 사람들, 즉 결손가정, 장애인, 무능력자, 노인, 빈민 등만을 복지서비스의 대상으로 함
장점	• 최저소득을 보장함으로써 빈곤 예방 • 수혜자에게 심리적·사회적 낙인 없음 • 행정 절차 용이 • 시혜의 균일성 유지 • 모든 시민의 구매력을 일정 수준에서 유지함으로써 경제적 안정과 성장에 기여	• 서비스를 도움이 필요한 사람에게 집중시킬 수 있음 • 자원의 낭비가 없음 • 비용이 적게 듦
단점	한정된 자원을 꼭 필요한 부분에 효과적으로 사용하는 데 한계	자산조사 과정에서 일반 시민들과의 사회적 관계에서 낙인을 피할 수 없음
예시	사회보험 모든학생에게 무상급식	공공부조 저소득층 자녀에게만 무상급식

출처: 원석조(2006) 재구성.

3. 사회복지정책 대상자 선정의 기준

보편주의 - 선별주의 이분법(the universal-selective dichotomy)은 사회복지 대상자 선정문제를 지나치게 단순화시킨 것이어서 현실의 다양한 기준을 포함하지 못하는 한계가 있다. 자산조사를 하면 선별주의, 그렇지 않으면 보편주의라고 할 수 없는 경우가 사회복지의 현실에서는 적지 않게 존재하기 때문이다. 예를 들어, 아동수당의 경우 자녀를 가진 모든 가족을 대상으로 하기 때문에 보편주의인 것 같지만, 적어도 자녀가 한 명 이상이어야 대상이 된다는 점에서 선별주의도 적용된다(이성기 외, 2020: 142).

이런 점들을 고려하여 길버트와 테렐(2002: 108-109)은 사회복지 대상자 선정의 기준을 귀속욕구, 보상, 등급 분류, 자산조사 욕구로 세분화하였다. 대상자 선정 기준에 있어서 한 가지 기준만을 적용하는 경우도 있지만, 여러 가지 기준을 동시에 적용하는 경우도 있다.

1) 귀속욕구(attributed need)

귀속욕구란 현재의 사회적·경제적 제도하에서 충족되지 않은 공통적 욕구를 가진 사람들에게 사회복지를 제공하는 것이다. 즉, 특정한 집단구성원으로서의 조건을 갖춘 사람을 대상으로 한다. 전 국민이 될 수도 있고, 노인, 빈민층, 맞벌이 부부, 농어촌 지역 학생 등 특정 계층이나 지역주민이 될 수도 있다. 예를 들어, 모든 시민을 대상으로 무상의 보건의료서비스를 제공하는 영국의 국민보건서비스(NHS), 모든 노인에게 지급되는 노령수당, 모든 아동에게 지급되는 아동수당 등이 여기에 해당한다. 이 경우 욕구 판단 기준은 전문가의 규범적 판단 기준에 따라 특정한 집단이 대상자로 선정된다.

2) 보상(compensation)

보상이란 사회·경제적으로 특별한 공헌을 했는지 또는 사회로부터 부당한 피해를 입었는지 여부에 근거하는 원칙이다. 특정한 범주나 혹은 집단에 속하느냐에 따라 결정된다. 예를 들어, 건강보험이나 사회보장 연금 등 사회보험의 가입 대상자로서 요건을 갖추고, 일정한 보험료를 납부한 사람, 즉 사회보험제도의 가입 조건과 보험료 납부 실적을 가진 사람을 대상으로 하는 경우가 있고, 국가유공자나 인종차별과 성차별의 희생자를 대상으로 하는 경우가 있다. 이들에게는 사회복지가 하나의 보상으로 주어진다. 이 경우 욕구판단 기준은 형평성에 입각한 전문가의 규범적인 판단 기준에 따라 특정한 집단이 대상자로 선정된다.

3) 등급 분류(diagnostic differentiation)

등급 분류는 진단적 구분이라고도 하며, 개별사례에 대해 전문가가 어떤 재화 또는 서비스를 특별히 필요로 하는지를 판단하는 것이다. 신체적인 장애나 정신적인 혼란 등과 같이 특정 재화 혹은 서비스가 필요한 개인을 대상으로 한다. 전문가의 판단에 의한 분류심사에 의한다. 이 경우 욕구판단 기준은 기술적 등급 분류기준(technical diagnostic criteria of need)에 따라 개별적으로 대상을 선정하는 것이다. 예를 들면, 「장애인복지법」과 「노인장기요양보험법」의 등급 분류이다.

4) 자산조사 욕구(means-tested need)

자산조사 욕구는 필요한 재화와 서비스를 구입할 능력을 상실했다는 명백한 증거를 자산조사에 의해 제시하는 것이 중요하다. 이 경우 욕구판단기준은 경제적 기준에 따라 개별적으로 대상을 선정하는 것이다. 예를 들어, 「국민기초생활보장법」에 의한 복지급여이다.

이상과 같은 네 가지 대상자 선정의 기준을 요약하면 〈표 4-2〉와 같다. 귀속욕구(attributed need)는 집단을 대상으로 하고, 규범적으로 욕구를 판단한다. 보상(compensation)은 집단을 대상으로 하고, 형평성에 입각하여 규범적으로 욕구를 판단한다. 등급 분류(diagnostic differentiation)는 개인을 대상으로 하고, 기술적 등급 분류 기준에 따라 욕구를 판단한다. 자산조사 욕구는 개인을 대상으로 하고, 경제적 기준에 따라 욕구를 판단한다.

〈표 4-2〉 대상자 선정 기준

구분	대상자	욕구판단 기준	예시
귀속욕구	집단	규범적 판단	영국의 국민보건서비스(NHS) 노령수당 아동수당
보상	집단	형평성에 입각한 규범적 판단	사회보험 국가유공자 급여
등급 분류	개인	기술적 등급 분류(장애 등급 등)	장애인연금 노인장기요양보험제도
자산조사 욕구	개인	경제적 기준(예, 자산 등)	국민기초생활보험제도

출처: 이성기 외(2020: 144) 재구성.

길버트와 테렐(2002: 108-109)은 이러한 대상자 선정의 네 가지 원칙을 사회복지의 제도적 개념과 잔여적 개념에 대입시켜 〈표 4-3〉과 같이 기술했다. 〈표 4-3〉에서 보듯이 귀속 욕구는 제도적 개념에, 자산조사 욕구는 잔여적 개념에 대응되고, 보상과 등급 분류는 두 개념의 중간에 위치하되 보상은 제도적 개념에, 등급 분류는 잔여적 개념에 가깝다. 보상이 제도적 개념에 가까운 이유는 급여 수급 자격 여부가 개인의 조직 내에서의 지위에 따라 정해지기 때문이다. 등급 분류가 잔여적 개념에 가까운 이유는 수급 여부가 개인적 장애 여부에 의해 결정되고, 개인의 특정한 수급 요건 판정이 다소 기계적으로 이루어지기 때문이다.

〈표 4-3〉 대상자 선정의 네 가지 원칙

귀속욕구	보상		등급 분류	자산조사 욕구
사회복지의 제도적 개념	←—————————————————————————————→			사회복지의 잔여적 개념

출처: Gibert & Terrell(2002: 112).

Social Welfare Policy | chapter 05

사회복지정책의 급여

[학습목표]

1. 사회복지정책의 급여에 대한 개념을 설명할 수 있다.
2. 사회복지정책의 급여를 형태에 따라 분류할 수 있다.
3. 사회복지정책의 급여별 최저보장수준을 측정할 수 있다.

[개요]

사회복지정책에서 급여는 정책을 통해 사회복지서비스를 공급자(주체)가 수급자(대상)에게 주는 '무엇'을 말한다. 급여 형태에 따른 급여제공이 달라지면 그 정책의 효과 역시 달라지기 때문에 급여의 유형에 대해서는 과거부터 논쟁이 되어 왔는데, 전통적으로는 현금과 현물이라는 형태로 구분되어 운영되었다. 그러나 이러한 두 형태의 급여는 각각 장·단점이 명확하게 나타났고, 그 대안으로서 증서, 기회 그리고 권력 등 새로운 유형의 급여가 제시되었다. 이러한 다양한 유형의 급여는 사회복지정책의 급여 수준에 대한 적절성을 유지해야 하는 목적이 있으므로 현행 공공부조제도 등에서는 최저생계를 유지하는 기초생활 수준에서 급여가 결정되고 있다.

1. 사회복지정책 급여의 개념

1) 사회복지정책 급여의 개념적 정의

길버트와 테렐(2005)은 사회복지정책의 주된 이슈로 대상, 재원, 전달 그리고 급여 등에서 어떠한 형태를 선택하느냐와 관련된다고 하였다. 이 중 급여의 형태는 단순한 개인의 욕구 충족 수단으로서뿐만이 아니라, 궁극적으로는 개인의 장래 생활 상태와 사회 전체의 건전한 작동력에 영향을 미치기 때문에 선택의 중요성이 부각되는 사항이다.

우리나라 「사회보장기본법」(이하 「보장기본법」) 제9조에서는 "모든 국민은 사회보장 관계 법령에서 정하는 바에 따라 사회보장급여를 받을 권리를 가진다."고 규정하고 있다. 즉, 우리는 모두 사회보장급여수급권을 가지고 있다는 것을 말하고 있다. 사회보장급여수급권이란 「사회복지법」상으로 인간으로서의 생존 혹은 인간다운 생활을 확보하기 위한 개인의 당연한 권리이며, 국가는 이를 보장할 의무를 지고 있다. 이와 같이 사회보장급여를 받을 권리는 금전적 급여를 통한 최저한도의 생활 보장과 비금전적 급여를 통한 재활, 생활의 안정과 복지의 증진을 목적으로 하는 사회복지 및 사회보장에 대한 급여청구권을 말한다(조원탁 외, 2015).

그렇다면 사회복지정책에서 또는 사회보장제도에서 말하는 '급여(benefit)'란 무엇인가? 급여는 사회보장제도 또는 사회복지정책을 통해 사회복지서비스를 제공하는 공급자(주체)가 수급자(대상)에게 주는 것으로 정의할 수 있다.[1)]

2013년부터 시행된 개정 「보장기본법」을 근간으로 2014년 12월 30일 제정된 「사회보장급여의 이용 · 제공 및 수급권자 발굴에 관한 법률」(이하 「사회보장급여법」)에서는 사회보장급여에 대해 비교적 구체화하고 있는데, 제2조 제1항에서 사회보장급

1) 이와는 달리, 「국민기초생활 보장법」 제2조 제3항에서는 "수급품"이라는 용어가 정의되고 있는데, "이 법에 따라 수급자에게 지급하거나 대여하는 금전 또는 물품을 말한다."고 정의하였다.

여에 대해 "보장기관이 「보장기본법」 제3조 제1호[2]에 따라 제공하는 현금, 현물, 서비스 및 그 이용권을 말한다."고 정의하고 있다.

2) 통합급여와 맞춤형급여의 의미

2000년 생활보장제도에서 국민기초생활보장제도로 정책이 전환된 이후에도, 기초생활보장의 급여 체계는 이른바 '통합급여' 체계이었다. 통합급여란 수급자로 선정되면 수급자의 개별 욕구 여부에 관계없이 일괄적으로 제반 급여가 주어지고, 수급자로 선정되지 않으면 개별 욕구가 있어도 일체의 급여가 주어지지 않는 것을 의미한다(박능후, 2006).

이러한 통합급여 체계에서 2015년 「국민기초생활 보장법」(이하 「기초보장법」)이 개정됨에 따라 맞춤형급여(또는 개별급여) 체계로 변경되었다. 맞춤형급여란 수급자의 가구여건에 맞는 지원을 위하여 생계급여, 의료급여, 주거급여, 교육급여 등 급여별로 선정기준을 다르게 하는 것(개별 급여의 분리)을 말한다.[3]

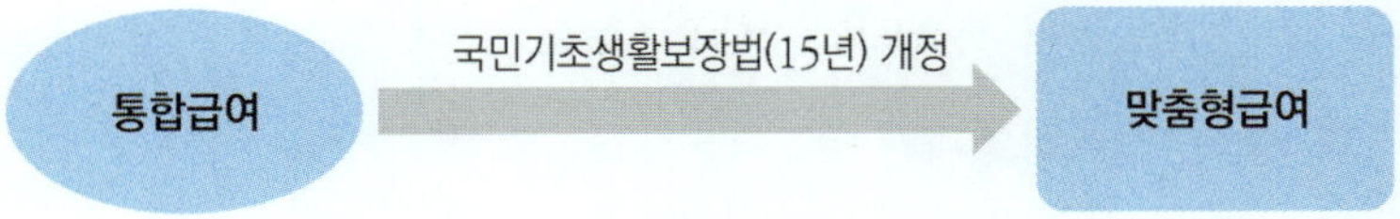

[그림 5-1] 통합급여에서 맞춤형급여로의 전환

2) "사회보장이란 출산, 양육, 실업, 노령, 장애, 질병, 빈곤 및 사망 등의 사회적 위험으로부터 모든 국민을 보호하고 국민 삶의 질을 향상시키는 데 필요한 소득·서비스를 보장하는 사회보험, 공공부조, 사회서비스를 말한다."

3) 그러나 맞춤형급여는 "법률용어는 아니며, 이전의 통합급여 방식과 구분하기 위하여, 급여종류별로 선정기준을 차등하는 현 제도 운영 방식을 칭"하는 것 뿐이다(보건복지부, 2021a).

2. 사회복지정책 급여의 목표 및 원칙

1) 사회복지정책 급여의 목표 및 효과

(1) 사회복지정책 급여의 목표

현대 복지국가에서 사회복지정책 및 사회보장제도의 급여는 시장경제가 파생하는 불평등과 빈곤을 완화하는 것이 핵심적 기제라 할 수 있다. 서구국가들의 경우, 사회복지정책(사회보장)의 급여가 없다고 가정했을 때 각국의 빈곤율은 20%대에 이르지만, 급여를 포함할 경우 빈곤율은 대체로 10% 미만으로 나타나고 있었다(김환준, 2017). 이는 사회복지정책(사회보장)의 급여로 인해 빈곤율이 절반 이하로 줄어드는 효과가 있었음을 보여 주는 것이다.

이처럼 사회복지정책에서 제공되는 급여는 빈곤을 완화하는 것을 기본 목표로 하고 있다. 나아가, 사회복지정책의 급여는 빈곤 완화를 넘어, 빈곤의 탈출 그리고 사각지대의 축소, 또는 급여 수준의 적정성 보장 등을 목표로 한다. 이를 위해 앞 절에서 언급한 바와 같이 2015년 사회복지정책의 급여를 통합 급여에서 '맞춤형 급여(또는 개별 급여)'로 전환함으로써 복지사각지대의 축소, 급여 수준의 적정성 보장, 그리고 탈수급의 강화 등을 기대하였다.

(2) 사회복지정책 급여의 효과

이러한 사회보장제도의 빈곤 완화라는 사회복지정책 급여의 기본 목표가 사실상 어느 정도의 효과가 있는지는 국가별에 따라서, 또는 제도별에 따라서 다르게 나타나고 있다. 왜냐하면 급여의 규모에 차이가 있기 때문이다. 급여 수준이 높고 급여액이 많을수록 빈곤 완화 효과가 커지는 것은 물론이다. 그러나 급여의 규모가 비슷하다 하더라도 급여의 분배적 차원, 즉 어떤 소득 계층에게 얼마만큼의 급여가 돌아가는가에 따라 빈곤 완화 효과가 달라질 수 있는 것이다.

우리나라의 경우 1990년대까지만 하더라도 사회복지정책(사회보장) 급여의 절대적인 규모가 작았기 때문에 빈곤 완화 효과와 관련한 문제도 그다지 관심을 끌지 못하였다. 그러나 2000년대 이후 우리나라의 사회복지정책과 사회보장제도는 상당히 확대되었으며, 급여 수준 또한 높아졌다. 비록 규모는 크지 않지만, 국민기초생활보장제도가 시행되었고, 근로장려세제가 도입되었으며, 또한 경로연금이 기초노령연금, 기초연금으로 확대되었다. 국민연금제도는 시행 20년을 넘으면서 수급자 수와 급여액이 모두 지속적으로 증가하였으며, 영·유아 양육수당 및 보육료 지원제도 등도 확대되었다(김환준, 2017). 최근에는 아동수당이 새롭게 도입되었으며, 코로나19 상황에서 지역별로 기본소득(Basic income)까지 도입되었다. 또한, 코로나19와 같은 팬데믹 상황에서 근로자가 업무 외 질병·부상 발생으로 경제활동이 어려운 경우 치료에 집중할 수 있도록 소득을 보전하는 사회보장제도로써 상병수당의 도입에 관한 사회적 논의와 함께 시범사업도 진행 중에 있다. 이처럼 1997년 외환위기 이후부터 최근에 이르기까지 우리나라의 사회복지정책(보장) 급여는 확대되었고, 그에 따른 빈곤 완화도 어느 정도 효과성이 있다는 경향성을 보인다.

2) 사회복지정책 급여의 원칙

우리나라 사회복지정책의 급여는 다음과 같이 몇 가지의 원칙을 갖고 시행되고 있다.[4)]

첫째, 최저생활보장의 원칙이다. 생활이 어려운 자에게 생계·의료·주거·교육·

4) 「기초보장법」 제3조에서는 "이 법에 따른 급여는 수급자가 자신의 생활의 유지·향상을 위하여 그의 소득, 재산, 근로능력 등을 활용하여 최대한 노력하는 것을 전제로 이를 보충·발전시키는 것을 기본원칙"(제1항)으로 하고 있고, "부양의무자의 부양과 다른 법령에 따른 보호는 이 법에 따른 급여에 우선하여 행하여지는 것으로 한다. 다만, 다른 법령에 따른 보호의 수준이 이 법에서 정하는 수준에 이르지 아니하는 경우에는 나머지 부분에 관하여 이 법에 따른 급여를 받을 권리를 잃지 아니한다."(제2항)고 규정함으로 보충 원칙을 명시하고 있다.

자활 등 필요한 급여를 행하여 이들의 최저생활을 보장한다는 것이다.

둘째, 보충급여의 원칙이다. 생계급여 수급자에 대한 최저보장 수준은 생계급여액과 수급자 가구의 소득인정액을 합한 수준이 생계급여 선정기준 이상이 되도록 지원한다는 것이다.

셋째, 자립지원의 원칙이다. 근로 능력이 있는 생계급여 수급자가 근로활동에 종사하지 않는 경우에는 자활사업에 참여할 것을 조건으로 생계급여를 지급한다는 것이다. 다만, 근로 능력이 있는 생계급여 수급자가 조건부과 유예사유에 해당되지 않는 경우에는 수급자 가구별로 자활지원계획을 수립하고 자활사업에 참여하도록 조건부과하거나, 조건불이행자에게는 수급자 본인의 생계급여 일부 또는 전부를 지급하지 아니한다.

넷째, 개별성의 원칙이다. 급여수준을 정함에 있어서 수급자의 개별적 특수 상황을 최대한 반영한다는 것이다.

다섯째, 가족부양 우선의 원칙이다. 급여신청자가 부양의무자로부터 부양될 수 있으면 기초생활보장 급여에 우선하여 부양의무자의 보호가 먼저 행해져야 한다는 것이다. 단, 교육급여는 보편적 서비스에 해당하며 사회적 투자의 개념이 강하므로 부양의무자의 우선 보호 원칙을 적용하지 않으며, 교육급여 수급자 가구의 소득인정액만으로 보장 여부를 결정할 수 있다.

여섯째, 타급여 우선의 원칙이다. 급여신청자가 다른 법령에 따라 보장을 받을 수 있는 경우에는 기초생활보장급여에 우선하여 다른 법령에 따른 보장이 먼저 행해져야 한다는 것이다.

일곱째, 보편성의 원칙이다. 「국민기초생활 보장법」에 규정된 요건을 충족시키는 국민에 대하여는 성별・직업・연령・교육수준・소득원 기타의 이유로 수급권을 박탈하지 아니한다는 것이다.

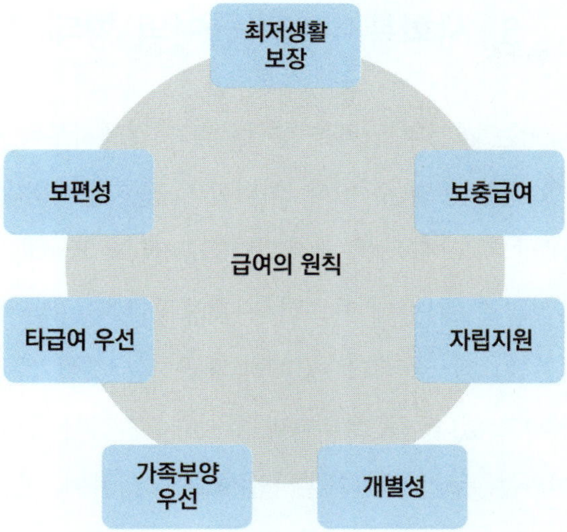

[그림 5-2] 사회복지정책 급여의 원칙

참고로, 「기초보장법」에서는 '급여의 기본원칙'을 다음과 같이 명시하고 있다.

> 제3조(급여의 기본원칙) ① 이 법에 따른 급여는 수급자가 자신의 생활의 유지·향상을 위하여 그의 소득, 재산, 근로능력 등을 활용하여 최대한 노력하는 것을 전제로 이를 보충·발전시키는 것을 기본원칙으로 한다.
>
> ② 부양의무자의 부양과 다른 법령에 따른 보호는 이 법에 따른 급여에 우선하여 행하여지는 것으로 한다. 다만, 다른 법령에 따른 보호의 수준이 이 법에서 정하는 수준에 이르지 아니하는 경우에는 나머지 부분에 관하여 이 법에 따른 급여를 받을 권리를 잃지 아니한다.

3. 사회복지정책 급여의 형태

사회복지정책의 급여는 개인의 권력을 향상시키는 것에서부터 구체적인 재화에 이르기까지 매우 다양한 형태를 띨 수 있다. 이러한 다양한 형태의 급여는 이른바 '전이가능성(transferability)'의 정도에 의해 구분된다(Gilbert & Terrell, 2005).

「사회보장급여법」 제2조 제1항에 따르면, 사회보장급여를 정의함에 있어 우리나라 보장기관이 「보장기본법」 제3조 제1호에 따라 제공하는 것을 "현금, 현물, 서비스 및 그 이용권"으로 규정하고 있다. 즉, 우리나라의 사회복지정책(사회보장제도) 측면에서 현물급여와 현금급여라는 두 가지의 기본적인 형태와 더불어, 이용권 급여 등의 새로운 형태가 함께 나타나고 있다고 하겠다.

〈표 5-1〉 사회복지정책 급여의 형태

차원	형태	의미	성격
기본적	현물 (재화/서비스)	식품, 의류, 주택 등과 같은 물질적인 상품 클라이언트를 위해 제공되는 활동	보수적 ↑ ↓ 급진적
	현금	금전적 화폐 등으로 제공되는 것	
대안적	이용권	정부가 지불을 보증하는 일종의 전표 또는 교환권	
	기회	바람직한 어떤 목적을 성취하기 위해 활용되는 유인 및 승인	
	권력	재화와 자원의 통제에 영향을 미칠 수 있는 힘을 재분배하는 것	

1) 기본적 형태의 급여

(1) 현물과 서비스 급여

사회복지정책 급여의 가장 기본적인 형태는 현물(kind) 또는 재화(goods)이다. 현물급여는 공공부조상의 식료품 또는 국민건강보험의 의료서비스, 학교 급식 등에서 주로 이용되고 있다. 식품, 의류, 주택 등과 같은 물질적인 상품을 말한다. 이러한 상품은 대부분 사람에 의해 제공되어야 하기 때문에 여기서는 서비스도 포함된다고 보아야 할 것이다. 서비스(service)란 클라이언트를 위해 제공되는 활동을 말한다. 이를 테면, 의료 재화의 경우 의사 등 의료인의 진료가 이루어지고 필요에 따라 치료, 시술, 약물 등이며, 개가복지(방문요양), 사례관리, 직업훈련 및 상담 등도 사회복지에서 제공되는 활동으로 서비스에 포함된다. 서비스의 범주에 속하는 급여도 수혜자에 대한 직접적인 시장가치의 측면에서 보면, 전이 가능하지 않은 급여이다(Gilbert & Terrell, 2005). 이러한 이유로 현물이나 재화, 또는 서비스 등은 같은 형태의 급여로서 여겨지는 것이 일반적이라 하겠다.

현물급여의 장점은 현물이나 재화 또는 서비스 등이 표적으로 하는 수혜집단에게 정확히 전달될 수 있다는 점에서 효과성이 크다는 것이다. 그리고 규모의 경제라는 측면에서도 현금급여보다 더 우수할 수 있다. 또한, 공동체가 특별히 관심을 두는 문제에 대해 자원을 집중시키는 데에는 현금급여에 비해 현물급여가 더 뛰어나기 때문에 현물급여의 정책효과성이 현금급여보다 우월하다는 주장이 일반적이다. 급여를 현물 형태로 주게 되면 '부적절한 선택'은 제한되며, 따라서 바람직한 소비행위에 관한 사회적 판단이 급여에도 관철될 수 있게 된다(Gilbert & Terrell, 2005). 이에 따라 목표 효율성과 프로그램 이해 관련 집단의 정치적 선호도가 높아질 수 있고, 물품평등주의로 인한 프로그램을 도입하는 것이 쉬워질 수 있다. 반면, 수급자는 사회적으로 낙인(stigma)을 받을 수 있다는 부정적 효과가 우려되며, 프로그램을 운영하는 비용이 증가할 수 있다는 단점이 있다. 또한, 수급자 선택이 제한되어 자유롭게 선택할 수 있는 권리가 침해받을 수 있다는 사회복지정책적 한계가 있을 수 있다(김제선 외, 2015). 그리고 수급자에게 제공하기까지의 과정에서 물품이나 재화 등을 보관, 관리, 전달 등을 하는 데 드는 비용이 현금이나 다른 형태보다 더 많이 소요된다는 단점 또한 갖고 있다.

(2) 현금급여

현물(재화, 서비스)와 더불어 사회복지정책 급여로서 제공되는 두 번째의 기본적인 형태는 현금(cash)이다. 현금급여는 공공부조상의 생계급여, 국민건강보험의 요양급여를 제외한 사회보험상의 제급여, 그리고 아동수당, 사회수당 등에서 주로 이용되고 있다.

현금급여는 수급자에게 일종의 소비자 주권을 만족시켜 준다거나, 급여의 전달과정이 간편하다는 장점이 있다(김제선, 2021). 현금급여가 우월하다는 논리는 개인의 선호를 극대화하는 것이 곧 전체 사회에도 이익이 된다는 것을 가정(Gilbert & Terrell, 2005)하고 있는데, 그에 따라 수급자의 효용을 극대화하고 수급자 선택의 자유와 소비자주권을 강화시키며, 인간의 존엄성을 존중하고, 프로그램 운영비용을 최소화한다는 장점이 강조되고 있다(김제선 외, 2015). 즉, 현금이야말로 수혜자에게 최대의 선택을 보장할 수 있고, 그럼으로써 그들의 효용(utility)을 극대화할 수 있기 때문에 현금급여가 최적의 급여행태라고 주장한다. 반면, 현금급여는 급여의 소비시점에서 소비행위를 또는 사용처에 대해 통제할 수가 없거나 하기 힘들다는 단점을 갖고 있다.

이러한 두 가지 형태의 급여에 대한 이분법적 논쟁은 사회적 급여가 처음 제공될 때부터 시작되었다고 볼 수 있다. 급여 형태 중에서 사회복지정책을 결정하는 데 있어서 이 두 형태가 전통적인 이념적 대립을 대표하고 있는데, 어떠한 급여를 선택할지는 어떠한 국가의 급여의 유형에 관련된 선택 차원에서의 집합주의적 경향성과 개인주의적 경향성 간 대립을 가장 극명하게 보여 준다고 할 수 있다(Gilbert & Terrell, 2005). 뮈르달(Myrdal, 1968)에 따르면, 사회복지정책의 급여가 그 본연의 목적을 달성하기 위해서는 공적인 혜택이 그 급여의 형태에 대해 구체적으로 지정하는 조치 등이 뒤따라야 한다고 하였다. 즉, 소비측면에서 수급자에게 제공되는 급여가 보다 정책적으로, 사회적으로 통제[5]된 형태를 띠어야 한다는 것이다.

실제적인 측면에서 우리나라 국민기초생활보장제도의 경우 수급자로 선정된 사람들에게 생계급여, 주거급여, 의료급여, 교육급여, 해산급여, 장제급여, 자활급여 등의 종류들이 필요에 따라 제공되고 있다. 그리고 이러한 급여 종류들에 따라 급여 형태가 구분되는 경향이 있다. 즉, 현금급여는 생계급여 및 주거급여(일부는 현물)에서 주로 나타나며(여유진, 2005), 이외의 급여 종류에서는 현물급여로서 주로 나타난다고 볼 수 있다.

2) 대안적 형태의 급여

그러나 사회복지정책의 급여를 이분법적 분류에 의해서만 생각하는 것은 정책결정자들이 실제로 부딪치는 현실을 지나치게 단순화할 위험이 있다. 사회적 급여의 형태는 더 세분화된 분류가 가능하며, 그렇게 더 자세히 분류된 것이 분석의 면에서도 정확성을 기할 수 있게 해 준다(Gilbert & Terrell, 2005).

우리나라 관련 법령에서도 현물과 현금 등의 급여 이외에도 다음과 같은 형태의 급여들이 계속해서 대안적 선택으로서 거론되고 있거나 실제로 적용되고 있다.

(1) 이용권 급여

대안적 형태의 급여로서 대표적인 형태로는 이용권 또는 증서(voucher)가 있다. 정부가 지불을 보증하는 일종의 전표를 '증서'라고 하는데, 이 증서는 구조화된 교환가치를 가지고 있기 때문에 '이용권'으로도 불린다. 법령에서는 이용권으로 규정하고 있다. 이용권과 증서의 급여 형태는 특정한 재화나 서비스를 구입할 수 있도록 구매

5) 여기서의 (사회)통제라는 용어는 물론 부정적인 의미를 담고 있는 용어이다. 사회복지를 비판하는 사람들은 복지국가가 빈곤계층과 불이익 계층에 속하는 사람들의 행동을 규제하기 위한 수단이며, 부당한 사회질서에 순응토록 하여 사람들을 '현 상황'에 그대로 머물러 있게 하기 위한 억압적인 도구라고 비판하고 있다. 이러한 비판이 자주 있다고 해서 그것이 곧 복지국가가 그러한 비판을 받을 만하다는 것을 의미하는 것은 아니지만, 그럼에도 불구하고 100년 전이나 오늘날이나 그러한 비판이 전혀 근거 없는 비판이 아니라는 것은 사실이다(Gilbert & Terrell. 2005: 226).

력을 높여 주는 소득 지원의 한 형태이다. 때문에 일정하게 정해진 범위 내에서 자원을 선택할 수 있는 전이가능성을 가지고 있다(Gilbert & Terrell, 2005). 우리나라에서 공급자 간 경쟁과 이용자 선택이 모두 제한적으로 이루어진 노인돌보미 바우처 사업이 그 예가 되겠다(최성은 외, 2011).

이용권(증서) 급여 형태의 장점은 그것이 사용되도록 정해진 범위 내에서는 일정 정도의 소비자 주권을 보장해 주면서 동시에 정해진 범위 외부에 증서가 사용되는 것을 금지함으로써 사회통제도 가능케 한다는 점이다(Gilbert & Terrell, 2005). 재화 및 서비스 선택에 있어 이용자, 즉 소비자의 한정된 구매력을 보조하는 정부의 장려금의 성격을 가지고 있기 때문에 정부로부터 서비스 이용자에게 제공되는 이른바 '선택권'이 주어진다는 점에서 장점을 갖고 있다(김제선 외, 2015). 반면에 이 급여 형태는 현실적인 면에서 사회(복지)서비스 또는 사회보장 전달체계의 조직들이 수급자의 선택을 유인하는 경쟁에 관심이 없거나 제한적인 것이 사실이기 때문에 소비자가 시장정보에 쉽게 접근하기 어렵고, 소비자 선택이 이루어지기 어려운 제약이 있다는 단점이 있다. 그것은 곧 수급자의 선택권이 보장되기보다는 공급자의 불완전한 정보에 의해 일방적으로 급여가 제공될 수 있고, 도덕적 해이 또는 역선택이 일어날 수 있다는 한계들이 우려된다.

(2) 기회 급여

두 번째의 대안적 급여 형태는 기회(opportunities)이다. 기회란 바람직한 어떤 목적을 성취하기 위해 활용되는 유인 및 승인을 말한다. 기회 급여는 형태로서 가장 모호한 측면이 있지만, 그 중요성은 결코 작지 않다. 사회복지정책의 많은 부분은 기회의 창출과 분배에 관련되어 있기 때문이다. 재화 또는 서비스와 달리 기회 형태의 급여는 시민권 또는 '예외적인 기회'를 제공하는 급여이다(Gilbert & Terrell, 2005).

기회 급여의 장점은 사회의 불이익 집단들에게 진학, 취업, 진급 등에서 유리한 조건을 만들어 줄 수 있어 불평등 완화의 효과를 기대할 수 있다는 것이다. 반면, 단순한 기회의 제공은 오히려 불평등 완화에 기여하지 못할 수 있고, 사회 기득권을 합리화하기 위한 수단이 될 수 있다는 단점이 있다(김제선 외, 2015).

(3) 권력 급여

세 번째의 대안적 급여 형태는 권력(power)이다. 권력은 재화와 자원의 통제에 영향을 미칠 수 있는 힘을 재분배하는 것을 말한다. 예컨대, 권력은 정책 결정 권한을 소수의 사람에게 이전함으로써 얻을 수 있다(Gilbert & Terrell, 2005). 수급자로 하여금 사회복지정책 결정 과정에 참여할 수 있는 권력을 주어 자신들에게 유리한 방향으로 정책의 내용을 결정되도록 하는 것을 말한다(김제선 외, 2015).

권력 급여는 현금이나 증서 등과 같은 방식으로 소비되는 것은 아니지만, 재화나 서비스, 기회에 비해 사회경제적 선택 그 자체에 대한 통제력은 훨씬 더 많이 제공되기 때문에 유동적인 교환가치를 갖는다는 점에서 장점이라 말할 수 있다(Gilbert & Terrell, 2005). 반면, 형식적으로는 그 권한이 주어지는 것처럼 보이지만, 실제적인 측면에서 그 권한을 수급자 등의 사회적 취약계층 등에게 이전되지도 않고 재화와 자원을 통제하는 결정을 가지기 힘들다는 한계가 있다.

4. 사회복지정책 급여의 종류 및 수준

1) 사회복지정책 급여의 종류

현재 국민기초생활보장제도에서 수급자로 선정된 사람들에게는 생계급여, 주거급여, 의료급여, 교육급여, 해산급여, 장제급여, 자활급여 등 7가지의 종류에 따라 제공된다. 기존 생활보호제도에서 없었던 주거급여가 추가되었고, 자활급여가 제공되는 방식이 매우 다양하고 중요하게 다루어진다는 점에서 차이가 있다. 이러한 급여들은 수급자의 소득인정액과 가구별 최저생계비의 차액을 지원하는 보충급여제를 원칙으로 하고 있다(여유진, 2005).

(1) 생계급여

「기초보장법」에 근거한 생계급여는 가구의 소득인정액이 생계급여 선정기준 이하로서 생계급여 수급자로 결정된 수급자 등에게 의복 · 음식물 및 연료비, 기타 일상생활에 기본적으로 필요한 금품을 지급하는 것을 말한다(보건복지부, 2021a).

생계급여액은 생계급여 최저보장수준(대상자 선정기준)에서 가구의 소득인정액을 차감한 금액으로 산정된다. 2021년 생계급여 선정기준(급여기준), 즉 지급 대상은 기준 중위소득의 30%에 해당하는 가구이다.

(2) 주거급여

「주거급여법」과 「기초보장법」에 근거한 주거급여는 생활이 어려운 사람을 지원하여 국민의 주거안정과 주거수준 향상에 이바지함을 목적으로 수급자의 가구원 수, 거주 형태, 부담 수준, 지역 여건 등을 감안하여 임차수급자에게는 임차급여를 지급하고, 자가 수급자에게는 주택 노후도에 따른 맞춤형주택 개보수가 가능하도록 수선유지급여를 지급한다(국토교통부, 2021).

주거급여 지급 대상은 소득인정액이 기준 중위소득의 45% 이하의 가구이다.

(3) 의료급여

「의료급여법」과 「기초보장법」에 근거한 의료급여[6]는 생활유지능력이 없거나 생활이 어려운 국민들에게 발생하는 의료문제, 즉 개인의 질병, 부상, 출산 등에 대해 의료서비스(진찰 · 검사, 치료 등)를 제공하는 것을 말한다(보건복지부, 2021b).

의료급여 지원 대상은, ① 부양의무자가 없거나 부양의무자가 있어도 부양능력이

6) 의료급여는 개별 급여이기도 하지만, 생활유지 능력이 없거나 생활이 어려운 저소득 국민의 의료문제를 국가가 보장하는 공공부조제도로서 건강보험과 함께 국민 의료보장의 중요한 수단이 되는 사회보장제도이다.

없거나 또는 부양을 받을 수 없는 자로서 소득인정액이 선정기준 이하인 사람으로 「국민기초생활보장법」에 의한 수급권자, ② 행려환자 등의 「의료급여법」에 의한 수급권자, ③ 타법에 의한 수급권자[7]이다. 이 대상을 「의료급여법」 제3조 제2항 및 동법 시행령 제3조의 규정에 의하여 1종과 2종의 의료급여 수급권자로 구분하고, 진찰・검사, 약제・치료재료 지급, 처치・수술, 예방・재활, 입원, 간호, 이송 등의 급여를 제공한다. 수급권자가 의료기관 등을 이용한 경우 본인이 부담해야 하는 금액은 1종과 2종에 따라 다르게 적용되고 있다.

(4) 교육급여

교육급여는 기초생활보장 수급자에 대하여 적정한 교육기회를 제공하여 자립능력을 배양함과 동시에 빈곤의 세대전승을 차단하는 것을 목적으로 교육부 장관이 정하는 기준에 따라 입학금, 수업료, 교과서대, 교육활동지원비 등을 지급하는 것을 말한다.

교육급여 지원 대상은 「국민기초생활보장법 시행령」 제16조 각 호의 학교 또는 시설에 입학 또는 재학하는 자, 「의사상자 등 예우 및 지원에 관한 법률」 제12조에 따른 의사자의 자녀 및 의상자와 그 자녀 등이다(교육부, 2021). 선정 기준은 보장가구의 소득인정액이 기준 중위소득 50% 이하인 경우이다.

7) 「재해구호법」에 따른 이재민으로서 보건복지부장관이 의료급여가 필요하다고 인정한 사람, 「의사상자 등 예우 및 지원에 관한 법률」에 따라 의료급여를 받는 사람, 「입양특례법」에 따라 국내에 입양된 18세 미만의 입양아동, 「독립유공자 예우에 관한 법률」, 「국가유공자 등 예우 및 지원에 관한 법률」 및 「보훈보상대상자 지원에 관한 법률」의 적용을 받고 있는 사람과 그 가족으로서 국가보훈처장이 의료급여가 필요하다고 추천한 사람 중에서 보건복지부 장관이 의료급여가 필요하다고 인정한 사람, 「무형문화재 보전 및 진흥에 관한 법률」에 따라 지정된 국가무형문화재의 보유자(명예보유자를 포함 한다)와 그 가족으로서 문화재청장이 의료급여가 필요하다고 추천한 사람 중에서 보건복지부장관이 의료급여가 필요하다고 인정한 사람, 「북한이탈주민의 보호 및 정착지원에 관한 법률」의 적용을 받고 있는 사람과 그 가족으로서 보건복지부장관이 의료급여가 필요하다고 인정한 사람, 「5・18 민주화운동 관련자 보상 등에 관한 법률」 제8조에 따라 보상금 등을 받은 사람과 그 가족으로서 보건복지부장관이 의료급여가 필요하다고 인정한 사람, 「노숙인 등의 복지 및 자립지원에 관한 법률」에 따른 노숙인 등으로서 보건복지부장관이 의료급여가 필요하다고 인정한 사람

(5) 해산급여

해산급여는 조산(助産) 및 분만 전과 분만 후의 필요한 조치와 보호를 말한다(보건복지부, 2021a).

해산급여 지급 대상은 생계 · 의료 · 주거급여 수급자가 출산(출산예정 포함)한 경우가 해당되며, 급여액은 1인당 70만 원을 현금으로 지급한다. 추가로 출생영아 1인당 70만 원이 추가 지급되며, 쌍둥이 출산 시 140만 원이 지급된다.

(6) 장제급여

장제급여는 수급자가 사망한 경우 사체의 검안 · 운반 · 화장 또는 매장 기타 장제조치를 행하는 데 필요한 금품을 지급하는 것을 말한다(보건복지부, 2021).

장제급여 지급 대상은 생계 · 의료 · 주거급여 수급자가 사망한 경우이거나 「의사상자 등 예우 및 지원에 관한 법률」 제14조(장제보호)에 따른 의사자가 해당한다. 급여액은 1구당 80만 원을 지급한다. 단, 금전 지급이 적당하지 아니하다고 인정되는 경우에는 물품으로 지급하는 것이 가능하다.

(7) 자활급여

자활급여는 근로 능력 있는 저소득층이 스스로 자활할 수 있도록 자활능력을 배양하고 기능을 습득할 수 있도록 지원하며, 근로기회를 제공하는 것을 말한다.

자활사업 참여 자격은 다음과 같다.

첫째, 조건부수급자로서, 자활사업 참여를 조건으로 생계급여를 지급받는 수급자이다.

둘째, 자활급여특례자로서, 수급자(조건부 및 일반수급자)가 자활근로, 자활기업 등 자활사업 및 취업성공패키지(고용노동부)에 참가하여 발생한 소득으로 인하여 소득인정액이 기준 중위소득의 40%를 초과한 자이다.

셋째, 일반수급자로서, 조건부과 · 제시유예자, 의료·주거·교육급여수급(권자) 중 참여 희망자이다.

넷째, 특례수급가구의 가구원으로서, 의료급여특례, 이행급여특례가구의 근로능력 있는 가구원 중 자활사업 참여를 희망하는 자이다.

다섯째, 차상위자로서, 근로능력이 있고 소득인정액이 기준 중위소득 50% 이하인 사람 중 비수급권자이다.

여섯째, 근로능력이 있는 시설수급자이다.[8)]

〈표 5-2〉 사회복지정책 급여의 종류 및 대상

종류	내용	대상 또는 지급
생계급여	가구의 소득인정액이 생계급여 선정기준 이하로서 생계급여 수급자로 결정된 수급자 등에게 의복·음식물 및 연료비, 기타 일상생활에 기본적으로 필요한 금품을 지급하는 것	2021년 기준으로 기준 중위소득의 30%에 해당하는 가구
주거급여	수급자의 가구원 수, 거주 형태, 부담 수준, 지역 여건 등을 감안하여 임차수급자에게는 임차급여를 지급하고, 자가 수급자에게는 주택 노후도에 따른 맞춤형주택 개보수가 가능하도록 수선유지급여를 지급	2021년 기준으로 소득인정액이 기준 중위소득의 45% 이하의 가구
의료급여	생활유지능력이 없거나 생활이 어려운 국민들에게 발생하는 의료문제, 즉 개인의 질병, 부상, 출산 등에 대해 의료서비스(진찰·검사, 치료 등)를 제공하는 것	① 부양의무자가 없거나 부양의무자가 있어도 부양능력이 없거나 또는 부양을 받을 수 없는 자로서 소득인정액이 선정기준 이하인 사람으로 「국민기초생활보장법」에 의한 수급권자 ② 행려환자 등의 「의료급여법」에 의한 수급권자 ③ 타법에 의한 수급권자
교육급여	수급자에 대하여 적정한 교육기회 제공 등으로, 입학금, 수업료, 교과서대, 교육활동지원비 등을 지급하는 것	2021년 기준으로 소득인정액이 기준 중위소득 50% 이하의 가구
해산급여	조산(助産) 및 분만 전과 분만 후의 필요한 조치와 보호	생계·의료·주거급여 수급자가 출산(출산예정 포함)한 경우

8) 자활사업은 대상자를 선정하는데, 이는 「국민기초생활 보장법」에 따라 수급권자를 자활사업에 참여하기 위한 사전조치로써 근로능력의 유·무를 판정하는 것이다.

종류	내용	대상 또는 지급
장제급여	수급자가 사망한 경우 사체의 검안·운반·화장 또는 매장 기타 장제조치를 행하는 데 필요한 금품을 지급하는 것	생계·의료·주거급여 수급자가 사망한 경우 또는 의사자
자활급여	근로 능력 있는 저소득층이 스스로 자활할 수 있도록 자활능력을 배양하고 기능을 습득할 수 있도록 지원하며, 근로기회를 제공하는 것	조건부수급자 자활급여특례자 일반수급자 특례수급가구의 가구원 차상위자 근로능력이 있는 시설수급자

2) 사회복지정책 급여의 적절성 및 수준

(1) 사회복지정책 급여의 적절성

국민기초생활보장제도의 급여 적절성은 "최저생계비의 수준이 적정한가"와 "수급자의 소득과 급여의 총합이 최저생계비 이상으로 보장되고 있는가" 등으로 나누어 생각해 볼 수 있다(여유진, 2005).

먼저, 최저생계비 수준의 적절성은 가치관에 따라 매우 다를 수 있기 때문에 객관적 평가는 불가능하다. 다만, 다른 지표와의 비교를 통해 간접적으로 평가할 수 있을 뿐이다.

다음으로, 수급가구가 법적으로 보장받고 있는 최저생계비 이상의 생활을 보장받고 있는지를 통해 급여적절성을 평가할 수 있다.

「보장기본법」 4조에서는 급여의 기준 등을 규정하고 있다. 제1항에서는 "이 법에 따른 급여는 건강하고 문화적인 최저생활을 유지할 수 있는 것이어야 한다."고 전제하고, 그에 따라 제2항에서는 "이 법에 따른 급여의 기준은 수급자의 연령, 가구 규모, 거주지역, 그 밖의 생활여건 등을 고려하여 급여의 종류별로 보건복지부장관이 정하거나 급여를 지급하는 중앙행정기관의 장(이하 "소관 중앙행정기관의 장"이라 한다)이 보건복지부장관과 협의하여 정한다."고 명시하였다. 또한, 제3항에서는 "보장기관은 이 법에 따른 급여를 개별가구 단위로 실시하되, 특히 필요하다고 인정하는 경우에는 개인 단위로 실시할 수 있다."고 하고 있으며, 제4항에서는 "지방자치단체인 보장기관은 해당 지방자치단체의 조례로 정하는 바에 따라 이 법에 따른 급여의 범위 및 수준을 초과하여 급여를 실시할 수 있다. 이 경우 해당 보장기관은 보건복지부장관 및 소관 중앙행정기관의 장에게 알려야 한다."고 명시하였다.

(2) 사회복지정책 급여의 수준

「보장기본법」 제10조에서는 사회보장급여의 수준에 대해 규정하고 있다. 제1항의 경우 "국가와 지방자치단체는 모든 국민이 건강하고 문화적인 생활을 유지할 수 있도록 사회보장급여의 수준 향상을 위하여 노력하여야 한다."고 하고 있으며, 제2항에서는 "국가는 관계 법령에서 정하는 바에 따라 최저보장수준과 최저임금을 매년 공표하여야 한다."고 하고 있다. 또한, 제3항에서는 "국가와 지방자치단체는 제2항에 따른 최저보장수준과 최저임금 등을 고려하여 사회보장급여의 수준을 결정하여야 한다."고 하고 있다.[9)]

여기서 최저보장수준이란 「기초생활보장법」 제2조 제6항에 따른 "국민의 소득·지출 수준과 수급권자의 가구 유형 등 생활실태, 물가상승률 등을 고려하여 제6조에 따라 급여의 종류별로 공표하는 금액이나 보장수준"을 말한다.

이러한 최저보장수준을 측정하기 위한 개념으로서 같은 조 제7항에서 "국민이 건강하고 문화적인 생활을 유지하기 위하여 필요한 최소한의 비용으로서 제20조의2제4항에 따라 보건복지부장관이 계측하는 금액"을 '최저생계비'로 정의하고 있다.[10)] 또

9) 동법 제11조는 "사회보장급여를 받으려는 사람은 관계 법령에서 정하는 바에 따라 국가나 지방자치단체에 신청하여야 한다. 다만, 관계 법령에서 따로 정하는 경우에는 국가나 지방자치단체가 신청을 대신할 수 있다."(제1항)고 하고, "사회보장급여를 신청하는 사람이 다른 기관에 신청한 경우에는 그 기관은 지체 없이 이를 정당한 권한이 있는 기관에 이송하여야 한다. 이 경우 정당한 권한이 있는 기관에 이송된 날을 사회보장급여의 신청일로 본다."고 함으로써 사회보장급여의 신청에 대해 규정하였다.

10) 2021년 현재 우리나라 법원에서는 최저생계비를 기준 중위소득의 60%로 인정하고 있다. 이에 따라, 1인 가구 기준으로는 1,096,699원, 2인 가구 기준으로는 1,852,847원, 3인 가구 기준으로는 2,390,370원, 그리고 4인 가구 기준으로는 2,925,774원이다.

한, 같은 조 제9항에서 "보장기관이 급여의 결정 및 실시 등에 사용하기 위하여 산출한 개별가구의 소득평가액과 재산의 소득환산액을 합산한 금액"을 '소득인정액'으로 정의하는 한편, 제11항에서 '기준 중위소득'의 개념을 도입하고 있다, 즉, "보건복지부장관이 급여의 기준 등에 활용하기 위하여 제20조 제2항에 따른 중앙생활보장위원회의 심의 · 의결을 거쳐 고시하는 국민 가구소득의 중위값"을 '기준 중위소득'이라고 한다. 이러한 개념들을 바탕으로 생계급여의 최저보장수준은 생계급여와 소득인정액을 포함하여 생계급여 선정기준 이상이 되도록 하고 있다.

생계급여액 = 생계급여 최저보장수준(대상자 선정기준) - 소득인정액

2021년도 기준으로 우리나라의 기준소득과 그에 따른 사회복지정책(사회보장) 급여 종류별 선정 및 급여 기준은 〈표 5-3〉과 같다. 4인 가구를 기준으로 하여 기준 중위소득은 4,876,290원이다. 생계급여는 1,462,887원이며, 의료급여는 1,950,516원이다. 그리고 주거급여는 2,194,331원이며, 교육급여는 2,438,145원이다.

〈표 5-3〉 2021년도 기준 중위소득 및 급여종류별 선정기준 (단위: 원/월)

구분		1인 가구	2인 가구	3인 가구	4인 가구	5인 가구	6인 가구	7인 가구
기준 중위소득(A)		1,827,831	3,088,079	3,983,950	4,876,290	5,757,373	6,628,603	7,497,198
선정 및 급여 기준	생계급여 (A의 30%)	548,349	926,424	1,195,185	1,462,887	1,727,212	1,988,581	2,249,159
	의료급여 (A의 40%)	731,132	1,235,232	1,593,580	1,950,516	2,302,949	2,651,441	2,998,879
	주거급여 (A의 45%)	822,524	1,389,636	1,792,778	2,194,331	2,590,818	2,982,871	3,373,739
	교육급여 (A의 50%)	913,916	1,544,040	1,991,975	2,438,145	2,878,687	3,314,302	3,748,599

비고: 8인 이상 가구의 급여별 선정기준은 1인 증가 시마다 7인 가구 기준과 6인 가구 기준의 차이를 7인 가구 기준에 더하여 산정함[8인 가구 주거급여수급자 선정기준액 = 7인 기준 + (7인 기준 - 6인 기준)]
출처: 보건복지부(2021a); 국토교통부(2021); 교육부(2021).

Social Welfare Policy | chapter 06

사회복지정책의 전달체계

[학습목표]

1. 사회복지정책 전달체계의 개념을 이해한다.
2. 사회복지정책 전달체계의 분류를 이해한다.
3. 사회복지정책 전달체계의 원칙을 이해한다.

[개요]

사회복지정책에 있어서 서비스 전달체계는 '사회복지 급여나 서비스를 어떠한 방법으로 수급자에게 전달할 것인가?'에 대한 전략적 또는 실천적 선택이다. 즉, 전달체계는 사회복지 급여 대상자에게 선택된 급여를 전달하는 조직적 장치이며 조직적 체계이다.

최근 민영화와 상업화는 급여의 전달에서 새로운 흐름을 형성하고 있는데 민영화가 효율성을 자동으로 보장하는 것은 아니며, 사유화의 느낌을 해소하기 위해서라도 법적 테두리 안에서 더욱더 공정하게 이루어져야 한다. 그리고 사회복지서비스 대상자에 대한 전달체계는 그 목표를 달성하기 위해서 효과적 또는 효율적으로 기여하는 것이 매우 중요하다. 따라서 사회복지정책의 전달체계에 대해서 다음과 같이 살펴보고자 한다.

1. 사회복지정책 서비스 전달체계의 개념

1) 사회복지 전달체계의 이해

(1) 사회복지 전달체계의 개념

사회복지 전달체계에 대해서 길버트와 스펙트(Gilbert & Specht)는 1986년에 사회복지서비스의 공급자와 사회복지서비스 수요자 간을 연결시키기 위한 조직적 장치, 즉 사회복지서비스의 공급자와 수요자 간의 조직적 연결망이라고 하였다. 1988년에는 길버트와 테렐(Gilbert & Terrell)이 사회복지 행정에 있어서 전달체계(delivery system)는 급여 또는 서비스를 효율적으로 클라이언트에게 전달하기 위하여 어떠한 조직을 통해서 실천할 것인가의 전략을 선택하는 것이라고 정의하였다. 또한 오세영(2023)은 '사회복지전달체계란 사회복지정책을 서비스로 전환시키는 과정에 있어서 서비스 공급자들 사이 또는 서비스 공급자와 수급자 사이에 존재하는 조직체계를 의미한다'고 했다.

위의 개념들을 살펴볼 때 공급자는 전달체계를 통하여 수요자에게 사회복지 급여나 서비스를 제공하고, 수요자는 전달체계를 통하여 원하는 급여나 서비스를 제공받게 된다. 그러므로 사회복지서비스 전달체계란 '지역사회 안에서 복지서비스 공급자들 사이에 그리고 복지서비스 공급자와 소비자들 사이에 존재하는 조직의 배열을 지칭하는 것'이라고 할 수 있다.

더 나아가 사회복지서비스의 공급자는 국가나 지방자치단체와 같은 정부기관일 수도 있고, 공공기관일 수도 있으며, 혹은 비영리법인이나 민간차원의 복지기관일 수도 있음을 인지하게 된다. 또한 사회복지서비스의 수요자는 사회복지급여나 서비스를 제공받고자 하는 사람임을 알 수가 있다.

사회복지서비스 전달체계가 제대로 기능을 발휘하기 위해서는 공적 · 사적 사회복지조직들이 체계화된 구조를 갖추고 있어야 한다. 만약 사회복지 전달체계가 제대로 확립되어 있지 않으면 지역주민들은 서비스 욕구가 발생하여도 어디서 어떤 서비스를 받아야 하는지 알 수 없게 되고, 서비스공급자들도 수혜자들에게 효율적으로 서비스를 전달하지 못하게 된다. 김형수 등(2018)은 아무리 강력한 정책 의지와 풍부한 자원이 있어도 서비스를 적재적소에 배분할 수 없게 되면 서비스의 중복·누락과 자원의 낭비를 가져오게 되는 것이라고 언급한 바 있다.

따라서 사회복지정책의 전달체계는 운영주체별 성격이나 제도, 기능적 성격이 매우 중요하므로 이를 살펴보고자 한다.

2) 사회복지 전달체계의 성격적 구분

(1) 구조 및 기능적 성격

사회복지 전달체계에 있어서의 구조적, 기능적 분류는 사회복지서비스를 공급하는 주체 사이에 구조적 기능의 분류를 말한다. 더 구체적으로 언급하자면 사회복지 행정체계와 집행체계로 구분이 되어지고, 행정체계는 서비스를 기획, 지시, 지원, 관리하는 것이며 서비스 수혜자들과의 직접적인 대면관계를 통해 서비스를 전달하는 과정이다(강영숙 외, 2020).

(2) 운영주체별 성격

운영주체별로는 운영주체에 따라 공적 전달체계와 민간전달체계로 구분할 수 있다. 사회복지서비스에 있어서 공적 전달체계는 보건복지부를 중심으로 정부조직의 위계망으로 구성되어 있고, 정부나 공공기관이 직접 관리·운영하며, 민간전달체계는 사회복지법인, 비영리재단, 사회복지협의회, 사회복지시설, 자원봉사단체 등 민간이 직접 관리·운영한다.

(3) 제도 및 기능적 성격

사회복지서비스 전달체계를 제도적·기능적 성격으로 분류하면 사회보험, 공공부조, 사회복지서비스에 대한 전달체계로 나눌 수가 있다. 중앙정부 차원에서 전달되고 있는 5대 사회보험 가운데 산업재해보상보험과 고용보험은 고용노동부 소관이고, 실제적인 업무는 근로복지공단에 위탁하여 각 지역단위별로 설치된 지부를 통해서 운영되고 있다.

국민연금, 국민건강보험, 노인장기요양보험 등의 사회보험 주무부서는 보건복지부이며 산하에 지역 단위별로 각각 국민연금 관리공단, 국민건강보험 공단 지부가 설치되어 있어 관련 업무를 독자적으로 처리하고 있다. 공공부조와 사회복지서비스 전달체계는 중앙 및 지방자치단체에서 분담하는 형태를 취하고 있다.

(4) 서비스 종류별 기능적 성격

사회복지서비스 전달체계는 서비스 종류별로 그 기능에 따라서도 분류가 된다. 아동복지서비스, 청소년복지서비스, 노인복지서비스, 장애인복지서비스, 가족복지서비스, 여성복지서비스 등 대상자별로 전달체계를 나누어 볼 수 있다(오종희 외, 2018).

따라서 사회복지서비스의 종류별 분류는 지역사회의 관점을 최대한 반영해야만 기능적인 제 역할을 할 수 있음을 강조하게 된다.

2. 사회복지 전달체계의 분류

사회복지서비스 전달체계를 앞에서 운영주체별로 살펴본 것처럼 공급주체에 따라서도 공적 전달체계와 민간 전달체계로 구분하게 된다. 즉, 전달하는 서비스가 공공기관을 통하여 제공되는지 아니면 민간기관을 통하여 제공되는지에 따라서 공적 전달체계와 민간 전달체계로 크게 나뉘게 된다.

민영화(民營化)는 전통적으로 공공영역에서 제공하여 오던 서비스를 민간기관으로 제공 주체를 이양하여 서비스를 제공하는 것을 말한다. 즉, 관에서 운영하던 기업 따위를 민간인이 경영하게 되는 것이다.

우리나라 사회복지 전달체계의 정책은 중앙정부에서, 예산은 지방자치단체에서 부담하는 형태로 2005년부터 구조화되어졌다(한국임상사회사업학회, 2019). 현재 우리나라의 공적 전달체계는 사회보험의 경우 보건복지부와 노동부의 감독 하에 설립된 공공기관 및 그 지부를 통해 전달되고, 공공부조 및 사회서비스는 보건복지부에서 계획하여 지방자치단체의 행정체계를 통해 전달되고 있다.

이렇게 본 장에서는 공적 전달체계와 민간전달체계, 민영화 순으로 다음과 같이 살펴보고자 한다.

1) 공적 사회복지서비스 전달체계

공적(공공) 전달체계는 세계의 여러 나라들에서 사회보험과 공공부조 및 사회복지서비스의 대부분을 정부에서 공공복지정책을 통하여 제공하고 있음을 볼 수 있다.

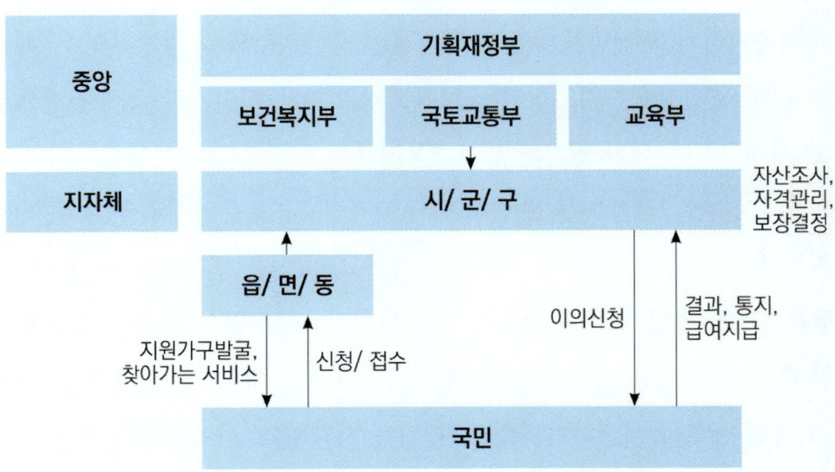

[그림 6-1] 우리나라 공공부조 전달체계

출처: 김윤나 외(2022).

현재 우리나라의 각종 사회보험은 중앙정부 차원에서의 전달을 책임지고 있고, 공공부조와 사회복지서비스 전달체계는 중앙 및 지방자치단체에서 분담하는 형태를 취하고 있다(현외성, 2019).

[그림 6-1]은 우리나라 공공부조 전달체계에 대한 내용으로 중앙정부를 중심으로 기획재정부, 보건복지부, 국토교통부, 교육부 그리고 지자체 시・군・구를 통해 자산조사, 자격관리, 보장결정이 이루어지고, 읍・면・동사무소를 통해 국민들을 대상으로 신청접수를 받고, 지원가구를 발굴하며 찾아가는 서비스가 제공되고, 시・군・구에 이를 보고하고, 시・군・구는 국민들에게 이의신청을 받고, 결과를 통지하고 급여지급이 집행되는 구조를 취한다(김윤나 외, 2022).

공적 전달체계의 조직과 하는 일들은 다음과 같이 살펴볼 수가 있다.

(1) 공적 전달체계의 조직 및 업무

① 보건복지부의 사회복지 전달체계

공적사회복지서비스 전달체계의 조직체계는 중앙정부와 지방정부의 사회복지 부서와 정부산하 공공사회복지조직인 공공부조기관, 아동복지기관, 정신건강센터와 같은 관료조직체로 구성되어 있다. 즉, 보건복지부는 공공부조와 사회복지서비스, 사회보험, 보건에 관한 기본계획을 수립하고 구체적인 사업 운영계획을 세운다. 그리고 보건복지부에서는 기초생활보장 수준을 결정하고, 예산을 편성하고 배정받아 집행하며, 행정안전부에 관련 업무를 전담할 사회복지전담공무원의 충원을 요청하고 지방자치단체에 대해 필요한 지시를 한다. 광역자치단체에 대해서는 공공부조 및 사회복지서비스 사업 계획을 실행하기 위한 시행령을 시달하고, 사업수행을 위한 자원이 전달되며, 감독이 행해지고, 사업수행 결과를 평가한다(강영숙 외, 2020).

공공사회복지조직에도 전문사회복지사가 근무하고 이들은 공무원 신분을 가지고 정부를 위해 일하며, 공무원 직무 규정의 규제를 받는다. 공공사회복지조직은 합리적이고 효과적인 전달체계를 중요시한다.

② 광역자치단체의 사회복지 전달체계

광역자치단체의 사회복지 전달체계는 보건복지국 아래 사회복지과를 중심으로 여성정책과, 보건위생과, 장애인복지과, 노인복지과 등에서 그 업무를 수행한다. 서울특별시 경우 복지국에는 복지정책과, 노인복지과, 장애인복지과, 자활지원과 등으로 구성되어 있는데 정책과에서는 위기가정 특별지원, 아름다운 이웃, 서울 디딤돌, 푸드뱅크, 마켓 사업을 추진하고 있으며, 그 외에 기초생활보장수급자, 국가유공자 및 보훈 단체 관련 업무를 담당하고 있다. 장애인복지과에서는 장애인 관련 업무를 총괄하는 부서로 장애인 행복 도시 프로젝트를 추진, 장애인 취업 통합서비스 제공, 기업 연계 중대형 직업시설 운영, 장애청소년 아동재활치료 바우처 제공, 장애인 편의시설 당사자 모니터링 등을 실시하고 있다. 자활지원과는 노숙인 및 부랑인 시설, 지역자활센터 업무를 총괄하는 부서로서 쪽방촌 생활 편의시설개선, 노숙인 보호 대책, 노숙인 일자리 제공, 신용회복 사업 등 노숙인 자활업무 및 부랑인 시설 관련 업무 등을 담당하고 있다.

광역시・도의 사회복지과를 제외하고는 약간씩 차이가 있다. 또한 특별시・광역시・도에서는 사회복지서비스에 대한 구체적인 실천기관으로 아동상담소, 부녀상담소, 가정상담소, 여성회관, 사회복지관 등 각종 사회복지시설을 운영하기도 한다(강영숙 외, 2020).

③ 기초자치단체의 사회복지 전달체계

기초자치단체의 사회복지 전달체계는 시・군・구 또는 인구 규모에 따라 차이가 있다. 시・군・구는 사회복지과를 중심으로 운영되고 있으며, 기초자치단체에서도 사회복지서비스의 전문기관인 근로청소년회관, 부녀/아동사무소, 여성복지회관, 종합사회복지관 등 각종 사회복지시설을 설치하여 운영하고 있다(강영숙 외, 2020).

시의 사회복지행정조직은 인구 규모에 따라 조직기구가 다르다. 경기도 시흥시의 경우는 주민생활지원국을 설치하고 그 밑에 주민생활지원과, 사회복지과, 가정여성과, 문화공보과, 체육청소년과를 설치하고 그 밑에 해당 계(係)를 두어 업무를 분담하고 있다.

주민생활지원과에서는 구호 및 위생, 복지 관련 시설 관리 및 복지 대상자 실태 파악 등의 업무를 담당한다. 그리고 사회복지과에서는 노인 및 장애인에 대한 종합적인 계획을 수립, 시행하고 있으며, 가정여성과에서는 여성, 보육 및 외국인에 대한 종합적인 계획을 수립하고 실천한다. 문화공보과는 문화예술 및 신문방송에 대한 계획을 수립, 시행하며 체육청소년과에서는 청소년 관련 정책과 각종 체육에 관한 전반적인 계획을 시행하고 있다.

④ 읍 · 면 · 동(주민자치센터)의 사회복지 전달체계

읍 · 면 · 동(주민자치센터)의 사회복지 전달체계는 복지행정에 있어서 4만 명 이상의 읍의 경우 주민과(課) 아래에 사회계(係) 또는 복지계를 설치하고 있고, 인구 3~4만 명 미만인 읍은 총무과 밑에 사회계를, 인구 3만 명 미만의 읍은 부읍장 밑에 사회계를 각기 설치하고 있다(강영숙 외, 2020).

읍의 경우는 이렇게 인구 규모에 따라서 다르게 진행됨을 보게 되고, 1998년 정부조직 개편에 따라 읍 단위에 담당제로 개편되었음을 볼 수 있다. 강원도 홍천군 홍천읍의 경우 읍장 밑에 총무담당, 주민생활담당, 민원담당, 산업경제담당, 건설 환경 담당으로 나누어 업무를 분담하고 있으며 주민생활 담당이 복지시무 전반을 책임지고 있다.

그 외의 읍의 경우는 총무계 소속으로 사회담당공무원을 두고 있으며, 면과 동의 경우에는 사회계를 두어 복지 관련 업무를 추진하고 있다. 읍 · 면 · 동장은 자원봉사자인 복지위원 및 아동 위원을 위촉하여 그들의 활동을 보좌하도록 되어 있었는데, 2000년부터 정부의 동 기능 전환 확대 시행계획에 의해 읍 · 면 · 동 단위의 사회복지 업무는 주민자치센터에서 담당하고 있다. 한편, 지방자치단체의 주요 전달체계는 사회복지통합관리망의 구축으로 인한 지방자치단체의 복지행정조직 개편 등을 들 수 있다(강영숙 외, 2020).

동의 사회복지 전달체계는 주민센터(2007년)로 개편되면서 행정민원팀과 주민생활팀으로 나뉘고 주민생활팀에서 사회복지업무를 총괄하고 있다. 그리고 행정복지센터

(2016~2018년)로 개편되면서 복지허브화의 기능을 발휘하여 맞춤형 복지 또는 찾아가는 복지를 실천하고 있다.

⑤ 지역사회복지협의체 서비스 전달체계

지역사회복지협의체는 시・군・구 내의 사회복지사업에 관한 중요사항과 지역사회복지계획을 심의 또는 건의하고, 사회복지보건의료 관련 기관 단체가 제공하는 사회복지서비스와 보건의료서비스와의 연계 및 협력을 강화하기 위해 시・군・구에 두는 민관 협력기구이다(「사회복지사업법」 제7조의2).

지역사회 단위로 민간과 공공이 협력하여 사회복지서비스 제공의 효과성과 효율성을 제고하고, 지역의 복지문제를 스스로 해결하기 위한 논의구조 가운데, 복지・보건 분야의 민・관의 대표자 및 실무자들이 참여하여 복지수요자에게 통합적 서비스를 제공할 수 있도록 지역 단위의 연계・협력체계의 마련이 요구되었다. 특히, 사회취약계층에 대한 복지・보건서비스의 체계 확립을 위해 시행한 보건복지사무소 시범사업('96~'99)이 확대되지 못하고 종료된 이후, 민간 참여를 기반으로 한 복지와 보건의 기능을 연계하고 활성화를 위한 필요성이 제기되었다. 그리고 2000년에 한국보건사회연구원의 연구를 통해 보건과 복지의 기능연계 도모를 위한 지역사회복지협의체 구성의 필요성이 증명되었다. 이에 2000년 12월에 지역사회복지협의체 설치 근거를 명시한 「사회복지사업법」 개정 법률안이 국회에 상정되면서 2001년부터 2년간 15개 시・군・구 대상으로 시범사업이 실시되었다. 2003년 7월에 「사회복지사업법」의 개정에 따라 지역사회복지협의체 구성 근거를 마련하였고, 2004년도에는 협의체 구성 경험이 있는 시범지역(13개 시・군・구)과 서울 서초구를 비롯한 사회복지사무소 시범지역(9개 시・군・구)을 모델 지역으로 활용하여 2005년 7월부터 지역복지협의체 구성과 지역사회복지계획 수립이 법제화되면서 8월부터 전국 시・군・구에 운영하도록 추진하게 되었다.

⑥ **주민생활지원서비스 전달체계**

공공사회복지서비스 전달체계 개편에 대한 논의는 1980년대 초부터 있어 왔다. 그 결과 1995년 보건복지사무소 시범사업을 거쳐 2004년 사회복지사무소 시범사업 등 주민생활지원서비스 전달체계 개편으로 이어져 내려왔다.

보건복지부가 '희망한국 21'이라는 종합 복지대책에 사회안전망 확충에 따른 복지예산의 효율적 집행과 국민의 복지 체감도를 높이는 맞춤형서비스의 제공을 위하여 종래 복잡하고 비효율적 복지서비스 체계를 수요자 중심의 맞춤형 통합서비스 전달체계로 개편하고자 2006년 7월부터 만든 것이 '주민생활지원국'이라는 행정자치부(현 행정안전부)의 조직이다.

1단계는 자치구 및 일반 시의 일부 동 지역, 2007년 1월에는 자치구 및 일반 시의 모든 동 지역, 2007년 7월부터는 도・농 복합도시 및 군의 모든 읍・면 지역 등 단계적으로 확대하여 주민생활지원서비스의 전달체계를 구축하게 되었다. 그 후 2008년의 '희망 복지 전달체계 개편 방안' 주요 내용은 '꼭 필요한 사람에게 꼭 필요한 서비스를 제공하는 효율적 복지행정체계구축'을 목표로 수요자 중심의 통합서비스 제공체계 구축, 사회복지통합 관리망 적정 급여관리 체계 구축, 민간복지시설의 기능 강화 등 세 가지 추진과제를 선정하였다(고재욱 외, 2018). 주민생활지원서비스 전달체계는 서비스를 연계시키는 네트워크의 허브 역할을 해나가고 있다.

⑦ **지방자치단체의 복지행정조직 개편과 서비스 전달체계**

보건복지부는 2010년 1월 4일부터 사회복지통합관리망(행복e음)을 개편하여 운영하고 있다. 지자체 공무원들의 복지행정업무 처리를 지원하는 정보시스템으로, 지자체에서 집행하는 약 120여 개의 복지급여서비스 인력을 개인별・가구별로 통합 관리한다(강영숙 외, 2020).

시・군・구 통합조사관리팀이 복지대상자 자산조사 및 자격관리를 일원화하여, 2012년 5월부터 기존의 주민생활 지원국에서 실시되는 복지자원관리팀(기존 서비스

연계팀) 업무를 희망복지지원팀에서 운영하고 있다.

이명박 정부에서는 서비스 전달체계와는 달리 수요자 중심의 맞춤형 서비스 지원이 가능하게 되었고, 2012년에는 공공자원뿐만 아니라 민간자원까지 효율적으로 읍, 면, 동의 강화도 시작되었다. '읍・면・동'은 상담의 내실화 및 복지정보 종합안내, 지역주민의 권익옹호역할 수행과 찾아가는 서비스 활성화 등 공공 종합복지서비스 수행 기능을 강화하였다(보건복지부, 2018).

박근혜 정부에서는 '주민센터를 맞춤형 복지 구현을 위한 허브 기관으로 개편'하는 것을 국정과제에 포함하여 2017년도부터 찾아가는 보건・복지서비스 추진으로 읍・면・동 복지 허브화 사업에 방문 건강관리를 추가하였다. 시・군・구 통합사례관리는 희망복지지원단 통합 사례관리팀에서 통합사례관리사가 읍・면・동 복지 허브화로, 맞춤형 복지팀은 읍・면・동 주관의 통합사례관리를 직접 수행하였다. [그림 6-2]는 부서별 맞춤형 복지전달체계이다.

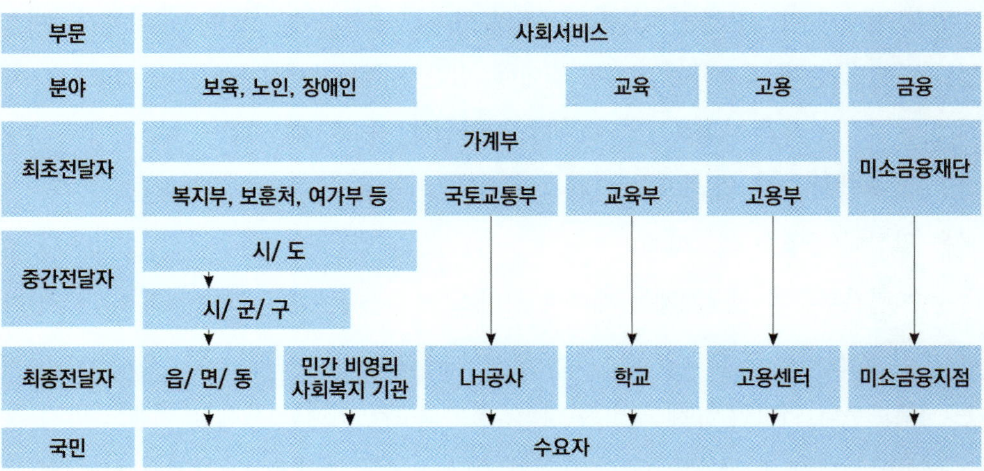

[그림 6-2] 부서별 맞춤형 복지전달체계

출처: 김윤나 외(2022).

문재인 정부 들어와서는 '자치분권 로드맵'을 제시하여 5대 분야 30대 추진과제가 시기별로 제시되었고, 중앙권한의 획기적 지방 이양, 강력한 재정분권 추진, 자치단체의 자치역량 제고, 풀뿌리 주민자치 강화 등을 추진과제로 제시했다. 이를 위해 혁신 읍・면・동 추진, 주민투표・주민 소환 기준완화와 주민 참여예산제 범위, 주민 조례 개폐청구제 요건 확대 등 주민참여 활성화 등과 2019년까지 「지방자치법」을 개정한다는 계획하에 세부 추진과제를 내놓았다(강영숙 외, 2020).

2) 민간 사회복지서비스 전달체계

사회복지서비스 전달체계는 공식적으로 조직된 정부의 공적 전달체계 외에도 민간 전달체계가 있다. 민간 전달체계는 대부분 사회복지서비스 부문에 집중되어 있다. 정부에서의 일부분의 재정지원과 행정적 지도・감독을 하기도 하고 민간 주체는 다양한 형태와 방법으로 전달체계를 수립・운영하고 있다(현외성 외, 2019).

민간 전달체계는 민간 사회복지조직이며 이러한 민간기관은 주로 「사회복지서비스법」과 「민법」등에 기초하여 설립된 것이다. 민간 사회복지조직은 영리를 목적으로 하지 않는 주민조직과 사회복지법인, 재단, 사단법인, 종교단체, 법정 단체 및 기타 특수법인, 등록단체나 그 법인 또는 단체가 사회복지사업을 목적으로 운영하는 시설과 기관을 말한다(강영숙 외, 2020).

순수 민간부문의 전달체계는 재화나 서비스를 제공하는 기관의 소유자가 민간인이고, 필요한 재원과 운영 모두를 민간부문에서 책임을 지는 형태를 말한다. 이런 형태는 정부로부터 어떠한 규제도 받지 않고, 정부로부터 어떠한 세제상 혜택도 받지 않기 때문에 정부에 대한 책임도 갖고 있지 않다. 이러한 의미의 순수한 민간부문의 전달체계는 오늘날 서구복지국가에서는 드물다. 다만 민간부문의 역할을 유달리 강조하는 미국에서 부분적으로 존재할 뿐이다(오세영, 2023).

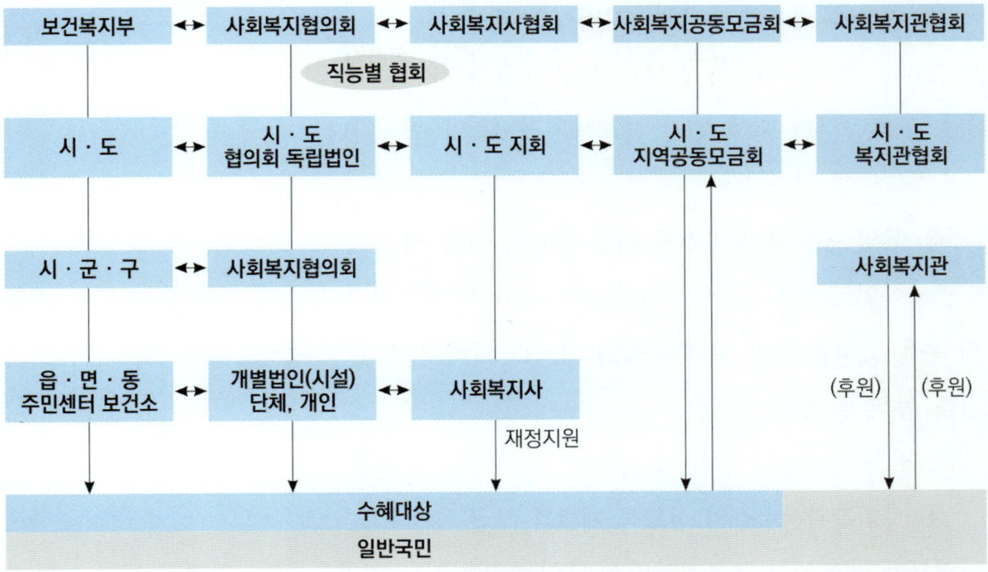

[그림 6-3] 민간 사회복지서비스 전달체계

출처: 김형수 외(2018).

앞의 [그림 6-3]에서도 잘 보여 주듯이 사회복지서비스 전달체계는 공적이든 민간이든 복잡하고 다양한 사회복지서비스가 통합적으로 제공되고 기능별로 체계성 있는 역할 분담이 중요하다.

(1) 민간 사회복지서비스 전달체계의 필요성

민간 사회복지서비스 전달체계는 공적 사회복지서비스 전달체계를 보완하는 역할을 하며 다음과 같은 필요성들을 설명하게 된다.

① 정부제공 서비스 사각지대에 대한 서비스의 제공

사회복지수혜자격이 있음에도 수적인 제한으로 정부서비스를 받지 못하거나 자산 정도와 연령의 미달이나 초과 등으로 필요로 하는 서비스를 제대로 받을 수 없는 사람들에게 서비스를 제공하기 위해 필요하다.

② 정부가 제공할 수 없는 서비스를 제공

정부는 개인의 다양한 문제나 욕구를 충족시켜 줄 수 없는 부분들에서 질 높은 서비스를 제공하기 위해 민간 사회복지서비스가 필요하다.

③ 동일 종류의 서비스에 대한 선택의 기회 제공

클라이언트에게 그들의 기호나 지역적·시간적 여건에 따라 선택할 수 있는 기회의 폭을 넓혀줄 뿐만 아니라 공적 기관과 사적 기관 간의 경쟁을 유발하여 서비스의 질을 높혀 줄 필요가 있다.

④ 사회복지서비스의 선도적 개발과 보급

정부가 새로운 사회복지서비스 도입을 위한 선도역할을 하기 위해서 사적 기관의 서비스를 도입해서 새롭게 개발하고 공공사회복지서비스에 보급하는 것도 필요하다.

⑤ 민간의 사회복지 참여 욕구를 수렴

봉사 정신이 투철한 가치관을 갖고 있는 사람들은 지역사회 내·외에서 사회복지활동에 자원봉사자나 재정적 후원자, 운영자로 참여하기를 원한다. 이러한 참여 욕구를 갖고 있는 분들을 사적 기관에서 적절하게 수렴하여 그들의 욕구를 충족시켜 주는 계기로 삼는 것도 필요하다.

⑥ 정부의 사회복지활동에 대한 압력

민간 사회복지서비스를 실천하는 기관들은 공적 사회복지서비스를 전달하는 정부기관의 활동과 서비스를 감시할 수도 있고, 정부가 수행해야 할 서비스를 찾아내거나 도입하여 수행할 수 있어서 압력이나 제재를 가하는 역할도 하게 된다.

⑦ 국가의 사회복지비용을 절약

사적 기관에서 하는 사회복지활동들은 정부의 입장에서 볼 때는 별도로 비용을 투입하여 수행해야 할 일들을 대신 해 주는 것이므로 사회복지비용을 절약하는 효과를 가져오게 된다.

(2) 민간 사회복지서비스 전달체계의 구조

민간 전달체계는 앞에서 언급한 것처럼 영리를 추구하지 않는 비영리 부문과 운영상의 조직설립 주체의 성격에 따라서, 또는 재정 운영의 성격에 따라서 영리 부문과 비공식 부문으로 복지서비스의 전달 주체를 구분하기도 한다.

① 비영리 부문

비영리 부문은 민간 사회복지조직의 법인이나 각종 단체가 기관의 성격이나 지역에 따라 협의회를 구성하거나 지부를 설치하고 있다. 대표적으로 사회복지협의회, 사회복지사협회, 사회복지관협회, 사회복지공동모금회가 있다(강영숙 외, 2020).

② 영리 부문

영리 부문은 사회복지서비스 제공의 명목으로 일정의 비용을 받고, 이윤을 창출하는 부문으로 최근에 민간 영리 부문의 역할에 새로운 인식을 가지고 있다. 영리 부문 민간 전달체계는 민간 복지공급자 간의 경쟁을 통해 복지서비스를 제공하고, 복지대상 수혜자도 상업적 거래인 계약을 통해 복지제공자를 선택하여 직접 비용을 부담하고 서비스를 이용하는 구조이다(강영숙 외, 2020). 안정적인 운영과 조직의 안녕을 위해서는 대표자의 경영 마인드와 지역네트워크의 활성화가 중요하다.

③ 비공식 부문

비공식 부문은 특별한 조직체계나 관리체계가 없이 비체계적으로 가족, 친척, 친구,

이웃 등의 보호 서비스를 제공하는 것을 말한다. 대부분의 경우 무료로 제공되는 것이 일반적이다. 자원봉사 성격이 강하고 후원자 발굴도 자체적으로 이루어지기 때문에 재정 부분에서 명확하지 않을 경우엔 신뢰감에서 문제가 되어 기관의 이미지 타격이 심할 수도 있다.

(3) 민영화

민영화(privatization)는 1980년대에 등장한 신자유주의와 관련이 깊다. 신자유주의자들은 복지국가로 표상되는 큰 정부의 비효율을 경제위기의 주범으로 규정했다. 신자유주의의 영향 아래 광범위한 정부 자산의 매각 또는 임대와 공공서비스의 민간 이양이 이루어졌다. 사회복지 부분도 민영화를 피할 수가 없었는데 연금을 중심으로 한 사회복지시스템의 민영화, 보건의료 부문에서의 민간의 역할 증대, 공공임대주택의 매각, 사회복지 시설의 민영화 등 다양한 형태의 민영화가 이루어졌음을 보게 된다. 사회복지 부분의 민영화도 공공부문 민영화 정책의 일환으로 추진되었기 때문에 민영화에 대한 일반의 이해가 필요하다(원석조, 2019).

사회복지서비스의 민영화는 영국의 대처 정부에 의해 정책적으로 추진되었으며 그 목적은 정부 기구의 통폐합, 기구축소, 공무원의 감원을 통해 공공 부분에서의 효율성 증진을 도모하고자 하는 것이었다. 민영화가 추구하는 목표는 공공부문의 서비스가 가지는 관료적 획일성과 폐쇄성에서 벗어나 자유시장의 경쟁논리를 도입함으로써 서비스의 질을 향상시키고 재정을 효율적으로 운영하는 것이다.

우리나라의 경우 기존 사회복지전달체계는 두 가지 측면의 문제를 가지고 있다.

첫째, 기존 서비스 제공자 결정 방식이 한 사업에 소요되는 예산을 특정의 사회복지 기관에 전적으로 제공하는 계약에 의해 이루어졌다. 즉, 지역사회의 특정 사회복지 사업은 하나의 기관에 의해 독점적으로 제공되는 방식으로 이루어졌기 때문에 실제 서비스의 전달이 얼마나 전문적이고 효과적인지를 평가할 방법이 거의 존재하지 않는다.

둘째, 기존 사회복지 인프라는 정부의 지원에 의존하여 구축되어 왔기 때문에 민영화에 의한 경쟁체계가 수립될 수 있는 여건이 수립되지 않았다. 즉, 가장 기초적인 사회복지서비스를 제공할 수 있는 정도의 사회복지 인프라조차 구축되지 않는 상황이라 사회복지 조직들 간의 경쟁체계는 형성될 수 없는 상황이다. 그러므로 민영화는 단지 정부기구의 확장을 방지하는 역할 정도에 머물러 있다고 보는 것이 현실이다(한국임상사회사업학회, 2019).

3. 사회복지 전달체계의 주요 원칙

사회복지서비스 전달체계의 주요 원칙은 크게 행정구조적 측면에서의 원칙과 서비스 제공자 측면에서의 원칙으로 구분된다. 효과적인 서비스 전달체계를 위해서 이 두 가지가 이루어져야 한다.

1) 행정구조적 측면의 원칙

(1) 책임성의 원칙

사회복지 조직은 국가가 시민의 권리로 인정한 사회복지서비스를 전달하도록 위임받은 조직이므로 사회복지서비스의 전달에 대하여 책임(accountability)을 져야 한다(강영숙 외, 2020). 구체적으로 사회에 대한 책임과 대상자에 대한 책임, 전문가로서의 책임으로 구분할 수가 있다. 사회에 대한 책임은 실적평가, 감사 결과, 업무태만 등과 같은 사실이 발견되면 해당 기관에 신속하게 책임을 물을 수가 있어야 한다. 대상자에 대한 책임은 대상자의 욕구와 불만 등을 최대한 빨리 파악하여 해결해야 하는 것을 말한다. 전문가로서의 책임은 사회복지윤리강령을 준수하여 어긋난 부분은 없는지 살피고 행정체계에 필요한 조치를 취하는 것이다(한국임상사회사업학회, 2019).

이 외에도 책임을 져야 할 주요 내용은 서비스가 수혜자의 욕구에 적절하게 부합되는 것인가, 서비스의 전달 절차가 적합한가, 서비스가 효과적이고 효율적인가, 서비스 전달과정에서의 불평과 불만의 수렴 장치는 적합한가에 대한 것들이 있다.

(2) 전문성의 원칙

전문성(professionalization)의 원칙은 사회복지서비스를 제공하는 과정에서 필요한 업무는 보다 더 전문가의 전문성이 요구됨을 말한다. 물론 업무상 상대적으로 전문성이 덜 요구되는 경우도 있다. 복지수혜 대상자의 욕구 파악이나 진단, 서비스 판정 및 평가에 관련된 업무들은 상대적으로 전문성이 매우 높은 업무라고 볼 수 있다. 복지수혜 대상자들의 문제는 표면적인 것보다 더 복잡하고 다양하기에 전문가의 전문성이 적절하게 발휘되면 책임성의 원칙과 함께 서비스의 효과가 더욱더 높게 드러날 뿐만 아니라 서비스를 실천하는 개인에게도 자부심과 긍지가 매우 높게 상승하게 된다.

따라서 사회복지 전달체계는 다른 조직이나 전달체계에 비하여 사회문제를 해결하고 개인적·가족적 욕구를 충족시켜야 하는 특수한 기능을 수행하는 만큼 전문가로서의 능력을 발휘하기 위해 필요한 권위나 자유재량권 등을 융통성 있게 부여하는 것이 중요하다고 볼 수 있다.

(3) 접근성의 원칙

접근성(accessibility)의 원칙은 사회복지서비스를 필요로 하는 대상자가 적절한 서비스를 적절한 시간과 장소에 따라서 장애가 없이 쉽게 받도록 해야 한다는 것이다. 적절한 서비스를 제때에 받지 못하면 서비스의 효과가 떨어지게 된다. 서비스에 접근(accessibility)하는 데 따르는 장애들은 물리적인 거리, 경제적인 이유, 개인적 동기와 인식 등에서 각기 다르게 나타날 수 있다. 이러한 장애들은 지역사회의 계층에 따라서도 다르게 나타날 수 있다(한국임상사회사업학회, 2019; 강영숙 외, 2020). 그 대표적인 예로는 아웃리치가 있다.

따라서 서비스 전달체계에 대한 접근성을 증대하기 위해서 잠재적 복지 대상자를 찾아내고, 대상자에게 직접 찾아가는 방법을 통해서 서비스의 접근성과 효율성을 높일 필요가 있다.

(4) 통합성의 원칙

통합성(unification)의 원칙은 문제를 가진 사람들이 전달체계를 통하여 사회복지서비스를 받게 될 때, 다양한 복합적인 문제들에 직면해서 문제를 해결하기 위해 서비스가 질서정연하고 체계적으로 제공되어 욕구 충족이 충분하게 달성할 수 있게 하는 것을 말한다. 다시 말해서, 클라이언트의 문제가 복합적이고 상호 연관되어 있으므로 문제해결을 위한 서비스도 서로 연관되어 중복되거나 누락됨이 없어야 한다는 것이다. 사회복지서비스가 통합적으로 제공되기 위해서는 역량 있고 책임감이 있는 행정책임자에 의해서 서비스가 일관되게 제공되는 것이 중요하다.

(5) 충분성의 원칙

충분성(comprehensiveness)은 적절성과 같이 생각하기도 한다. 충분성의 원칙은 지역사회의 개인적 혹은 사회적 문제들을 해결하기 위해서 양적·질적으로 충분한 서비스 제공이 이루어지고 있는지를 파악하는 것이다. 대상자의 욕구와 전문가가 판단한 욕구 사이에는 차이가 있을 수가 있다. 즉, 대상자가 아무리 많은 도움이 필요하다고 호소하더라도 전문가로서 적절한 서비스의 양과 기간을 판단해서 문제를 해결해야 한다. 따라서 충분성을 갖추기 위해서는 지역사회의 재정자원과 인적자원, 가용자원들이 충분해야 하고, 지역사회가 관련 문제를 해결하기 위한 의지가 뚜렷하지 않으면 충분성 조건이 총족될 수 없다.

2) 서비스 제공자 측면의 원칙

(1) 연속성의 원칙

연속성의 원칙은 전달체계 내의 모든 기관과 프로그램들이 서로 간에 얼마나 잘 밀접하게 근접해 있는지를 나타내는 것이다. 한 복지수혜대상자가 필요로 하는 다른 종류의 질적인 서비스를 지역사회 내에서도 지속적으로 받을 수 있도록 상호연계되어야 한다. 연속성의 원칙이 잘 적용되기 위해서는 같은 조직 내의 서비스 프로그램 간의 상호협력이 잘 이루어져야 할 뿐만 아니라 지역사회 내의 사회복지서비스 조직 간에도 유기적인 연계가 잘 이루어져야 한다(강영숙 외, 2020).

예를 들어서, 신체적으로 불편한 분들의 경우에는 자활 및 재활의 목표를 달성하기 위해서 사회복지서비스가 지속적으로 제공되어야 하는 경우가 있다. 이를 지원하기 위해서는 복지조직 간 또는 서비스 프로그램 간의 상호협력이 필요하고 유기적인 연계가 중요하게 요구된다.

(2) 평등성의 원칙

평등성(equity)의 원칙은 사회구성원 모두가 사회복지서비스의 대상자이며 서비스를 이용할 권리가 있다는 사실에 근거한다. 즉, 대상자의 성별, 연령, 지역, 종교, 지위, 직업, 문화 등에서 차별받지 말고 모든 복지수혜 대상자에게 평등하게 제공되어야 한다는 원칙이다. 「헌법」 제11조 제1항에도 명시되어 있는 평등권의 원칙이다. 평등권은 18세기 프랑스 혁명의 사상적 기반으로서 전 세계에 전파되어 자유권과 함께 「헌법」상 가장 중요한 기본권으로 자리매김하고 있다.

그러나 서비스 전달체계는 현실적으로 서비스의 양이 한정적이므로 서비스 대상자의 적격 여부를 판단하여 우선순위의 기준에 따라서 제공하는 실정이다.

(3) 포괄성의 원칙

포괄성(inclusiveness)의 원칙은 복합적인 문제를 가지고 있는 복지수혜 대상자들에게 효과적으로 복지서비스를 제공하기 위해서 여러 가지를 종합적으로 고려하여 포괄적인 서비스를 제공해야 한다는 것이다(강희갑 외, 2019). 그리고 복지수혜 대상자들은 복지에 대한 욕구뿐만 아니라 교육, 의료, 소득, 주택 문제 등의 욕구를 동시에 가질 수 있다.

따라서 이상적인 전달체계에서는 대상자의 다양한 욕구를 충족시킬 수 있도록 포괄적인 체계가 조직화되어야 한다.

(4) 자립지원의 원칙

자립지원의 원칙은 복지 수혜자가 재활이나 자활을 통하여 정상적인 사회복귀가 가능하도록 복지서비스가 제공되어야 한다는 것이다. 즉, 복지 수혜자가 궁극적으로 다른 사람의 도움 없이 자신의 삶을 영위하기 위해 정상적인 기능을 발휘할 수 있도록 지원하는 것을 말한다. 서비스 제공자 측면에서 볼 때 복지수혜자 스스로가 자립능력을 길러서 정상적으로 사회에 복귀할 수 있도록 제공자가 적극적으로 개입하여 지지하고 격려하는 일이야말로 간과해서는 안되는 중요한 원칙 중의 하나일 것이다.

(5) 가족 중심의 원칙

가족 중심의 원칙은 개인에게 나타나는 많은 문제들이 가족, 집단, 지역사회의 구조적 문제에서 시작되기 때문에 문제해결이 필요한 대상자는 개인이지만, 근본적인 문제를 극복하기 위해서 가족 중심의 단위로 개입해야 한다는 것이다.

강희갑 등(2019)은 개인적인 욕구나 장애를 해결함에 있어서 가족 단위를 복지서비스 제공 대상으로 할 필요가 있음을 주장한다. 그 이유는 가족 구성원 개인의 문제는 곧 가족의 문제요, 더 나아가 사회의 문제이기 때문이다.

3) 사회복지서비스 전달체계의 문제점과 한계점

(1) 공적사회복지서비스 전달체계 문제점

공적 사회복지서비스 전달체계의 문제점과 한계점은 다음과 같다.

첫째, 보건복지부에서 수립하는 사회복지서비스에 사업계획과 지침이 그 집행에 있어서는 행정안전부의 지방행정체계를 통하여 수행됨으로써, 현재의 이중적 전달체계에서는 서비스 전달체계의 일관성과 전문성이 확보되어 있지 않은 점이 지적된다(강영숙 외, 2020). 그리고 수직적이고 이원적인 체계구조가 개선될 필요가 있다. 이는 사회복지서비스체계의 집권화 현상에 기인하는 것으로써 소비자의 다양한 욕구나 지역 특성을 반영한 사회복지서비스를 제공할 여건이 미흡하여 자율성 면에서 유연성이 필요하고, 민감성이 떨어진다는 점을 지적할 수가 있다.

둘째, 앞에서 지적한 것처럼 중앙집권적이어서 사회복지서비스 전달체계는 다양한 지역사회의 복지 욕구에 적절히 대처할 수 있는 지역사회에 기반을 둔 서비스 시스템의 수립이 어렵다는 점을 지적할 수가 있다. 지역사회에 기반을 둔 사회복지서비스 전달체계에서는 공적 전달체계와 민간 전달체계의 조정과 연계 및 협조를 기반으로 한 통합적인 지역사회서비스 네트워크의 기능이 중요하다. 관 주도하의 중앙집권적인 구도 속에서는 능동적이거나 자체적인 지역사회 기반의 서비스 네트워크의 기능을 기대하기가 어렵다(강영숙, 2020).

따라서 이 부분에서 지역과 함께 하기 위해 서비스 네트워크 기능을 발휘하기 위한 전문가들의 통합적인 서비스체제를 실행할 필요가 있다.

(2) 민간 사회복지서비스 전달체계의 문제점

공적 사회복지서비스 전달체계와는 달리 민간 사회복지서비스 전달체계는 다음과 같은 문제점과 한계점 및 개선할 점들을 갖고 있다.

첫째, 민간 사회복지 전달체계는 서비스 공급의 다양화나 공급자 간 경쟁 유도를 통해

서비스의 질을 확보할 수 있다는 점과 이용자의 다양한 선택권을 보장할 수 있다는 점은 큰 장점이다. 그러나 계약에 따른 거래 비용이 불필요하게 소모될 수 있다는 점과 공공재 제공의 어려움과 규모 면에서의 경제적 실현의 어려움을 단점으로 지적할 수 있다.

강영숙 등(2020)은 대부분의 사적 사회복지기관이나 시설들이 그 운영에 필요한 재정의 상당 부분을 정부의 보조에 크게 의존하고 그 운영에 있어서 자율성과 창의성이 크게 제약을 받고 있다고 지적한다.

둘째, 민간 사회복지시설 중 생활시설들은 아직도 정부의 지원 수준이 낮고, 재정 상태 및 전문인력 확보가 매우 미비한 상황이다. 이용시설인 사회복지관의 경우에도 도시지역에 편중되어 있으며 전문인력의 부족과 재정의 취약성으로 말미암아 기관별 유사한 프로그램을 제공하고 있다. 생활시설은 지역사회에 바탕을 두고 지역주민의 참여와 함께 시설의 개방화와 사회화가 적극적으로 이루어져야 하는데 그렇지 못한 실정이다(강영숙 외, 2020). 또한 시설의 서비스와 지역사회의 서비스가 제대로 연계되지 않아 수용자가 통합적인 서비스를 받을 수 없는 점도 한계점이라고 본다.

따라서 사회복지서비스의 개발 및 독창적이고 탄력성 있는 보급과 함께 조직구조상의 문제를 해결해야 하고, 관리 운영상에 있어서 정부의 서비스 개선이나 새로운 서비스 도입을 촉발할 수 있도록 정부에 대한 여러 압력단체들의 적극적인 역할이 필요하다.

(3) 민영화의 문제점

앞에서 살펴본 것처럼 민영화는 전통적인 공공영역에서 제공해 오던 서비스를 민간기관으로 제공 주체를 이양하여 서비스를 제공하는 것을 말한다. 사회복지기관에서의 사업위탁이나 서비스이용권으로 잘 알고 있는 바우처 제공이 대표적이라고 할 수 있다.

민영화는 정부 부분의 단점을 보완하기 위해 민간부문의 장점을 활용하기 위한 것으로서 복지 다원주의 또는 복지 혼합주의 주요 수단으로 다루어지고 있다. 하지만 민영화는 공공재 제공, 평등 추구, 규모의 경제실현 등의 면에서 어려움을 겪을 가능성이 크다.

아울러 민영화(사유화)에 대한 법적·제도적 대안은 오로지 「헌법」 제2장 제10조의 내용처럼 모든 국민은 인간으로서의 존엄과 가치를 가지며, 행복을 추구할 권리를 가진다는 것이다. 그러므로 사회기반시설 및 공공서비스의 공영화를 확보하고 효율적으로 운영하며, 이를 보장하기 위해서 기본법적 근거를 마련하고, 그에 따라 각 개별법의 제·개정을 추진해야 한다. 그 예로, 민영화(사유화, 사영화) 금지 부문 규정, 공영화 계획 수립 및 추진 단위, 공영화 기업의 투명성과 민주성, 그리고 그것을 전제로 한 자율성을 보장하기 위한 제도가 별도로 마련되어야 할 것이다.

Social Welfare Policy | chapter 07

사회복지정책의 재원

[학습목표]

1. 사회복지 재원의 개념과 중요성에 대해서 살펴보고자 한다.
2. 사회복지 재원의 구체적인 내용과 범위에 대해서 살펴보고자 한다.

[개요]

사회복지서비스가 증가하고 복지에 대한 욕구 또한 확장됨에 따라 필요한 재원도 그 폭이 넓어지고 있다. 공공 및 민간 부분에 따른 재원의 활용과 필요성, 유형 등에 대해서 살펴보고자 한다. 또한 재원에 대한 오해의 부분을 구체적으로 살펴보고 보조금의 범위에 대해서 상세히 살펴보고자 한다.

1. 사회복지재정의 개념 및 중요성

사회복지서비스의 욕구가 증가하면서 사회복지정책수립에 있어 그 재원의 확보의 비중이 크게 증가하였다(송근원 · 김태성, 1995). 공공부문이든, 민간부문이든 모든 정책을 수행하는 데 있어서 재원의 확보 없이는 사회복지서비스의 실행이 어렵기 때문이다.

이미 서구 복지국가들을 통해서 보듯이 경제적 위기로 인한 사회복지재원의 감소는 곧 사회복지서비스의 축소로 이어졌기 때문이다. 사회복지정책의 도입에 있어서 증감의 문제는 재원과 직결되는 문제이며, 선험국가들의 모습을 통해서도 이미 확인된 바 있다.

사회복지를 수행하기 위해서는 이처럼 다양한 재원의 확보가 필요하며, 이에 따른 한계도 존재할 수밖에 없다. 즉, 수효의 증가와 재원 확보가 비례하지 못하고 사회적 상황이 발생하기 때문에 안정적인 재원의 확보가 절실하다고 볼 수 있다.

재원의 확보여부에 따라 사회복지정책의 성공여부 그리고 안정성과 깊은 관계가 있기 때문에 사회복지재원의 안정성이 곧 사회복지정책의 안정성이라고 볼 수 있을 것이다.

사회복지가 발달할수록, 사회복지정책에서 사용하는 재원들 중에서 공공부문의 재원이 차지하는 비율이 높아지는 경향이 있다.

2. 공공재원

사회복지정책을 수행하는 데 있어서 그 재원은 크게 두 가지로 구분할 수 있다. 하나는 공공 부문의 재원으로 조세와 관련된 재원을 말한다. 다른 하나는 민간재원이다. 공공재원의 경우 공적으로 국민을 대상으로 거둬드릴 수 있는 다양한 세금을 말하는데, 이를 우리는 조세라고 한다.

즉, 조세는 정부가 수입을 얻는 주요한 원천이다. 그러므로 조세는 정부를 계속 운영할 수 있게 해 주는 자금의 역할을 한다. 사회복지 분야에서 사업을 실천하는 데 있어 조세는 매우 중요한 자원이 된다. 특히 조세는 공적 사회복지 활동을 하는 데 있어 주요한 재원이 되고 있다.

조세는 강제성을 띠고, 정부가 조세를 부과한다. 대부분의 선진국에서는 조세를 여러 가지 방식으로 부과하고 있다. 일반적으로 조세는 개인과 기업에게 공적으로 부과되고 있다.

1) 일반세

일반세는 조세의 지출용도를 정하지 않고 징수하는 세금을 말한다. 즉, 그 형태에 따라서 세금을 구분할 수 있는데, 소득에 대하여 부과하는 형태를 소득세라고 한다. 두 번째로 소비함에 따라 발생하는 금액에 대하여 과세하는 것을 소비세라고 하며, 세 번째로 재산 보유에 따라 부과하는 것을 재산세라고 한다.

이를 세부적으로 구분하여 살펴보면, 일반세의 경우 내국세, 관세, 목적세 등의 조세수입과 그밖에 재산수입, 수수료, 정부 소유재산 매각대금, 벌금 등의 기타수입이 여기에 포함되며, 국공채, 차관 등의 채무수입 등으로 구성된다고 볼 수 있다. 우리나라의 경우 대부분의 세수가 여기에 차지한다. 내국세의 경우 부가가치세, 소득세, 법인세, 특별소비세 등으로 구성되어 있다.

하지만 일반세의 경우 사회복지정책에 반영되기 위해서는 국가 전체를 포괄하는 정책과 경합해야 하므로 그 안정성에 대해서 회의적이라 할 수 있으나 매년 예산 편성에 따라 증액될 수도 있기 때문에 신축성에 있어서는 장점이라 할 수 있다.

일반세에는 개인의 소득에 따라 부과되는 개인소득세와 법인의 소득에 따라 부과되는 법인소득세가 있다. 개인소득세의 경우 누진세율을 적용하고, 일정 소득이하인 사람에게는 조세를 면제해 주거나 저소득층일수록 보다 많은 조세 감면 혜택을 부여하여 소득계층 간의 소득재분배 효과가 가장 크다고 볼 수 있다.

소비세는 상품 등을 소비할 때 부과되는 방식의 세금을 말한다. 모든 상품에 대하여 단일세율을 부과하는 일반소비세와 고가 등의 특정상품에 대해서만 부과하는 특별소비세로 구분할 있다. 일반소비세는 소득에 관계없이 일률적으로 상품을 소비할 때 동일하게 부과되는 세금을 말하는데 이를 소득 역진성이라고 한다. 역진성이란 소득이 적은 사람들이 소득이 많은 사람들에 비해서 소득의 많은 비중을 세금으로 납부하는 조세제도를 말한다. 즉, 역진적 조세제도의 경우, 소득 중에서 세금으로 납부하는 비율이 고소득층보다는 저소득층이 상대적으로 더 높다라는 것을 의미한다고 볼 수 있다.

재산세는 일정한 재산 소유에 대하여 세금을 부과하는 것을 말한다. 이는 지방자치단체의 주요한 재원이 된다. 재산세는 단일세율이 적용되며, 세금의 부과기준이 되는 재산의 경우 가치를 시세기준으로 적용하기 어렵다는 점이 있다. 여기에 속하는 조세구성으로는 재산세, 상속세, 증여세 등이 있으며, 상속세와 증여세는 한 세대에서 다른 세대로 부가 이전되는 것에 대하여 부과하는 세금을 말한다. 예를 들어, 증여세는 증여받은 유산에 대해 부과한다. 재산세에 비해서, 상속세나 증여세에 대해서는 누진세율을 적용하고 있다. 하지만 실제적으로 볼 경우, 상속세나 증여세와 같은 세금을 납부하는 사람의 수는 매우 적고, 또한 그 액수도 적은 편이다.

2) 목적세와 조세지출

목적세는 앞서 언급한 일반세와 달리 지출 용도를 정해 놓은 세금이다. 일반세가 다른 국가정책과 상호 경합해야 함에 따라 그 안정성에 회의적인 문제가 있고, 신축성의 장점이 있으나 목적세는 이미 사용목적을 정하여 구성되므로 다른 정책부문과 경합의 필요성이 있으므로 재원확보에 대한 안정성이 크다는 장점이 있다. 그러나 과세 대상의 범위, 방법 등의 형태에 따라 재원 증가의 어려움이 있기 때문에 일반세에 비해서 어려움이 있다. 특히 목적세로 확보한 재원의 경우 사회적인 서비스를 받지 못하거나 이에 따른 혜택을 받지 못할 경우, 또는 제외된 계층이 있다면 조세 거부의 가능성이 있다. 그러나 정부나 지자체는 재원의 안정성 때문에 이를 적극적으로 선호하기도 한다.

결과적으로 목적세의 장점은, 첫째로 새로운 프로그램을 실시할 수 있는 것이다. 실제로 그동안 새로운 특별세를 새로운 프로그램의 재원으로 많이 활용해 왔다. 왜냐하면 이런 방법을 사용할 경우에는, 정부의 예산을 늘리지 않거나 지출 한도에 제약을 받지 않고서도 프로그램을 새로 도입하거나 프로그램을 확대할 수 있기 때문이다. 둘째로 특별세를 납부한 사람들은 자신이 납부한 세금을 사용하는 곳을 알 수 있다. 그러나 문제점으로 살펴보면, 첫째로 특정한 사회복지 프로그램의 재정을 확보하는 데 사용하기 위해서는 납부하는 사람들에게서 지지를 받아야 한다. 하지만 세금을 납부하는 사람들이 혜택을 직접 받지 못하는 프로그램의 경우에는, 특별세를 부과하려는 방안이 일반인의 지지를 얻기가 어려울 수 있다. 둘째로 통합적인 예산을 수립하는 것과 관련된 문제점이 있다. 특별세는 특정한 프로그램과 관련된다. 이에 따라서 특별세는 정책 결정자들이 우선순위가 높은 욕구를 충족시키기 위해 정부의 수입을 융통성 있게 사용하는 데 걸림돌이 될 수 있다. 셋째로 평판이 좋지 않거나 떳떳하지 않게 보이는 취약층을 도와주는 데 사용되지 않을 가능성이 있다. 예를 들어, 일반인들이 자신이 납부하는 세금을 빈곤층을 위한 용도로 사용하는 것을 좋아할 가능성은 크지 않다. 넷째로 재정을 확보하는 사회복지 프로그램의 규모와 성격은, 변화하는 욕구에 좌우되기보다는 목적세를 통해 얻은 자금의 양에 좌우될 수 있다.

또한 목적세 외에 특정 계층이나 집단에 조세를 감면, 공제, 면제해 주는 제도를 조세비용이라고 한다. 조세감면, 공제, 면제는 그만큼 납세자의 구매력을 실질적으로 증가시키는 효과가 있다. 조세비용은 정부입장에서는 세입이 감소하는 것이고, 수혜자의 입장에서는 정부로부터 지원을 받는 것이 된다. 조세비용은 그 혜택이 주로 중상위 소득계층에게 가고(각종 기부금에 대한 세금감면), 저소득층은 조세비용의 수혜를 받기 어렵다.

3) 사회보험료

국민건강보험, 국민연금, 산업재해보상보험, 고용보험을 사회보험이라고 한다. 이러한 사회보험은 보험가입자가 일정한 기간 정기적으로 일정한 금액을 기여하는 방식으로 대부분 가입자가 수납하는 보험료는 중요 재원이 된다. 즉, 구성을 살펴보면 목적세와 본인부담금으로 되어 있다. 보험료는 능력비례원칙에 따라, 부담능력에 따라 징수된다. 사회복지 영역에서 대표적인 목적세는 사회보장성 조세라고 볼 수 있다.

사회보장성 조세인 사회보험료는 사회보장과 관련해 부과하는 조세를 가리킨다. 복지국가에서 사회보장성 조세는 대표적이고 중요한 목적세에 속하고 있다. 선진국에서는 정부의 일반세와 함께 사회보장성 조세는 사회복지정책을 실행하기 위한 재원들 가운데 가장 중요한 재원에 속하고 있다. 특히 근로자와 고용주가 납부하는 기여금(사회보장세)은 사회보장제도를 운영하기 위한 중요한 재원이 되고 있다.

그러나 소득 재분배 효과의 측면에서 볼 때, 사회보장성 조세는 역진적인 경우가 많다. 정부의 일반 수입에 비해서, 사회보장성 조세를 통한 재원이 소득을 재분배하는 효과에 대해서 몇 가지 문제점이 있다. 첫째로 사회보장성 조세인 사회보험료는 모든 계층의 근로 소득에 대해서 동일한 비율로 부과하기 때문이다. 고소득층은 저소득층에 비해서 자산소득이 많다. 그러므로 고소득층과 저소득층에게 동일한 세율을 적용하더라도, 총소득에 대비해 따져 볼 경우에 저소득층의 조세 부담률은 고소득층의 조세 부담률보다 상대적으로 높게 나타난다. 둘째로 사회보장성 조세를 부과하는 소득 상한선이 있기 때문이다. 상한선을 넘는 소득을 가진 계층이 납부하는 조세는 저소득층에 비해 상대적으로 적어지게 되어, 소득 재분배에 부정적으로 작용하게 된다. 끝으로 가족의 수나 욕구를 고려하지 않고 모든 근로 소득에 비해 부과하기 때문이다. 이렇게 되면 저소득층이 조세를 부담하는 비율은 상대적으로 높게 된다.

한편으로 사회보장성 조세이긴 하나 「국가재정법」(별표 2)와 「보고금 관리에 관한 법률」를 살펴보면 그 범위에 국민건강보험료와 노인장기요양보험료는 포함되어 있지 않다는 점에서 사회보장성 조세의 범위 여부는 따져 볼 여지가 있다.

「보조금관리에 관한 법률」(약칭 「보조금법」)을 살펴보면, 제2조와 관련 「국가재정법」 별표2를 근거하여 보조금의 범위와 그 법을 살펴보면 다음과 같다.

1. 「고용보험법」
2. 「공공자금관리기금법」
3. 「공무원연금법」
4. 「공적자금상환기금법」
5. 「과학기술기본법」
6. 「관광진흥개발기금법」
7. 「국민건강증진법」
8. 「국민연금법」
9. 「국민체육진흥법」
10. 「군인복지기금법」
11. 「군인연금법」
12. 「근로복지기본법」
13. 「금강수계 물관리 및 주민지원 등에 관한 법률」
14. 삭제 <2021.12.21.>
15. 「기술보증기금법」
16. 「낙동강수계 물관리 및 주민지원 등에 관한 법률」
17. 「남북협력기금법」
18. 「농림수산업자 신용보증법」
19. 「농수산물유통 및 가격안정에 관한 법률」
20. 「농어가 목돈마련저축에 관한 법률」
21. 「농어업재해보험법」
22. 「대외경제협력기금법」
23. 「문화예술진흥법」
24. 「방송통신발전 기본법」
25. 「보훈기금법」
26. 「복권 및 복권기금법」
27. 「사립학교교직원 연금법」
28. 「사회기반시설에 대한 민간투자법」
29. 「산업재해보상보험법」
30. 「무역보험법」
31. 「신문 등의 진흥에 관한 법률」
32. 「신용보증기금법」
33. 「농업·농촌 공익기능 증진 직접지불제도 운영에 관한 법률」
34. 「양곡관리법」
35. 「수산업·어촌 발전 기본법」
36. 「양성평등기본법」
37. 「영산강·섬진강수계 물관리 및 주민지원 등에 관한 법률」
38. 「예금자보호법」(예금보험기금채권상환기금에 한한다)
39. 「산업기술혁신 촉진법」
40. 「외국환거래법」
41. 「원자력 진흥법」
42. 「응급의료에 관한 법률」
43. 「임금채권보장법」
44. 「자유무역협정 체결에 따른 농어업인 등의 지원에 관한 특별법」
45. 「장애인고용촉진 및 직업재활법」
46. 「전기사업법」
47. 「정보통신산업 진흥법」
48. 「주택도시기금법」」
49. 「중소기업진흥에 관한 법률」
50. 「지역신문발전지원 특별법」
51. 「청소년기본법」
52. 「축산법」
53. 삭제 <2010.12.27.>
54. 「한강수계 상수원수질개선 및 주민지원 등에 관한 법률」
55. 「한국국제교류재단법」
56. 「한국농어촌공사 및 농지관리기금법」
57. 「한국사학진흥재단법」
58. 「한국주택금융공사법」
59. 「영화 및 비디오물의 진흥에 관한 법률」
60. 「독립유공자예우에 관한 법률」

61. 삭제 <2009.3.5.>	62. 「방사성폐기물 관리법」
63. 「문화재보호기금법」	64. 「석면피해구제법」
65. 「범죄피해자보호기금법」	66. 「국유재산법」
67. 「소상공인 보호 및 지원에 관한 법률」	68. 「공탁법」
69. 「자동차손해배상 보장법」	70. 「국제질병퇴치기금법」
71. 「기후위기 대응을 위한 탄소중립·녹색성장 기본법」	

출처: 「국가재정법」 별표 2).

특이한 점은 「국가재정법 기금설치에 관한 법령」을 근거로 살펴보면 「국민건강보험법」과 「장기요양보험법」의 경우 국가보조금의 항목에 포함되어 있지 않다는 점이다. 즉, 소득비례 대비 갹출하는 방식은 기금에 해당하지 않고, 국가보조금에 해당하지 않으므로 서비스 제공기관이 "국가보조 80%" 또는 "정보보조 80%"라고 광고하는 것은 바람직하지 않다.

4) 민간재원

복지국가들의 대표적인 사회복지정책 재원은 공공재원이 상당한 비율을 차지한다. 그러나 과거 복지국가의 개념 등을 통해서 살펴보면 국제적 공황이나 국가의 재정위기가 도래할 경우 가장 먼저 그 비율을 축소하는 것을 보게 된다. 그럼에 따라 민간재원의 활용이 매우 활발하게 확장되고 있다. 뿐만 아니라 정부의 재정이 악화될 경우 더욱더 공공재원에 대한 축소, 압박이 높아 가고 있으며, 민영화를 강조하는 형태로 변화되고 있다. 이미 북유럽국가의 경우도 공공서비스에 대한 민간비율을 점차 높여 가고 있는 점에서 그렇다고 볼 수 있을 것이다.

2021년 스웨덴의 경우, 스톡홀름 시청 복지국의 견해에 비추어 살펴보면 사회복지서비스의 공공서비스에 대하여 점차 축소하고 있으며, 장기요양기관의 경우 7%의 민간비율에서 24%까지 확대하였고, 추후 50%까지 확대할 것이라고 주장하였다. 그 이유에 대해서는 비용 대비 서비스 질 향상과 비용의 효율과 효과성 때문이라고 하였다. 일부 공공재원의 확대 주장은 민간재원의 중요성을 인지하지 못한 데서 비롯되었다고 볼 수 있을 것이다.

즉 사회복지 영역의 다양하게 확대로 인하여 공공이나 정부의 역할보다 민간역할이 강조되고 있으며, 서비스 질 하락과 비용 효과성에 있어서 공공이나 정부의 역할이 이보다 미치지 못하는 문제가 발생함에 따라 민간의 역할이 더욱더 강조되고 있다. 미국의 사회복지 역사를 살펴보면 이러한 민간의 재원에 대한 효율성과 효과성에 대하여 이미 검증된 사실이다.

이에 따라 민간재원의 확보도 상당히 중요한 비중을 차지하고 있으며, 공공서비스의 민간위탁 시 이에 필요한 재원확보가 곧 서비스 질과도 직결된다는 점에서 그 재원의 형태를 살펴보고자 한다.

예를 들어, 첫째, 민간에게 위탁된 기관의 경우 정부로부터 직접 받거나 계약의 형태로 지원받는 정보보조금, 둘째, 법인전입금, 후원금, 기증 등과 같은 기부금, 셋째, 서비스 요금, 임대료, 상품판매 수익 등과 수익사업에 의한 수입, 넷째, 기타 특별행사 수익이나 투자수익 등이 있다.

(1) 보조금

전통적으로 정부는 비영리조직을 재정적으로 지원해 왔으며, 지방정부가 관할지역 내의 사회복지기관의 운영비를 지원하는 것이 오랜 관례였다. 정부의 사회복지조직에 대한 예산지원을 보조금이라 한다.

정부보조금은 정부가 해야 할 사회복지사업을 민간사회복지기관에게 위탁하면서 지불하는 자금이다. 정부가 민간사회복지기관에 사업을 대행시키는 이유는 정부조직의 관료주의를 피하고 민간조직의 장점인 전문성과 융통성을 살리기 위해서이다. 그리고 민간사회복지기관의 입장에서 정부보조금은 매우 안정적인 재원이 되므로 선호한다. 흔히 하는 말처럼 win-win인 것이다. 그러나 정부보조금을 받게 도면 정부의 감사 등 상당한 제약과 통제를 받게 된다. 정부예산을 사용하기 때문에 불가피한 것이다. 그렇기 때문에 독립성과 자율성을 중시하는 사회복지기관은 정부보조금 신청을 기피한다.

중앙정부가 지방정부에 국고보조금을 지원하는 방법으로서는 크게 범주별(항목별) 보조금, 기능별(포괄적) 보조금, 특별 보조금의 세 가지 형태가 있다.

첫째. 조건적 지원 혹은 범주적 보조금은 재원이 사용될 세부적인 항목(예를 들면, 대상 인구집단, 프로그램의 목표 등에 따름)을 지정하여 제공한다. 예를 들어, 공공부조에 소요되는 재원이나 양육수당, 기초연금 등 대부분의 우리나라 사회복지재원은 범주적 보조금에 해당된다. 둘째, 기능별(포괄적) 보조금(block grant)으로서, 이것은 상기의 범주적 지원처럼 세부적인 프로그램 항목별로 지원하는 것이 아니라 프로그램의 기능별로 크게 묶어 지원하는 것이다. 예를 들어, 지역자율형 사회서비스 투자사업은 2015년부터 포괄 보조사업방식으로 변경되었다. 셋째, 특별보조금은 중앙정부의 예산 가운데 일정 부분을 지방정부에 넘겨주는 것으로서, 이것은 지방정부의 독립성을 가장 높여 재원만 중앙정부에 일부 의존하고, 전달체계에 관한 모든 것들은 지방정부가 독립적으로 결정하기 때문에 전술한 지방정부 전달체계의 장점을 크게 살릴 수 있다. 우리나라의 지방교부세가 여기에 해당된다.

현행 사회복지예산은 사업내용에 따라 국가에서 재정의 전부 또는 일부를 지원하는 국고보조금과 지방비로 조달되고 있다. 그리고 국고보조금을 받지 않은 복지사업의 경우에도 법령에 저촉되지 않는다면 자치단체가 지방비를 재원으로 할 수 있다.

국고보조금은 제도적으로 중앙정부의 사업심사에 의해 지원규모 및 지원대상이 결정되며 보조금을 지원받기 위해서는 지방비 부담을 의무화하고 있다. 그리고 중앙정부가 특정 사업에 대한 국고보조금을 지원할 때 전체 사업비 중 중앙정부가 부담하는 사업비의 비중, 즉 '국고보조율' 또는 '기준보조율'에 따르며, 지방정부의 재정 상태에 따라 기준보조율의 일정률을 가감할 수 있는 차등보조율 제도를 두고 있기 때문에 지방 간 형평화 효과를 발휘할 수 있다.

2012년 10월 7일 한국지방행정연구원에 따르면 사회복지분야 등 국고 보조사업에서 지방자치단체의 부담률이 갈수록 늘고 있다고 한다. 그동안 지방재정의 기간재원 역할을 해 온 국고보조금은 지방재정에 긍정적 효과를 주기도 하지만, 동시에 중대한 재정 압박요인으로 작용함으로써 부담을 놓고 중앙정부와 지방정부 간 갈등소지를 안고 있다.

이처럼 우리나라의 경우 정부보조금은 「보조금 관리에 관한 법률」(제2조)에 규정되어 있다. 그것에 의하면, "보조금이라 함은 국가 외의 자가 행하는 사무 또는 사업에 대하여 국가가 이를 조성하거나 재정상의 원조를 하기 위하여 교부하는 보조금(지방자치단체에 교부하는 것과 그 밖의 법인·단체 또는 개인의 시설자금이나 운영자금으로 교부하는 것만 해당한다), 부담금(국제조약에 의한 부담금은 제외한다), 그 밖의 상당한 반대급부를 받지 아니하고 교부하는 급부금으로서 대통령령으로 정하는 것을 말한다." 그리고 「사회복지사업법」(제42조)에도 사회복지사업에 대한 정부보조금에 관한 규정이 있는데, 그에 따르면 "국가 또는 지방자치단체는 사회복지사업을 수행하는 자 중 대통령령이 정하는 자에 대하여 필요한 비용의 전부 또는 일부를 보조할 수 있다." (보조금) 그리고 "보건복지부장관은 시·도지사 및 시장·군수·구청장에게 사회복지사업의 수행에 필요한 비용을 지원할 수 있다."(지방자치단체에 대한 지원금)

(2) 법인전입금(기부금)과 후원금

법인전입금이란 정부로부터 위탁을 받은 사회복지기관의 경우 이를 수탁한 기관과 보조금을 일정 비율로 부담하여, 시설운영의 책임성과 투명한 운영을 위한 것으로 일정 비율을 법인이 사회복지기관에 기부하는 재원을 말한다.

기부금이란 개인이나 단체가 사회복지기관이나 기관의 프로그램에 조건 없이 주는 증여를 말한다. 서비스 이용료와 마찬가지로 대부분의 기부금은 사회복지조직에게 유동적인 재원이다. 따라서 사회복지조직들은 기부금을 만들기 위해 다양한 전략을 추구하며, 이러한 전략은 특히 이사진의 적극적인 참여를 요구하는데, 이의 지속을 위해서는 조직차원에서의 상당한 노력이 필요하다.

기부금은 오랫동안 사회복지기관의 주요 재원이었다. 그러나 현재는 다소 감소하는 추세에 있다. 미국에서 기부금을 많이 내는 재단은 네 가지 유형이 있다(Rapp & Poertner, 2002: 205-206).

- 독립재단 또는 가족재단: 한 가족이나 집단이 운영하는 재단으로서 종교, 교육, 사회복지 부문의 단체나 조직에 일정한 기부를 한다. 기부 여부를 결정하는 이사회는 대개 가족구성원이나 친구로 구성된다.
- 기업재단: 기업이 자신의 이윤을 재원으로 해서 만든 재단이다. 기업의 간부와 지역사회주민으로 이사회를 구성한다. 지역 기부금위원회를 둔 기업도 있다.
- 운영재단: 기관의 프로그램 또는 프로젝트 운영자금을 지원하는 재단으로서 대학의 프로젝트에 예산을 지원하는 지역대학지원재단이 좋은 예이다.
- 지역사회재단: 기부자의 신탁으로 자금이 마련되는 재단이다. 기부자의 지침과 관심에 따라 지원 여부가 결정된다.

우리나라의 경우 사회복지기관(사회복지법인의 대표이사와 시설의 장)이 후원자로부터 아무런 대가 없이 무상으로 받은 금품이나 기타의 자산을 후원금 또는 기부금이라고 한다(「사회복지사업법」 제 45조). 우리나라 사회복지기관의 후원금 관리는 「사회복지법인 재무 · 회계 규칙」(제41조)에 규정되어 있다. 그것에 의하면, 기관장은 후원금의 명확성을 확보해야 하고, 후원자에게 영수증을 즉시 발급해야 하고, 후원금의 사용내역을 후원금을 낸 법인 · 단체 또는 개인에게 통보해야 하고, 후원금 수입 및 사용결과 보고서를 관할 시장 · 군수 · 구청장에게 제출하여야 하며, 후원금을 후원자가 지정한 사용용도 외의 용도로 사용하지 못한다.

(3) 이용료

이용료는 클라이언트와 제3자(공공사회복지기관, 사회보장기관, 직업재활, 보험회사 등)가 사회복지기관의 서비스를 사용한 대가로 지불하는 돈을 말한다. 다시 말해, 서비스에 대한 클라이언트 차지인 것이다(Lohmann, 1989: 119)

서비스 이용에 대한 대가인 이용료로 기관의 재정을 충당하는 것은 수익자부담이라는 자본주의 시장경제의 일반적 원칙에 부합된다. 그리고 서비스 이용자인 클라이언트가 지불하는 이용료 수입은 사회복지기관이 해당 프로그램을 주체적 · 자율적으로 운영할 수 있도록 만들기 때문에 기관으로서는 선호할 만한 재원이다.

이런 장점에도 불구하고 이용료는 유동적이고 불안정하다는 단점을 지니고 있다. 사회복지기관이 서비스 이용자의 이용료만으로 재정을 충당하는 프로그램을 운영한다고 할 때 참여이용자의 수가 기대 이하이면 재정적자라는 심각한 문제에 봉착하는 것이다.

이용료를 재정의 주요 수단으로 활용하는 기관의 경우 가장 중시해야 하는 것이 이용료 수입총액에 대한 예측 가능성이다. 이를 위해 기관은 가능하면 장기간 이용료를 지불하는 클라이언트를 확보하기 위해 노력해야 하며, 가급적 개인 클라이언트보다 집단 클라이언트를 이용자로 만드는 것이 좋다. 사회복지기관의 이용료의 종류는 다음과 같다(Lohmann, 1989: 125-126).

① 참가비: 사회복지기관의 프로그램에 참가할 때 지불하는 일정액을 말한다.

② 고정이용료: 특정 프로그램을 이용할 수 있는 권리를 구입하는 비용이다.

③ 슬라이딩 - 스케일 이용료: 클라이언트의 지불능력을 고려한 이용료이다. 일정 소득 이하의 클라이언트는 이용료를 면제해 주고, 그 이상의 소득을 가진 클라이언트에게는 누진적 이용료를 부과한다.

④ 공평부담이용료: 전체 비용을 참가자 수로 나눈 이용료이다. 예를 들어, 주말여행경비 총액을 참가자 수로 공평하게 나누어 개인이용료를 책정하는 방식이다.

⑤ 삼자 지불 이용료: 미국의 노인의료보장제도나 빈민을 위한 위료급여제도, 우리나라의 장기요양보험(건강보험공단) 등과 같은 제3자가 사회복지기관의 서비스 이용료를 대신 지불하는 방식이다.

이용료는 서비스 이용자가 요금을 부담하는 것이기 때문에 서비스 제공자가 서비스의 질에 대해 강한 책임감을 갖게 되어 서비스의 질이 향상되는 효과가 있으며, 서비스 이용자는 자신이 그 비용을 부담하기 때문에 낙인감 없이 서비스를 이용하는 장점이 있다. 그리고 건강보험의 이용자부담은 불필요한 의료수요, 즉 남수진을 억제하는 효과가 있다. 그러나 서비스가 필요한 시점에 서비스를 요하는 사람에게 경제적 부담을 주어 서비스 이용을 제한하는 문제점이 있다.

(4) 모금

모금이란 학문적으로 구성된 개념이 아닌 역사적, 경험적 용어로서 명확한 정의라고 단정 지을 순 없다. 로만(Lohmann, 1992)의 정의에 따르면 모금이란 "현금이나 현금의 가치가 있는 기부금품을 찾아내거나 확보하는 행정적 과정을 의미한다"라고 했다. 또한 맥나프텐은 "자선모금(charity fund)이란 빈곤퇴치, 교육증진, 신앙발전 그리고 이상 셋에 해당되지 않되 지역사회에 유익한 목적에 쓰이는 것을 통칭한다"(Luxton, 1990)고 정의하고 있다 이처럼 모금은 사회복지기관의 재정을 충당하는 중요한 수단 중 하나이며, 조직목표를 달성하는 데 필요한 자금을 획득하는 것과 지역사회주민을 모금활동에 참여시킴으로써 조직목표에 대한 관심을 증진시키는 것이 목적이다. 말하자면, 모금은 기관의 재원일 뿐만 아니라 기관을 홍보하는 수단도 된다는 것이다.

일반적으로 모금은 기획, 조사, 프레젠테이션, 사후평가 등 4단계를 거친다.

제1단계 기획(planning)이다. 기관은 어떻게, 언제, 누가 모금을 할 것인지를 기획해야 한다. 모금방법을 결정하는 일은 쉬운 일이 아니다. 모금방법의 결정은 필요한 자금의 총액, 모금에 소요되는 기간(모금의 속도), 기금의 목적 등에 달려 있다.

제2단계 조사(research)이다. 모금을 앞두고 기관의 회원들은 서비스 시장 또는 가능한 후원자에 대해 조사를 해야 한다. 후원자들, 후원자들의 재정상태, 후원실적 등에 관한 정보를 수집하는 것이다. 재단이나 정부가 어떤 프로포절을 지원하는지에 대해 알아보는 것도 중요하다.

제3단계 프레젠테이션(presentation)이다. 가능성 있는 후원자를 대상으로 한 프레젠테이션이다. 기관의 명칭과 목적, 과거의 실적, 현재 필요한 것, 후원의 필요성 등을 담아야 한다. 기금의 사용처 및 그 결과에 대해 기술하는 것도 필요하다.

제4단계 사후평가이다. 후원내역을 기록하여 주변에 알리고 모금캠페인을 평가하는 일이다. 후원자와 기부자에게 기금이 어떻게 사용되었으며 프로젝트가 얼마나 성공적이었는지를 알려야 한다. 그리고 모금캠페인을 평가하는 일도 중요하다. 평가결과는 기관의 다음 모금에 큰 도움이 된다.

(5) 기업복지

일반적으로 기업복지는 기업이 주체가 되어 근로자와 그 가족에게 제공하는 복지를 말한다(노병일, 2014). 티트머스에서 재인용의 경우, 기업복지는 고용되었기 때문에 제공받을 수 있는 급여와 서비스라고 정의한 바 있다. 한마디로 말해서, 기업복지는 고용과 관련된 복지체계를 가리킨다.

오늘날의 경우, 기업복지는 기본적으로 공공 부문의 사회복지를 보충하는 역할을 하고 있다. 따라서 공공 부문의 사회복지가 발달하면 기업복지의 역할은 상대적으로 줄어든다고 볼 수 있다. 하지만 선진국에서는 기업복지를 아직도 중요하게 인식하고 있다. 이것은 최근의 '복지국가 위기의 시대'에서 민간 부문의 역할을 중요하게 보기 때문에 특히 그렇다.

기업이 직업복지를 운영하는 주된 이유는 우수한 인력의 확보와 유지, 노사관계의 안정, 기업에 대한 근로자의 충성심 강화, 생산성 향상 등에 있다. 대부분의 나라들이 직업복지로 지출되는 비용에 대해 세제상의 혜택을 부여하여 직업복지를 권장하고 있는데, 이유는 직업복지의 확대가 국가의 사회보장 수요를 감소시키기 때문이다. 기업입장에서도 세금이 부과되는 임금보다는 세제상의 혜택이 있는 직업복지형태로 근로자에게 급여를 제공하는 것이 유리하기 때문에 선호하는 평이다. 그리고 직업복지 급여수준은 임금에 비례하는 경향이 있기 때문에 기업 내에서 지위가 높은 사람이 낮은 사람보다 유리하며, 임시직은 배제하고 정규직에게만 제공되며, 실업자는 대상에서 제외된다는 점에서 소득역진적인 성격이 강하다.

기업복지에 속할 수 있는 프로그램은 매우 다양하다. 그리고 기업복지의 경우, 주요한 사회복지정책 영역에 속하는 프로그램을 거의 모두 갖추고 있다(송근원 · 김태성, 1995; 노병일, 2014).

Social Welfare Policy | part

03

사회복지정책의 분석, 형성, 평가

Social Welfare Policy | chapter 08

사회복지정책의 분석

[학습목표]

1. 사회복지정책 분석의 의미에 대해서 이해한다.
2. 사회복지정책 분석의 방법들에 대해 이해한다.
3. 사회복지정책 분석틀에 대해 이해한다.

[개요]

사회복지정책 분석이란 정책 결정을 하기 위하여 사회복지정책에 규정된 사회문제와 정책목표, 정책문제의 사회적 · 역사적 배경, 정책프로그램의 내용과 집행, 정치적 영향, 주요 제약요인과 촉진요인, 평가요소 등을 분석하는 것을 말한다. 그러므로 정책대안의 이러한 장단점을 구체적으로 검토하여 정보의 수집과 해석, 제기된 문제에 대한 해결방법, 정책집행 과정에서 일어날 수 있는 현상에 대한 예측 모두를 포함하여 분석하는 활동이다.

따라서 이 장에서는 사회복지정책의 분석을 위한 분석의 의미와 사회복지정책 분석의 방법들, 사회복지정책의 분석틀의 과정, 산출, 성과분석틀 등에 대해 살펴보고자 한다.

1. 사회복지정책 분석의 의미와 특성

1) 사회복지정책 분석의 의미

정책분석은 기존의 사회복지정책이나 새로 수립하는 사회복지정책의 이론적 기반을 마련하고 여러 대안 중에서 적절한 것을 선택하는 데 도움을 준다. 스토키와 젝하우저(Stokey & Zeckhauser)는 정책분석을 '합리적인 정책 결정자가 목표를 수립하고, 목표를 달성하기 위한 최선의 방법을 탐색해 가는 논리적 과정이 활용되는 분야'라고 정의하였고, 맥레이와 와일드(MacRae &와 Wilde)는 정책분석은 '여러 대안들 사이에서 최선의 정책을 선택하기 위해 이성적인 사고와 실제적인 증거를 활용하는 것'으로 정의한다(한국복지행정학회, 2007; 이철수, 2009). 또한 길버드와 스펙트(Gilbert & Specht, 1974)는 사회복지정책 형성과정을 분석하는 과정분석 (Process), 사회복지 정책의 내용을 할당, 급여, 전달, 재원의 차원에서 분석하는 산물분석 (Product) 그리고 정책수행의 결과를 분석하는 성과분석(Performance) 등 3P 분석을 소개하기도 하였다.

사회복지정책 분석은 사회문제와 정책목표, 정책문제의 사회적, 역사적 배경, 정책프로그램의 내용과 집행, 정치적 영향, 주요 제약요인과 촉진 요인, 평가요소 등을 분석하는 것이다. 이는 사회복지정책결정자가 어떤 사회복지 문제나 정책문제와 연관하여 기존의 사회정책을 변경하거나 폐지 혹은 새로운 정책을 창안할 수 있도록 과학적인 조사연구를 바탕으로 그 대안을 제시하는 활동이라 할 수 있다(강희갑 외, 2019).

사회복지정책분석의 접근방법은 첫째, 주어진 정책의 원인과 결과 그리고 효과에 주로 관심을 가진 경험적 접근, 둘째, 사회정책의 가치 결정과 무엇이 바람직한가를 주로 탐색하는 평가적 접근, 셋째, 사회문제 해결을 위한 미래의 행동노선을 제안하기 위한 규범적 접근방법이 있다(www.reportshop.co.kr/socials:2024.). 따라서 정책분석은 학문의 실질적인 방법과 내용을 통합할 뿐만 아니라 현실 문제를 해결하는 데 유용한 정책 관련 정보를 산출해 내는 것이다.

2) 사회복지정책 분석의 특성

사회복지정책 분석은 다음과 같은 특성을 가지고 있다.

첫째, 정책분석은 응용사회과학의 분야로서 법학, 행정학, 윤리학, 응용수학, 철학 행태과학 등 학문분야의 기법과 이론을 이용한다. 정책분석가는 그 실현여부가 문제해결의 여부를 판단하게 해 주는 가치들, 가치를 달성시키거나 제약하거나 촉진시켜 문제의 해결을 가져다주는 행동 등 세 가지에 대하여 타당한 논증과 정보를 산출한다(한국복지행정학회, 2007).

둘째, 정책분석을 위해 다양한 탐구방법이 있다. 탐구방법들을 살펴보면, 정책에 대한 정보는 분석절차를 거쳐 산출된다. 점검이나 기술(記述)은 과거의 원인과 결과에 관한 정보를 산출, 정책의 미래 결과에 관한 정보를 산출, 그리고 평가는 과거와 미래의 정책을 포함하고 있는 가치에 관한 정보를 산출, 제안은 미래의 행동으로부터 가져다줄 결과에 관한 정보를 산출, 문제구조화는 정책결과에 관한 정보를 접한 분석가들이 '근심스럽고 당혹스럽지만 무엇을 해야만 하는 상황', 즉 어렵게 된 상황을 탐구하는 방법을 사용하여 분석한다(한국복지행정학회, 2007: 128).

셋째, 정책분석은 정책논증의 구조이므로 정책분석가는 정책 관련 정보와 자료를 공공정책, 정책이슈 등 대안에 타당한 논의를 위한 도구를 제시한다. 정책논증은 정책이슈에 대한 다음의 여섯 가지를 포함하고 있다(나기산 외, 1994; 한국복지행정학회, 2007: 129).

① 정책 관련 정보: 정책논증의 출발점으로 정책분석은 정책문제, 정책미래, 정책행위, 정책결과, 정책성과 등에 관한 정보를 산출해 내기 위해 다양한 방법을 사용한다.

② 정책주장: 정책논증의 결론이며 정책정보의 출현에 뒤따라 나타날 때 '그러므로'라는 표현으로 연결된다. 정책주장은 정책 관련 정보의 논리적 귀결이다.

③ 근거: 정책분석가가 정책 관련 정보를 정책주장화시키는 데 필요한 정책논증에서의 가정이다. 이것은 정책 관련 정보를 합의하지 못하거나 갈등이 유발될 수 있는 정책주장으로 전환하는 과정에서 그 주장이 수용되도록 정당한 이유를 제공하는 역할을 한다.

④ 보강: 근거가 제대로 수용되지 않을 경우 근거를 보강하기 위해 사용될 수 있는 추가적 가정이다. 이것은 분석가로 하여금 좀 더 근본적인 가정들을 파악할 수 있게 해 준다.

⑤ 반론: 원래의 주장이 수용되지 않거나 조건부로만 수용되는 상태를 말하는 제2의 결론, 가정, 혹은 논증이다. 정책주장과 반론이 합쳐져서 정책이슈를 형성하며 분석가들은 반론들로 인해 상대방의 입장을 이해할 수 있고, 자신의 주장과 가정 및 논증들을 비판적 관점에서 조명해 볼 수 있다.

⑥ 정당화의 요건: 정책주장에 대한 분석가의 확신 정도를 나타낸다(한국사회복지행정학회, 2007: 129 참조).

넷째, 정책분석은 정보를 활용하는 정치이다. 정책정보 논증들을 산출했다고 해서 그것이 정책결정에 이용되는 것은 아니다. 정책결정자가 정책분석을 활용하는 방법 외에 정치적 힘의 구조나 제안된 대안이 정치적으로 실현 가능한지, 정보의 형태와 내용, 그리고 시간과 자원, 정책결정자의 성격에 따라 정책과정에서 정책분석의 활용을 위해 구체적인 계획을 미리 세워야 한다(Weiss, 1976).

다섯째, 정책분석가는 정책체계의 행위자들 중 한 사람이다. 정책체계는 정책이 만들어지는 제도적 형태의 공공정책, 정책관련자, 정책 환경의 상호 관련된 세 요소로 구성된다. 지금까지 살펴본 정책분석은 정책결정자를 도와 합리적인 정책결정이 이루어지도록 하는 것이다. 따라서 정책결정과 집행이 이루어지고 난 뒤 효과성을 사후적으로 평가하는 정책평가와는 구분된다(한국사회복지행정학회, 2007).

3) 사회복지정책 분석 과정

한국사회복지행정학회는 정책분석의 과정을

① 문제의 명확화(현실의 정책문제 인식 정책분석의 시작)
② 목표와 기준의 설정(목표를 명확히 설정, 정책대안을 평가할 기준을 정함)
③ 대안의 탐색(정책문제 해결방법 검토와 대안을 탐색)
④ 자료와 정보의 수집(대안 탐색이나 결과 예측을 위함)
⑤ 모형의 작성과 검증(미래의 체제 운영의 비용과 영향 비교, 성과 평가)
⑥ 각 대안의 실현가능성에 대한 검증(정치적, 사회적, 경제적, 기술적 검토)
⑦ 비용, 효과의 분석(대안들의 우선순위 정함)
⑧ 제안(대안 간 우선순위 정하고, 대안 선택 후 정책결정자에게 제안)의 8가지로 과정을 나누고 있다(한국사회복지행정학회, 2007).

2. 사회복지정책의 분석의 방법(과정, 산출, 성과)

1) 사회복지정책의 분석 방법

사회복지정책의 분석방법의 주요 접근법은 사회복지정책의 과정(process), 산출(product), 성과(performance)의 세 가지 측면으로 보면 과정분석, 산출분석, 성과분석으로 볼 수 있다(Gilbert & Terrell, 2002). 각각의 접근은 기획, 행정 및 조사연구 등 전문가 역할과 관련된 사회복지정책의 문제를 검토한다. 이러한 활동에 전문가는 사회복지정책의 과정, 산출, 성과에 자신의 자원과 에너지의 대부분을 쓴다(한국복지행정학회, 2007). 이 세 가지 접근 방법들은 중복되고 연계되어 있으므로 개념적 구분은 미묘한 상대적 특성으로 설명이 애매한 경향이 있다. 그러나 분석방법들을 구분하는 것은 이론적으로 유익하다. 서로 다른 질문을 다루고, 지식과 통찰이 사회복지정책과 관계되는 실천적 역할에 적용되기 때문이다.

사회복지사가 실무에서 모두 수행할 수 있지만 규모가 큰 기관이나 프로그램에 있어서 기획, 행정, 조사연구 등의 업무가 전문화되고, 실천가들은 많은 관심을 갖는다. 그러나 기획가, 행정가, 조사연구자의 역할이 명확하게 구분되어 있어도 업무수행 과정에서는 직접적인 업무 이외의 것도 처리해야 할 필요가 있게 된다(한국복지행정학회, 2007). 그러므로 분석방법의 과정분석, 산출분석, 성과(수행)분석을 살펴보기로 하자.

2) 과정분석

사회복지정책의 과정분석은 정치학과 정치사 과정연구의 학문분야로 정책집행이 성공적으로 추진되고 있는가를 파악하고, 정책집행결과가 정책집행에 의해서 비롯된 것인가에 관한 인과관계를 규명하는 것을 말한다(박차상 외, 2020). 즉, 사회복지정책에 대한 결정이 되기까지 과정을 정치적, 기술적, 사회과학적인 여러 변수들과 관련하여 정치집단, 정부집단, 이익집단, 시민단체, 일반국민의 여론을 이해하여 정책형성에 어떤 영향을 주는가를 분석하는 것이다. 이러한 것들은 과정연구를 할 때 필수적이다. 과정분석에서는 일반적으로 사회정책의 의사결정과정에 참여하는 경제 집단, 정부 공무원, 시민의 이익집단, 정책주장 집단, 정책전문가, 개별 유권자 등의 행위, 동기, 목적, 정책개발단계 등의 상호작용을 다루어 정책형성에 어떠한 영향을 미치는지 이해를 돕는다(한국복지행정학회, 2007).

3) 산출분석

사회복지정책의 산출분석은 기획과정을 거쳐 결정된 정책선택들이다. 정책의 기획과 수립에 있어 여러 정책들을 선택하게 될 때 관련된 여러 쟁점에 대한 분석을 하게 된다. 산출분석은 정책설계를 구성하는 구체적인 선택들의 형태와 내용이 무엇인가?,

이 선택은 다른 무엇의 선택을 포기하게 하는가?, 어떤 가치와 이론과 가정들이 이러한 선택을 지지해 주고 있는가? 하는 등의 구성요소들을 구분하고 분해하는 산출분석의 문제핵심에 있다(한국복지행정학회, 2007; Gilbert & Terrell, 2011).

본질적으로 분석적 접근은 산출연구를 위한 접근이다. 산출분석은 사회복지정책과정에서 선택된 정책을 할당, 급여, 전달, 재원의 차원에서 분석한다. 이 네 가지 차원에서 선택된 것들은 정책 대안, 가치, 이론이라는 세 가지 축으로 분석된다. 그러므로 정책은 선택된 정책대안, 정책대안을 지지하는 사회적 가치, 정책대안의 이론 및 가설의 세 축들의 상호작용 결과물이 된다(한국복지행정학회, 2007).

4) 성과분석(수행분석)

성과(수행)분석은 정책 선택이 가져오는 프로그램의 결과를 기술・평가하는 것과 관련하여 객관적이고 체계적인 분석방법이다. 성과(수행)분석은 질적・양적 자료 수집을 통하여 다양한 학문분야의 광범위한 도구로 조사연구방법론과 통계학적 기법은 효과분석에 활용이 유용하다. 이 분석은 '프로그램이 얼마나 잘 수행되고 있는가?'에서, 프로그램이 무엇으로 구성되어 있으며, 그 대상 집단에 도달하고 있는지, 얼마나 많은 비용을 요하는지를 파악하기 위하여 추적조사를 한다. 그리고 또 '그 효과는 무엇인가?'에 대한 효과는 사전의 행동 및 상태, 정당한 개입에 그 원인을 둘 수 있는 사후 행동 및 상태 사이의 차이로 측정한다(Freeman & Sherwood, 1970; 한국복지행정학회, 2007). 성과(수행)분석은 사회복지 프로그램의 효과성과 능률성을 측정한다. 그러므로 정책과 프로그램의 목적과 목표가 그 분석의 출발점이 된다(한국사회복지행정학회, 2007: 강희갑 외, 2019).

3. 사회복지정책 분석틀

1) 사회복지정책 분석틀에 대한 이해

사회복지정책 분석틀이란 복잡한 사회복지정책 현상들을 체계적으로 분해하고 정리하여 요소 상호 간의 논리적 연계성이나 인과관계 및 규칙성을 밝혀냄으로써 그 현상을 파악하기 위한 개념적 도구이다(한국사회복지행정학회, 2007). 분석틀을 구축하는 것은 정책분석을 행하는 추상 수준이 높을 때와 낮을 때 정책분석가에게 포착되는 사회복지정책들의 공통점에 따라 달라진다. 분석틀은 연구자가 초점을 두는 현상만을 관찰한다(Gilbert & Terrell, 2002). 그러므로 사회복지정책의 분석방법에 따라 과정분석틀, 산출분석틀, 성과분석(수행분석)틀로 나누어 살펴볼 수 있다.

2) 과정분석틀

과정분석틀은 사회복지정책의 환경을 분석하는 것으로 복지정책 분석을 기초 삼아 정치적 환경, 경제적 환경, 시민 사회적 환경으로 나눈다. 이에 과정분석틀은 사회복지정책 환경과 연관되어 있는 이슈들을 분석한다. 먼저 정치적 환경에서는 행정관료, 집권여당, 군부, 지방의회, 야당 등을 중심으로 사회복지입법 활동, 복지이념에 대한 정당정책, 방위비의 복지비용 억제, 선거 전략 등의 이슈를 분석한다. 다음 경제적 환경에서는 경제성장 과정, 즉 경제동향과 정부예산구성, 노동자계층, 자본가계층 등을 중심으로 복지재정 할당, 물가상승, 경제성장, 노동권 확보, 정경유착 정도 등의 이슈를 분석한다. 끝으로 시민사회적 환경에서는 중간계층, 사회복지운동, 민주화 운동을 중심으로 복지욕구의 확대, 사회복지운동의 조직화, 복지의식의 행동화 등의 이슈를 분석한다(한국복지행정학회, 2007).

이러한 환경 요인은 정책에 따라 원인이나 결과가 되며, 원인이나 결과 변수들의 충분한 인과적 혹은 상황적 분석 없이는 과정연구가 만족스럽지 않을 것이다.

〈표 8-1〉 사회복지정책의 과정분석틀

분석대상	하위환경	집단 및 사회변화	관련 이슈
사회복지정책 환경	정치적 환경	• 집권여당 • 행정관료 • 군부 • 지방의회 • 야당	• 사회복지입법 활동 • 복지이념에 대한 정당정책 • 방위비의 복지비용 억제 • 선거전략
	경제적 환경	• 경제성장 과정(경제동향, 정부예산구성) • 자본가계층 • 노동자계층(노동계층의 세력, 노동운동)	• 경제성장, 물가상승 • 복지재정할당 • 정경유착 정도 • 노동권 확보
	시민사회적 환경	• 민주화 운동 • 중간계층 • 사회복지운동	• 복지의식의 행동화 • 복지욕구의 확대 • 사회복지운동의 조직화

출처: 고수현(2006: 45).

3) 산출분석틀

산출분석은 계획과정에서 다루어야 할 근본적인 사회정책선택에 초점을 두는 것으로 정책설계의 필수적인 요소들을 구분하고 분석하는 데 목적이 있다(이소현, 2019).

길버트와 테렐의 정책분석틀은 기존의 사회복지정책의 문제점을 규명하고, 그것을 해결하기 위한 대안을 모색하는 데 활용된다고 하였다(양정하, 2014). 사회복지정책은 누구에게 어떤 혜택을 어떻게 전달하며, 이에 필요한 재정은 어떻게 마련할 것인가의 문제해결에 관련된 원칙들을 선택하는 것으로 이해할 수 있다(Gilbert & Terrell, 2005).

첫 번째, 사회배분(social allocations)은 사회적 할당의 기반으로 대상이 '누구(who)'이다. 사회복지정책의 실시로 복지의 수혜자가 누가 될 것인가를 규정해야 한다. 사회적 급여의 수급자격에 대해 결혼여부, 취업여부, 거주지, 가족구성원의 수 등 기준들이 다양할 수 있다. 중요한 것은 수급자격의 기준이 되는 원칙이 무엇인가 하는 것이다. 특정인 또는 특정 집단에게 사회적 급여가 주어지도록 하기 위해서 특정한 원칙을 선택하는 것을 말한다(Gilbert & Terrell, 2005).

두 번째, 사회공급(social provisons)은 사회적 급여의 형태로 '어떤 것(what)'에 해당된다. 수혜자가 받기로 된 사회적 급여에는 현물, 현금, 권력, 기회, 증서와 같이 다양한 것들이 있다(Gilbert & Terrell, 2005). 예를 들면, 학대피해 장애인 지원정책의 급여는 치료 및 검진 등 의료지원, 심리지원(진단 · 상담 · 치료), 거주지원, 사법지원, 복지지원 등이 있다. 또한 학대피해 장애인 쉼터, 입소 시 생활비용 지원 등이 있다(권중돈, 2018).

세 번째, 전달체계(delivery strategies)는 사회적 급여를 전달하기 위한 전략으로 '어떻게(how)'이다. 사회적 급여의 수급자격을 가진 수혜자에게 전달하기 위한 조치의 전달체계, 전체적인 구조와 서비스 전달 단위들 간의 연결, 전달 단위의 지리적 위치, 서비스 전달을 담당할 인력의 자질과 능력 등에 대한 선택이 된다(Gilbert & Terrell, 2005).

네 번째, 재정(funding)은 재원에 관한 선택과 재정의 재원부터 서비스 공급자에게까지 전달되는 방식에 관한 선택이다. 전달방식의 선택은 서비스 공급자가 수혜자에게 사회적 급여를 제공하는 데 어떤 조직구조를 구성할 것인가를 말한다. 재원과 관련된 중요한 선택으로는 공적 재원, 민간 재원, 공적 · 민간이 혼재된 재원, 정부의 개입정도의 선택, 징수할 조세 형태에 대한 선택 등이 있다(Gilbert & Terrell, 2005).

이를 바탕으로 정책의 기본적인 내용을 분석하는 데 유용한 틀로 사용되고 있는 길버트와 테렐이 주장한 네 가지는 다음과 같다.

① 사회적 할당의 기반(the bases of social allocation)은 무엇인가?
② 사회적 급여의 형태(the types of social provision)는 무엇인가?
③ 사회적 급여를 전달하기 위한 전략(the strategies for the delivery)은 무엇인가?

④ 사회적 급여에 필요한 재원 마련을 위한 방법(the ways to finance)은 무엇인가?

〈표 8-2〉 길버트와 테렐의 사회복지정책 관련 분석틀

축차원	질문 및 방법	대안	가치
대상 (할당)	누가 사회적 급여를 받을 자격이 있는가? - 보상, 귀속욕구, 진단적 구분과 자산조사 필요	• 기초생활 수급자 • 서비스의 대상자	• 선별주의, 보편주의 • 효과성(비용, 사회적)
급여	무엇을 제공해 줄 것인가? - 현금, 현물, 서비스, 기회, 바우처, 권력	• 현금/현물 • 역량강화 • 할인/감면	• 적절성(비용, 사회적) • 공평, 평등 • 사회통제, 소비자의 주권
전달	어떠한 방법으로 급여를 전달할 것인가? - 중앙 혹은 분권화, 결합 혹은 개별적인 서비스, 시설의 집중 또는 분산, 조정 등의 여부, 서비스 전달 및 권한(전문가/소비자), 공급전달(공공/민간)	• 전달체계(공공, 민간) • 집권화, 분권화	• 효과성(응집성, 접근성) • 관료중심/시민참여 • 중앙통제/지방자치
재원 (재정)	재정은 어떻게 조달할 것인가? - 이용료, 기부금, 조세	• 급여수준의 정도 • 부담의 방법 • 재원의 예산액	• 충분성(중앙집권, 분권화) • 인간의 존엄성, 사회적절성 • 공평, 평등

출처: 권중돈(2018) 재구성(오영민, 2021) 수정.

네 가지 차원은 어느 하나 특정한 프로그램 영역에 제한된 선택들을 설명하기보다 사회복지정책의 모든 것을 포함한다. 네 차원은 다시 세 축으로 분석할 수 있다고 제시하고 있다. 세 축은 다음과 같다.

① 각 차원과 관련된 정책대안들의 범위(대안)

② 대안들을 지지하는 사회적 가치(가치)

③ 대안들의 기초적 이론이나 가정(이론)

이 네 차원들과 세 축이 연결된 표 안의 내용은 공공부조와 사회복지서비스 영역에 대해 네 차원을 예를 들어 정리하여 놓았다.

이러한 분석틀의 개발은 사회복지정책을 분석하고, 구성요소를 밝혀내는 데 도움

이 되며, 분석틀의 개발을 포함하여 사회복지정책의 분석방법을 정착하게 발전시킨다. 이것은 사회복지정책을 수립하는 것만 아니라 사회복지의 여러 정책대안 중에서 적절한 것을 선택할 수 있게 한다.

(1) 급여체계

① 대상자 선택

'대상'이란 서비스 수혜자 자격의 선택기준이 된다. 이 선택기준은 누구에게 서비스를 제공할 것인가를 결정하는 지침이 되므로 사회서비스 수혜를 당연한 사회적 권리로 인식하고, 모든 대상자에게 보편적으로 부여할 것인가, 또는 일부 취약한 특정 대상자들을 선택하여 부여할 것인가와 관련이 있다(Gilbert & Terrell, 2007: 이소현, 2019).

사회복지급여 대상자 선택은 고용 상태, 연령, 성별, 건강, 결혼 여부, 가족 규모, 소득수준 등을 고려해서 보편주의와 선별주의에 입각하여 복지정책의 급여대상을 할당한다. 보편주의는 누구든지 자신의 당연한 권리로서 급여대상자가 될 수 있고 인간의 존엄성이 존중되며, 사회적 통합을 이루어 사회효과성이 높다. 그러므로 정부가 사회의 모든 구성원에게 복지서비스를 제공한다. 이러한 보편주의는 특정한 요건(65세 이상의 노인, 아동, 청소년 등)에 해당하는 모든 국민이 되며, 또는 모든 국민을 대상으로 제한하는 자격요건이 없으며 자산조사도 하지 않는다(강희갑 외, 2019).

반면 선별주의는 사회복지 대상자를 사회적, 신체적, 경제적 등 자격요건 기준에 따라 엄격하게 수급자격을 제한하고 복지서비스를 제공하는 것이다. 선별주의는 자산조사를 통하여 원조가 필요하다고 인정되는 사람, 즉 결손가정, 기초생활보호대상자, 장애인, 빈민, 독거노인 등 사회적·물질적 도움이 필요한 대상자들만을 선택하여 복지서비스를 제공하는 것이다(Gilbert & Terrell, 2007). 그러므로 목표 효율성과 비용효과가 있다.

〈표 8-3〉 일반적 기준의 보편주의와 선별주의

분류	대상	자격심사	효과
보편주의	모든 구성원 (국민 모두)	자격요건 없음	사회 효과성 (인간의 존엄성, 사회통합)
선별주의	자격요건 기준 (수급자격)	엄격한 자격심사 (자산조사)	목표효율성, 비용효과

② 대상자 선택기준

급여대상자의 선택 원칙인 보편주의와 선택주의는 복지급여 할당원칙이 있고 이에 대하여 세부적인 대상자 선정기준이 마련되어야 한다. 이 선정기준에는 귀속적 욕구, 보상, 진단적 차별, 자산조사 등이 있다.

첫째, 귀속적 욕구란 급여의 자격은 현재의 복지체계에서 충족되지 않은 공통적 욕구를 가진 사람의 집단에 속하는가 여부에 따라 결정되고 이것을 급여대상자 선정기준으로 고려한다는 것이다. 우리나라에서는 의무교육이나 노인교통수당이 이에 속한다고 볼 수 있다. 이 선택기준은 사회통합이 유리하고 정책의 효율성이 크다는 장점이 있으나 욕구가 없는 사람에게까지 급여가 제공되어 사회적 자원낭비를 초래하여 복지급여의 적절성에 충족하지 않은 단점이 있다.

둘째, 보상이란 일정한 요건을 갖추고 경제적 기여나 사회적 공헌을 선택기준으로 급여를 제공하는 것이다. 예를 들면, 국가유공자에 대한 급여나 성차별적 희생자를 대상으로 하는 급여가 될 수 있다.

셋째, 신체적·정신적 장애와 같이 특별한 보호와 복지서비스를 필요로 하는 개인이 전문가에 의해 판단된 대상자에게 급여를 제공하는 것이다. 「장애인복지법」이나 「노인장기요양보험법」에 의한 복지서비스가 이에 해당된다 할 수 있다.

넷째, 사회구성원인 개인이 재화와 용역을 스스로 구입할 능력이 없어 소득과 자산조사를 확인하고 급여를 제공하는 것이다. 「국민기초생활보장법」에 의한 복지급여가 이에 해당된다(한국복지행정학회, 2007).

(2) 사회복지정책의 급여형태

사회적 급여에는 개인의 권력을 향상시키는 것에서부터 구체적인 재화에 이르기까지 매우 다양한 형태가 있다. 사회적 급여는 수혜자에게 얼마나 많은 선택의 자유를 부여할 수 있느냐 하는 것을 말한다(Gilbert & Terrell, 2011). 그러므로 사회복지정책에서 제공되는 급여라는 것은 수혜자들이 받는 혜택의 종류이며, 다양한 형태로 제공되고 각각의 급여는 서로 다른 속성이 있다.

급여 종류에는 현물급여와 현금급여로 구분된다. 먼저 현물급여는 공기업에서 재화나 서비스를 직접 제작하여 필요로 하는 수혜자들에게 배분하는 것을 말하는 것이고, 현금급여는 수혜자의 선택권을 보장하는 장점이 있다(한국복지행정학회, 2007). 다만 현물급여는 자기결정권에 대해 제한이 있고, 현금급여는 급여의 오남용이라는 서로 다른 단점이 있다. 이들 두 가지 급여를 보완할 수 있는 절충적인 급여 형태의 바우처는 수혜자가 직접 재화나 서비스를 자유롭게 선택할 수 있으며, 선택의 범위도 특정한 용도 내에서 사용할 수 있도록 제한한 급여 형태라고 할 수 있다(황성열, 2017: 정효정, 2005). 그러면 여기에서 현물급여와 현금급여, 서비스급여 및 바우처급여, 권력급여, 기회 등 몇 가지 급여의 형태에 대해 더 알아보도록 하자.

① 현물급여

현물급여가 효과적이라고 하는 주장을 펼친 대표적인 학자는 미르달(Alva Myrdal)로서, 그는 규모의 경제라는 측면에서 현물급여가 현금급여에 비해 효과적이라고 했다. 현물급여는 통제가 용이하여 공기업에서 재화나 서비스를 직접 필요로 하는 수혜자들에게 배분하는 것으로 수혜자에게 직접 물품이나 서비스를 제공함으로써 수혜자의 욕구를 충족시키는 것이다. 이는 수혜자의 복지수준을 향상시키는 것을 목적으로 하고 있다. 그러므로 현물급여는 급여를 받는 사람이 정책 이외의 부분에 사용할 수 없다. 때문에 정책목표에 맞는 소비가 이루어짐으로써 정책목표의 효율성을 높일 수 있는 장점이 있다. 또한, 현물급여는 수급자들이 필요로 하는 사회복지 재화나 서비스를 일괄 지급함으로써 사회복지정책이 의도했던 목표를 달성하는데 유리하다는 주장이다. 예를 들어 아동 수당을 현금으로 지급했을 때 수급자가 그 현금을 아동의 복지를 위해 사용하지 않고 다른 용도로 사용한다면 이는 급여의 오용이나 수급자의 도덕적 해이에 해당한다(www.reportshop.co.kr/socials:2024.).

그러나 현물급여는 수혜 여부가 노출되어 있어 개인의 존엄성을 해칠 우려가 있는 단점이 있다. 또한 현물급여는 현물의 보관과 유통과정에서 추가비용이 더 들어 운영의 효율성이 낮고, 현물을 제공하는 집단과 정치적 거래에 의해 필요 이상의 현물이 제공될 경우 자원의 낭비가 되기도 한다(강희갑 외, 2019).

② 현금급여

현금급여는 앞에서 언급한 바와 같이 수혜자들의 선택권을 보장한다는 장점이 있고, 급여의 오남용이라는 단점도 있다. 즉, 현금 급여는 필요한 재화를 화폐 형태로 지급하는 것이기 때문에 수혜자에게 선택의 권리가 있어 수혜자의 효용가치를 극대화할 수 있다. 현금급여의 장점을 주장하는 논리는 현금 급여는 개인의 욕구를 충족시키기 위해 자신이 원하는 물품이나 서비스를 자유롭게 선택한다는 점에서 수급자의 권리(자기결정권과 소비자 주권)가 보장된다는 것이다. 이 경우 현물급여의 단점으로 지목되는 낙인 효과를 방지할 수 있다. 이에 더하여 현금급여는 개인의 소득을 직접적으로 향상시키고 저축 등을 통해 빈곤문제를 해결하는데 기여할 수 있다는 장점이 있다(한국복지행정학회, 2007).

현물급여에 비해 유통비용이 비교적 적게 들어 프로그램의 운영비용이 적게 든다. 또한 수혜자에게 선택의 자유뿐만 아니라 자기결정권을 보장해 준다. 그러나 현금급여는 원래 정책의 목표와는 다르게 불필요한 소비 지출에 사용될 수 있다는 한계점을 가지고 있다(강희갑 외, 2019).

〈표 8-4〉 현물급여와 현금급여의 장 · 단점 비교표

급여형태	장 점	단 점
현물급여	사회적 통제, 수혜자욕구 충족, 규모의 경제, 사용가치, 목표효율성	인간의 존엄성 해침, 운영의 효율성 낮음, 자원의 낭비
현금급여	선택권의 보장, 자기결정권, 효용가치, 효율적 배분, 비용의 효율성	급여의 오남용, 불필요한 소비

③ 서비스 급여

일반적으로 서비스 급여는 복지급여 형태의 무형적인 복지제공 서비스이므로 가장 중요한 급여라고 할 수 있다. 대상자별로 아동서비스, 장애인서비스, 청소년서비스, 노인서비스, 출산서비스, 가족서비스가 있고 내용으로는 요양, 교육, 재활, 치료, 보호, 직업훈련, 의료 등이 있다(한국복지행정학회, 2007).

그러나 서비스 급여는 복지 대상자에게 직접 현금이나 현물가치를 부여하는 것은 아니기 때문에 서비스 제공자에 따라 내용도 다르고, 가변성이 크다. 이는 사회복지 대상자의 자립과 자활이 가능한 매우 중요한 형태의 급여가 된다(김종명, 2009; 강희갑 외, 2019).

④ 바우처 급여

현금급여와 현물급여 이외에 사회적 급여라는 바우처 급여가 있다. 이는 두 가지 급여 형태를 보완할 수 있는 절충적인 급여이다. 즉, 수혜자가 직접 재화나 서비스를 자유롭게 선택할 수 있으며, 선택의 범위도 특정한 용도 내에서 사용할 수 있는 급여 형태이다(정효정, 2005). 바우처(voucher) 급여는 정해진 용도 내에서 복지급여인 재화나 서비스를 이용할 수 있는 권리가 있는 증서로 식료품 바우처, 상품구매 바우처, 경로 버스이용 바우처, 복지시설 이용 바우처, 기타 복지급여를 받을 수 있는 바우처 등이 있다. 또한 복지수혜자들이 다양한 교육을 제공받을 수 있는 교육 바우처, 주택증서 바우처도 있다.

이러한 바우처는 일정한 범위 내에서 구입하거나 이용할 수 있기 때문에 사회적 통제가 가능하고 다양한 자원의 구입과 이용이 가능하여 소비자의 주권을 보장할 수 있다는 장점이 있다. 그러나 바우처로 인한 남용의 우려가 있어서 현물급여보다 목표 효율성이 낮아질 수 있다는 단점을 가지고 있다(김종명, 2009: 강희갑 외, 2019).

⑤ 권력 급여

재화와 자원에 대한 통제에 미치는 힘을 재분배하는 권력 급여는 정책결정의 권한을 소수의 사람에게 이전하여 얻을 수 있다. 즉, 정책결정과정에 직접 참여하여 자신의 이해관계를 제시하며 정책에 영향을 미칠 수 있는 것이다(Gilbert & Terrell, 2011; 강희갑, 2019).

사회복지정책 중에는 사회복지정책의 수혜자로 하여금 정책결정에 대한 권력을 주어 급여자격, 급여수준 등이 그들에게 유리하게 결정되도록 하는 것들이 있다. 예를 들면, 우리나라의 경우 국민건강보험이나 국민연금에서 가입자 대표, 노동조합, 시민단체의 추천을 받은 사람을 각종 위원회의 의사결정에 참여시키는 것과 같이 이들에게 복지정책의 영향력을 재분배하는 형태이다(강희갑, 2019).

권력 급여는 현금이나 증서, 신용급여처럼 직접 소비되지는 않지만 재화나 서비스, 기회에 비해 사회・경제적 선택 자체에 대한 통제력은 더 많은 제공이다. 그러므로 다른 사회복지 자원을 보다 폭넓게 선택할 수 있어서 유동적 교환가치를 지닌다(Gilbert & Terrell, 2011; 강희갑, 2019).

⑥ 기 회

무형의 급여형태에는 기회도 있다(김종명, 2009: 강희갑 외, 2019). 이는 학생이나 장애인에게 특례 입학의 경우, 여성에 대한 고용 할당이라든지, 기업의 장애인 의무고용과 같이 사회적 취약 집단이나 불평등한 처우의 집단에게 유리한 기회를 주어 생활을 유지하도록 하는 복지급여를 말한다.

이러한 복지급여 형태는 기회급여의 우선권으로 재정과 직접 연계되지 않아 조세 저항이나 재정압박이 적고 복지수급자의 재활을 돕고 명예훼손이나 수치심을 주지 않는다. 그러므로 기회는 물질로 해결할 수 없는 복지구현이 가능한 영역이라고 할 수 있다(김종명, 2009: 강희갑 외, 2019).

(3) 사회복지급여의 전달체계

사회복지급여 전달체계란 지방의 지역체계 수준에서 사회복지서비스의 공급자와 소비자 간에 형성되는 여러 가지 대안적인 서비스 전달구조로 사회복지정책의 서비스 공급자와 서비스 수급자를 연결시키는 조직적 체계를 말한다. 서비스의 공급자는 전문가 개인이 될 수도 있고, 자조단체가 될 수도 있고, 또는 전문가 집단, 공공기관 및 민간기관, 지역복지관, 정부의 복지과나 정신보건과, 병원 등이 될 수도 있다(Gilbert & Terrell, 2011).

다시 말하면, 급여전달체계는 중앙정부에 의하여 모든 국민에게 전달될 수도 있고, 지방정부 주체로 지역주민에게 제공되기도 하며 중앙정부와 지방정부 또는 정부와 민간부문 사이의 혼합체계로 제공되는 경우도 있다. 사회복지서비스는 공공재화의 성격을 띠기 때문에 복지가 발달한 나라일수록 중앙정부의 주도하에 또는 중앙정부와 지방정부의 혼합체계로 급여전달을 한다(한국복지행정학회, 2007).

지방정부에 의한 전달체계는 지역주민의 욕구를 효율적으로 충족시켜 주기 위하여 중앙정부의 재정을 보조받아 지방정부가 서비스를 전달하는 혼합체계가 많이 이루어지고 있다. 정부와 민간부문의 혼합체계는 사회복지서비스를 민간부문이 제공하되 중앙정부나 지방정부가 재정 지원을 담당하는 형태로 이루어진다(Gilbert & Terrell, 2011: 강희갑, 2019).

(4) 사회복지정책의 재원체계

사회복지서비스에 소요되는 비용을 충당하기 위한 재정은 조세와 기부금 그리고 이용료(요금) 세 가지 방법에 의해 마련된다(Gilbert & Terrell, 2011). 사회복지정책을 수행하고 서비스를 전달하는 데 있어서 충분한 재원을 확보하는 것이 필요하다.

사회복지에 필요한 재원을 조달하는 방법은 공공부문의 재원체계와 민간부문의 재원체계로 나눌 수 있다. 공공부문의 재원으로는 일반 조세, 사회보장 조세(보험료), 조세지출로 구성된다. 일반 조세는 사회복지의 예산을 구성하는 복지 재원이며, 조세수입과 사회복지정책은 밀접한 관련이 있다. 사회보장 조세는 법적으로는 조세가 아니다. 사회보험료, 즉 국민연금, 국민건강보험료, 고용보험료, 산업재해보상보험료는 법률에 의하여 강제 징수라는 점에서 조세로 보고 이를 사회보장 조세라고 하는 것이다(한국복지행정학회, 2007).

조세지출(조세비용)은 각종 조세감면 방법으로 내야 하는 세금을 징수하지 않거나 낸 세금을 되돌려 주는 것을 말한다. 여기에는 조세감면, 본인의 근로소득에 대한 인적공제(본인, 배우자, 노부모, 장애인 자녀, 피부양 자녀), 근로소득공제, 보험료공제, 교육비공제, 의료비공제와 같은 소득공제 등 내야 할 세금을 줄여 주는 세액공제가 있다.

민간재원으로는 자발적 기부, 기업복지, 사용자 부담, 비공식부문의 재원 등이 있다. 자발적 기부는 개인이나 기업이 자발적으로 특정 목적을 위하여 금품을 제공하는 행위의 재원이다. 이는 개인이 선택하여 사회복지기관을 통하여 이루어지거나, 사회복지 모금회를 통하여 이루어진다(한국복지행정학회, 2007).

기업복지는 기업이 종업원에게 제공하는 후생복지차원의 부가급여이다. 예를 들면, 기업연금, 퇴직금, 유급휴가, 사내어린이집 등이 그것이다. 사용자 부담은 사회복지서비스를 받는 사람이 사회복지서비스를 이용하는 비용에 대하여 본인이 일부 부담하는 것을 말한다. 비공식부문의 재원이란 노인복지를 예로 들면, 자녀나 가족의 지원과 돌봄을 통하여 이루어지는 것과 같이 복지정책의 재원이 가족이나 친지, 이웃들에 의하여 해결되는 경우를 말한다.

앞의 여러 가지 재원형태는 어느 것을 선택하느냐에 따라 사회복지정책의 대상, 급여수준 등의 영향을 받는다. 이로써 제도의 안정성과 소득재분배의 효과가 달라질 수 있는데, 제도의 안정성 면에서는 공공부문 재원이 민간부문 재원보다 우월하고 소득 재분배 효과는 누진적인 소득세의 비중이 큰 일반조세 재원이 우월하다(한국복지행정학회, 2007).

4) 성과분석(수행분석)틀

성과(수행)분석은 정책선택의 결과로 발생한 개인 및 사회의 변화를 기술하고 평가하는 것이다. 정책 효과 및 평가를 위한 사회조사와 관련된 지식체계이다. 바람직한 성과(수행)와 실제 성과(수행) 사이의 성과의 차이(performance gap)를 측정하고자 조직의 성과(수행)요구를 파악하고 이를 조직의 목표와 역량에 비교하는 과정이다. 성과(수행)분석의 결과는 수행을 둘러싼 현재의 상황과 미래의 바람직한 상황에 대한 분명한 설명을 포함한다. 성과(수행)분석의 큰 장점은 사실적이고 실제적인 자료에 중점을 두는 데 있지만 사회복지 프로그램의 실제 내용이 끊임없이 변화하는 맹점도 있다(Gilbert & Terrell, 2011).

그러나 이는 정책요소들을 세분화하여 사회복지정책의 성과를 분석하고 최종적 평가를 할 수 있게 한 것이다. 이 평가 분석을 위해서는 목적과 목표, 전달되는 급여나 서비스의 형태, 자격 규정, 서비스전달을 위한 행정적, 조직적 구조, 재원 충당방법, 위 요소들 간의 상호작용이라는 정책요소를 연구하여 정책성과를 분석해야 한다. 또한 이 정책요소들은 정책 프로그램이나 정책의 시스템을 집행하는 데 필요하다(Chambers, 2000; 김종명, 2009).

Social Welfare Policy | chapter 09

사회복지정책의 형성

[학습목표]

1. 사회복지정책 형성과정의 개념과 필요성을 이해한다.
2. 사회복지정책 형성과정을 단계별로 이해한다.
3. 사회문제와 정책문제를 분석하여 사회복지정책의 필요성을 이해한다.
4. 정책의제 형성에 영향을 미치는 사회문제 이슈화 과정과 이슈 제기자와 정책의 주체에 대해 이해한다.

[개요]

사회복지정책은 매우 복잡하고 다양한 과정을 거쳐서 이루어지며, 몇 단계의 연속적인 과정을 거쳐서 형성된다는 점에서, 먼저 사회복지정책 형성과정의 개념과 필요성에 관하여 정리하였다. 학자들마다 사회복지정책 형성과정의 단계를 다르게 분류하고 있지만 여기에서는 사회복지정책과정을, ① 정책의제의 형성, ② 정책대안의 형성, ③ 정책결정, ④ 정책집행, ⑤ 정책평가의 5단계로 구분하여 살펴보고자 한다.

1. 사회복지정책 형성의 개념과 필요성

1) 사회복지정책 형성의 개념

사회복지정책은 사회 구조 안에 있는 사회구성원의 욕구충족 불만이 계속되고, 개인문제가 사회문제로 대두되고, 사회문제가 점진적으로 사회적 관심을 끌어 해결을 위한 정부 관여가 필요할 때, 제도로 형성되는 것으로 이해할 수 있다. 그러므로 사회복지정책의 형성은 많은 변화 과정에서 사회문제해결 방식인 사회적 프로그램이나 사회제도의 구조적 결합으로 이루어진다. 사회복지정책 형성이란 사회복지정책이 원칙과 행동방식의 절차를 갖춘 정책으로서 정부나 민간조직에 출현하는 전체과정을 의미한다. 때로는 형성과정 · 출현 · 발달과정 · 결정과정 등의 용어는 같은 의미와 구별된 의미를 갖는다.

협의적 개념에서, 형성과정이란 정부기관 안에서 사회복지정책을 의논하여 개별적인 정책과 제도를 수립하는 전체과정을 의미하기도 한다. 또한 광의적 개념에서, 형성과정이란 정부기관 안에서 논의하기 이전에 개인문제나 집단문제가 사회문제로 사회적 이슈화되어 공공의 관심을 불러일으켜 사회문제를 정책문제로 정부기관 안에서 채택되어 정책으로서 수립되는 전체과정을 말하며, 이 과정은 많은 시간과 자원이 사용되기도 한다(현외성, 2014: 197).

이와 같이 사회복지정책 형성이란, 사회복지정책이 여러 가지 복잡한 단계를 거치면서, 몇 단계의 연속적인 과정을 통해서 이루어지는 것을 말한다. 사회복지정책은 사회문제를 해결하기 위한 시행지침이나 해결방안이다. 사회문제를 해결하기 위한 사회복지정책이 결정되면 그 문제의 목적달성을 위해 문제의 형성단계에서부터 정책의제 형성, 대안형성, 정책결정, 정책집행, 정책평가라는 일련의 연속적 과정을 정책형성과정이라고 한다(양정하 외, 2020: 205).

2) 사회복지정책의 형성과정 학습의 필요성

사회복지정책 형성과정을 연구하는 일반적 이유는 인간 사회의 정치 · 경제 · 사회 · 문화의 배경을 살펴보면서 어느 정도 현실적인 사회복지정책에 대한 이해와 제고가 이루어지고, 현실적인 정책현상에 근접할 수 있으며, 정책체계의 상호관련성을 살펴보고, 시행되는 정책 현실을 이해할 수 있고, 정책능력을 발전시킬 수 있는 기회를 제공하기 때문이다(박차상 외, 2020: 72).

또한 사회복지학 전공자는 사회복지정책의 형성과정을 왜 공부해야 하는가? 그 이유는, 첫째, 사회복지정책이 형성되는 전체적인 과정을 이해하는 것은 사회복지전문가로서 기본적인 자질을 갖추는 것이기 때문이다.

둘째, 사회복지정책은 사회복지실천을 결정한다. 그러므로 사회복지정책이 어떤 배경과 경로와 과정으로 이어져서 형성되었는지를 깨닫는 일은 사회복지실천에 있어 기본적인 부분에 해당한다.

셋째, 사회복지정책 형성과정을 배움으로써 사회복지정책의 목적과 기능을 정확히 이해할 수 있다. 또한 어떤 배경과 문제를 가지고 해결을 위해 정부의 공공사회복지조직과 민간사회복지조직이 사회복지정책 입안을 하였는지 질문을 함으로써 사회복지정책의 목적과 기능에 답변을 할 수 있다. 따라서 사회복지종사자는 사회복지정책의 목적에 따라 사회복지실천 현장에서 사회복지서비스를 가장 바람직하게 제공할 수 있는 토대를 마련한다.

넷째, 사회복지정책과 관련된 사회적 구성원의 이해관계조직을 파악할 수 있고, 이들 사이 역학적 연관성을 살펴볼 수 있다. 특정 사회복지정책에 관련하여 사회의 어떤 커뮤니티와 대상이 수혜자이며, 이와는 어떤 인과관계가 있는가를 알 수 있다.

다섯째, 사회복지정책의 형성과정을 배움으로써 이에 관련된 정책과 제도의 입법취지를 이해하고, 비슷한 사회복지정책의 수립하는 데 필요한 책략을 얻을 수 있다. 또한 사회복지종사자는 사회복지정책 형성과정에 필요한 지식 · 기술 · 태도를 취득하거나, 선험적인 사례연구를 통하여 새롭게 사회복지정책 정립 방법론의 과정을 학습할 수 있는 기회를 제공한다.

여섯째, 사회복지종사자는 사회복지실천가로서 정책이 갖는 한계와 정책 형성과정에 개입할 수 있는 역량을 강화하는 계기가 된다.

일곱째, 사회복지실천 현장에서 이전의 사회복지정책과 제도 시행의 프로그램이 갖는 제한성을 개선하여 사회복지대상자의 복지권익 증진에 기여할 수 있는 대안마련을 위한 정책적 제안의 완급을 조절하며 실천할 수 있다(현외성, 2014: 197-198).

2. 사회복지정책의 형성과정

1) 사회복지정책의 구성요소

(1) 사회문제

사회문제란, 어떤 사회적 현상이 사회적 가치(혹은 규범)에서 벗어나는 데 상당수의 사람들이 그 현상에 영향을 받는다고 판단하여 집단적 행동으로 해결해야 하는 문제를 말한다. 현대사회는 산업화 이후, 급격한 사회변화로 경제적 발전, 정치·문화적 변화를 겪으면서 모든 형태의 인간 집단의 다양한 문제와 욕구가 발생하면서 해결해야 할 사회문제로 대두되었다. 산업화와 이데올로기의 이념체제에서 다양한 패러다임의 사회문제가 발생하고 이를 해결하고자 하는 노력을 해 왔다.

현대 산업사회는 어느 국가나 사회도 다양한 모양으로 사회문제가 파생되고 실재한다. 사회문제에 해당되는 일반적인 사항은 아동문제, 청소년문제, 노인문제, 여성문제, 성차별문제, 빈곤문제, 환경문제 등 다양한 사회문제가 발생하고 증가하고 있다.

사회문제는 사회문제의 개념을 정립하고, 국민의 관심과 정책에 참여도에 따라 이해관계가 달라지며 문제해결의 대책방안도 변화한다.

따라서 사회복지정책은 사회에서 발생하는 여러 가지의 사회문제를 해결하기 위한 것이다. 이 사회문제는 사회복지정책 형성과정의 시작이며 구성요소로써, 사회복지 문제 해결 방안 중 하나가 사회복지정책이다(강희갑, 2019: 156).

(2) 정책문제

정책문제란 사회 속에 많은 사회문제 가운데 직접적으로 정부가 관여해서 해결하려고 관심을 가지고 있는 문제를 말하며, 사회문제가 정책의제로 설정된 후의 사회문제라고 할 수 있다. 정책문제는 정책관련자들이 선정된 사회문제의 내용 등에 관하여 체계적인 진단을 내리는 과정이라고 할 수 있다. 또한 인간이 살면서 겪게 되는 여러 가지 욕구나 사회문제, 위험이 표출된 사회문제를 해결할 수 있는 기회이다.

정책문제의 성격을 살펴보면 다음과 같다. ① 정책문제의 특성으로 정책문제의 규정은 사람마다 차이가 있다. ② 사람들의 욕구나 사회문제, 위험이 표출된 문제여야 한다. ③ 정책문제는 문제가 해결되었다고 해서 그것이 모든 문제의 해결책이 아닌 동태적 양상을 띤다. ④ 정책문제가 되기 위해서는 문제의 상황변화가 바람직하고 인식이 가능하다고 판단되어야 한다. ⑤ 정책문제는 많은 문제들과 한 부분의 문제들로 서로 의존적 관계에 있다. ⑥ 정책문제는 다수의 사람들에게도 영향을 줄 수 있는, 해결해야 할 공공문제이다(김종상 외, 2020: 123).

(3) 이슈화 과정과 제기자

① 이슈화 과정

이슈화 과정이란 사회문제나 요구가 이슈화되어 많은 사람들과 정책가들의 관심을 끌게 하여 정부가 개입하게 하는 활동 과정이다. 만약 사회문제나 요구를 이슈화시키지 못한다면 정책의제에 들 수 없다. 때문에 이슈화 과정은 사회복지정책 형성과정에서 가장 핵심적 부분에 해당한다고 볼 수 있다.

여기에 제기된 문제를 국민들에게 폭넓게 인식시키려고 활동을 하는 이슈 제기자와 이슈화 전환과정에 도움에 되는 예상치 않은 사건들로 인한 이슈 촉발장치가 있고, 이슈 제기자의 계획적인 활동과 이슈 촉발장치로 인해 사회문제가 이슈화된다.

또한 사회복지문제를 이슈화시키고 정책상의 의제로 채택되게 하려면 사회복지문제의 해결을 위한 사회복지대상자인 클라이언트를 비롯해서 가족과 지역사회의 조직적인 활동과 협력의 뒷받침이 이루어지고 더불어 사회복지사, 사회복지행정가, 사회복지정책 관련자들의 역할로서 사회복지전문가들의 관심과 협력이 여러 측면에서 요구된다(양정하 외, 2020: 208).

② 사회문제 이슈 제기자

사회복지정책의 의제형성에 지대한 영향을 주는 관련자는 사회복지 문제를 쟁점화시키고 정책꾼들로 논의토록 만드는 쟁점 제기자, 사회복지 쟁점과 연관된 이해관계자, 사회복지 문제를 정책의제로 다루는 정책꾼들이다(강희갑 외, 2019: 160).

가. 클라이언트(사회복지대상자)

사회복지대상자를 말하며 이들은 사회적 약자로서 문제를 가지고 있고, 문제의 해결을 바라는 사람들이기 때문에 문제제기와 문제해결을 위해 실력을 행사하기도 한다. 그러나 클라이언트의 압력은 한계가 있어 클라이언트 자신의 사회복지문제를 이슈화시켜 정책의제로 끌고 가는 데는 어렵기 때문에 언론이나 정치인들이 대리하는 역할을 하기도 한다.

나. 사회복지 전문가

이들은 클라이언트의 문제와 해결방법을 찾기 위해 언론 및 정치인들을 이용하여 이슈화시키고 정책의제로 논의하도록 만드는 경우에 클라이언트를 대변하는 역할을 하기도 한다. 또한 사회복지사의 조직체인 사회복지협회의 활동으로 정부를 대상으로 사회문제의 해결을 위해 자원분배에 압력을 행사하기도 하고, 클라이언트와 지역사회와 일반 국민 사이에서 사회복지문제를 해결하려는 조정자의 역할을 하기도 한다.

다. 언론

사회복지문제를 미디어 매체로 알리는 이슈 제기자이고, 사회복지 문제의 해결을 위해 여론형성을 주도하기도 하며 사회복지 문제에 많은 국민들의 관심을 불러일으키는 데 막강한 영향력을 행사하기도 한다. 하지만 언론은 항상 유동적으로 새로운 문제나 이슈가 등장하는 방향으로 관심을 돌린다.

라. 정치인

정치인은 정치적 권력을 유지하는 것에 관심을 쏟을 가능성이 많기 때문에 이슈 제기자들의 사회복지문제 해결에 적극적으로 나서거나 행동하는 제기자들이 아니기 때문에 선거기간 동안에 이슈화시키는 것도 효과적인 해결방법이다(염일열 외, 2020: 166-167).

⑷ 사회복지정책의 주체

① 국가

현대사회 복지국가에서는 사회복지정책의 전달행정체계를 결정하는 역할은 주로 국가가 주체가 되어 주도하고 있다. 그 이유는 사회복지정책을 통해서 전달되는 재화나 서비스는 공공재적인 성격을 갖고 있기 때문에, 시장기제에 맡기면 전달과정에서 비효율적인 면이 발생할 수도 있어서 이를 개선하기 위함이다.

② 지방정부

지방정부는 중앙정부와 함께 사회복지정책의 주요 공급자로서 점차 지방자치제의 역할이 강조되고 있다. 중앙정부가 국가 정책을 주관하고 있지만, 이 가운데 분야별로 사회복지정책에 따른 복지사업을 지방정부에 위임하여 서비스공급의 역할을 실행하고 있다.

③ 시장(유사시장)

현대 국가에 복지다원주의 이념이 도입되면서 사회복지분야에도 국가나 비영리부문에서 수행해 왔던 역할을 시장경쟁 논리와 함께 시장이나 유사시장에 병행하고 있다. 정부의 공공부문에서 지원되는 사회복지정책의 비효율성에 초점을 맞추어 민영화를 실시하고 있다. 이는, 서비스 제공의 민영화가 필요하며 이것은 시장원리의 중요성을 갖고 공급기관의 다원화를 의미한다고 할 수 있다.

④ 비공식부문

비공식부문 복지 전달체계는 가족, 자원봉사조직, 종교조직 등이 해당한다. 공공복지 전달체계가 가지고 있는 한계를 비공식부분 전달체계가 보완하고 있다. 즉, 공적부문의 운영과정은 전문화되고 표준화되어 있지만 인간의 다양한 욕구에 신속한 대처능력의 한계가 있고, 이 비공식부문은 주변의 자원을 활용할 수 있어 손쉬운 대처를 할 수 있어서 비용효용성을 극대화할 수 있다(김종상 외, 2020: 124-132).

2) 사회복지 정책의제 형성

(1) 정책의제(agenda) 형성의 개념

의제란 공공정책으로 전환하기 위하여 정책결정자의 관심을 불러일으키고 논의될 수 있는 상태에 있는 문제나 이슈를 의미하고(강희갑, 2019: 160), 정책의제 형성이란 어떤 시점에서 사회의 다양한 집단의 요구가 정부의 정책결정자들의 관심을 불러일으켜 정치적 해결을 위하여 신중하게 검토하는 항목으로 사회문제가 정책문제로 전환되는 과정을 말한다. 또한 정책문제란, 우리 사회에서 발생하는 많은 문제 중 개인문제가 공적인 문제로 전환되어 정부에서 문제해결을 위하여 공식적으로 채택하는 문제를 말한다(박차상 외, 2020: 73).

(2) 정책의제 형성의 중요성

모든 사회문제를 사회복지정책으로 채택하는 것은 아니고, 이 가운데 정부의 신중한 관심의 대상이 되는 사회문제에서 적극적으로 정책문제로 다루어지는 항목을 정책의제라고 한다. 정책의제 형성이 중요한 이유는, 첫째, 정책의제의 형성은 사회문제의 원인과 해결책을 찾기 위해 탐색과 분석과정을 거쳐 정책문제로 전환되어 적절한 해결방안을 찾기 위해 반드시 필요하다.

둘째, 정책의제 설정이 안 되면 정책으로 전환되지 않아 논의될 수 없다. 최근 정책의제 형성과정에 많은 사람들의 관심이 높아져서 사회문제를 정책의제로 만들지 못한 개인과 집단은 정책결정·집행 평가과정에 여러 측면에서 개입을 시도한다.

셋째, 대안형성, 정책의 결정, 정책집행, 정책평가의 연속적 과정에 영향을 미치기 때문에 정책의제 형성과정이 매우 중요하다(김종상 외, 2020: 136).

넷째, 정책결정이 새로운 정책대안을 만들기보다는 정책의제 형성과정에서 제안되는 다양한 대안을 구체화시키거나 혹은 부분적 수정과 보완하는 수준에서 결정된다(박차상, 2020: 74).

(3) 정책의제의 종류

① **공공의제**(Public Agenda)

공공의제란 사적 의제가 대중매체 등의 전파로 공공의 관심을 불러일으켜서 정부의 권위 있는 정책결정자가 사회문제 해결을 위한 관심을 끌게 되면 공공의제로 성립한다. 공공의제란 많은 사람의 관심이 집중되고 정부가 문제해결을 하는 것이 바람직하다고 인정하는 사회문제인 것이다.

② **정부의제**(Governmental Agenda)

정부의제는 정부의 공식적인 의사결정으로 해결책을 강구토록 방침을 밝힌 사회문제를 말한다. 정부의제는 제도적 의제 또는 공식의제라고도 한다. 정책의제의 종류는

〈표 9-1〉와 같이 다양하지만 공중의제가 정부의제로 전환되는 과정이 정책문제를 만드는 정책의제 형성과정에서 공중의제가 정부의제로 채택되거나, 되지 못하거나 하는 것을 설명하는 것이 정책의제 형성이론의 핵심적인 부분이다. 또한 국민이 정부에게 해결을 요구하는 문제를 받아들이는 과정이 정책의제 형성과정이며, 이 과정은 동일한 과정으로 이루어지는 것이 아니고 다양한 경로를 거쳐서 정부의제가 만들어진다.

〈표 9-1〉 정책의제 종류와 내용

종류	내용
공적 아젠다	사적 아젠다가 대중매체 등을 통해 공공의 관심을 끌거나 정부의 권위 있는 의사결정자의 관심을 끌게 되면 공적 아젠다
사적 아젠다	개인이 관심을 가지고 있는 문제나 이슈는 사적 아젠다
체제아젠다	공공 아젠다라고도 부르며 공공의 관심을 끌 가치가 있어 정치적 공동체의 구성원들이 정부 당국이 합법적으로 다룰 수 있는 문제라고 공통적으로 인지하고 있는 모든 이슈들
제도 아젠다	정부 아젠다라고도 하며 이는 권위 있는 의사결정자가 명백하고 적극적이고 진지한 관심을 기울이는 이슈들
공공아젠다	공공아젠다는 사회 내 개개인의 개별적인 아젠다의 집합체로 정의되며 문제를 단순화시켜 준다는 특색이 있고 여론과 밀접한 관련이 있음
공무아젠다	정책결정이 일상적으로 이루어지는 아젠다들의 항목들
운영아젠다	건설적인 관심을 받는 이슈들로 이루어지며 입법부의 상정된 법안, 법원의 의사일정표 등
정부아젠다	정부의 관리들이 신중하게 관심을 기울이는 주제의 목록으로 문제나 정치의 흐름 속에서 작성
결정아젠다	정부 아젠다 가운데 실질적인 결정을 위해 놓인 주제들의 목록으로 정책의 흐름 속에서 작성

출처: 김종상 외(2020. 136-137). 재구성.

(4) 정책의제 형성과정

정책의제 형성과정은 일반적으로는 사회문제에서 사회 쟁점으로 부각시키고, 여기서 공공의제로 채택된 후 다음으로 정부의제로 채택되는 과정을 거친다. 앤더슨은 정책의제 형성과정을 개인적 문제, 공익적 문제, 이슈, 체제적 의제, 제도적 의제로 분류하여 설명하면서 개인적 문제가 공익적 문제가 되며, 공익적 문제는 사회적 이슈가

되고, 이슈가 체제의제로, 체제의제가 제도적 의제로 전환되는 과정으로 정의하였고, 아이스톤(Eyestone)은 사회문제가 다수의 사람들에게 인식되고 이에 반응하는 단체가 개입하면 사회문제가 사회적 이슈화되고, 더 많은 단체가 압력을 행사함으로써 공공의제가 되고, 이슈 제기자의 활동으로 공식의제로 진행된다고 한다(강희갑 외, 2019: 160-162). 또한 존스(Jones)는 정책의제 형성과정을 인식과 정의, 결집과 조직, 대표, 의제설정, 네 가지 역할로 구분하고, 킹돈(Kingdon)은 의제 형성과 대안의 모색 과정을 문제의 흐름, 정책의 흐름, 정치의 흐름 등 세 진행과정으로, 코브(Cobb)와 로스(Ross)는 이슈의 제기, 구체화, 확산, 진입의 네 진행과정으로 구분하여 설명하였다(양정하 외, 2020: 209).

이렇게 정책의제의 형성과정 모형은 학자들에 따라 다양한 이론적 모형을 제시하지만, 대체로 모형은 [그림 9-1]과 같다(양정하 외, 2020: 210).

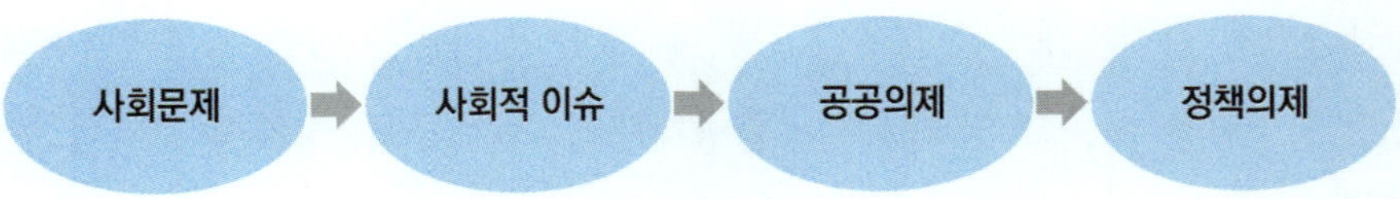

[그림 9-1] 정책의제 형성과정

사회문제가 사회적으로 쟁점화되어 공중의제로 채택되어도 사회의 관심을 끌지 못할 경우도 있다. 그 원인은 요구되는 문제나 사항의 특수성과 그 사회를 구성하는 정치·경제·문화·사회적 요인들이 정책의제화되는 데 영향을 줄 수 있다. 예를 들면, 최고 정책결정권자가 사회문제를 인식하고도 무시하는 경우에 사회적 이슈화를 공중의제과정과 정부의제 설정 없이 곧바로 정책결정을 하는 경우는 정치적 후진국에 속한다 할 수 있다.

(5) 정책의제 형성과정에 영향을 미치는 요인

인간이 살면서 겪게 되는 여러 가지 욕구인 의식주, 문화, 여가활동 및 인간관계, 사회적 위험들이 사회문제로 부각되어 사회문제를 정책의제로 쟁점화되기까지는 많은 사회적 요인과 변수에 영향을 받아, 대부분의 사회문제는 정부의 정책의제로 채택되지 못하는 경우가 많다. 어떤 경우에는 사회문제가 시급한 사항에 해당하는 경우, 곧바로 정책의제로 채택되고 집행되는 때도 있다. 또한 많은 과정을 거치면서 여러 가지 요인과 변수가 발생하여 정책의제 형성과정에 영향을 주어서 정책의제 형성을 촉구하거나 억압하는 역할을 한다.

코브와 엘더(Cobb & Elder)는 보편적 문제에 해당되는 사항일수록 관련 당사자가 다수이므로 정책의제화될 현실성이 매우 크며, 사회적 관심이 크고, 충격의 강도가 세고, 앞으로도 반드시 해결해야 할 문제들, 장기적 고통을 주는 해당사항, 비슷한 전례가 많고, 이해와 설득이 빠를수록 정책 관련자에게 주의를 끌게 될 때에는 매우 쉽고 간단하게 정책의제로 선정된다고 한다. 또한 앤더슨은 이슈가 정책의제화되는 데 중요한 역할을 하는 요인으로 세력균형체제에 대한 공포, 정치적 리더십, 사회적 큰 문제와 사건, 저항 행동, 대중매체 정보전달 등을 들고 있다(양정하 외, 2020: 210-211).

3) 대안형성

(1) 정책대안 형성의 개념

정책대안이란 문제의 해결방법이다. 정책대안 형성과정이란 어떠한 사회복지정책에 관한 문제와 상황을 파악하여 정부가 해결해야 할 의제로 설정되면, 정책목표를 세우고 목표달성을 위한 정책수단을 찾기 위해서 여러 중요한 대안들 가운데 최선의 대안을 선택할 수 있도록 탐색하고 개발하여 비교·분석하는 과정을 말한다. 가능한 최선의 대안을 결정하기 위해서는 모든 대안들을 살펴보아야 한다(김종상, 2020: 142).

(2) 정책대안의 형성과정

사회복지문제를 포함한 그 어떤 문제해결을 위해 거쳐야 하는 실행단계가 정책대안의 과정이라고 할 수 있다. 정책대안의 형성과정을 문제와 상황의 파악, 미래예측 및 정책목표 설정, 대안 탐색 및 개발, 대안의 비교·분석 등으로 설명하고자 한다(남기민, 2016: 130; 김윤재 외, 2020: 84-90).

① 문제와 상황의 파악

사회복지정책문제의 정확한 상황과 파악의 위한 방법으로 전문가·학자·관료와의 상담하는 경우도 있고, 사회복지대상자와 이해 관계자들을 대상으로 하는 현지조사도 실시할 수 있다.

② 미래예측 및 정책목표 설정

문제의 내용을 파악한 후에 미래의 상황변화를 예측하고 가장 현명한 미래 정책목표를 설정하는 일로서 미래를 위한 매우 적절한 활동을 의미한다. 정책목표를 설정할 때 고려사항은 정책의 관련 대상, 정책문제의 성격, 문제해결 목표의 종류와 특징, 다른 목표와의 연계성, 목표의 가치 등을 들 수 있다.

③ 정책대안 탐색 및 개발

정책의 목표가 수립되면 그 정책 대안들을 제시해야 한다. 정책대안을 작성하기 위한 정보 수집과 탐색, 분석을 실시한다. 정책대안을 발굴하는 방법으로 사회문제에 속한 기존의 정책과 현존 정책을 비교·검토하는 방법, 외국의 정책사례를 비교·검토하는 방법, 사회과학적 지식, 직관적 방법 등을 통해 정보를 얻기도 한다.

④ 대안의 비교 분석

모든 대안을 검토하는 하는 데는 시간과 비용, 자원의 제한성이 있다. 모든 대안

중에서 몇 가지 대안을 선택해서 집중적 비교와 분석을 하는 것도 좋다.

대안의 비교 분석을 할 때는 기술적 실현가능성, 정치적 실현가능성, 능률성, 효과성을 고려해야 한다.

⑤ 최상의 정책대안 선택

사회복지 문제를 해결하기 위한 작성된 여러 대안을 탐색하고 분석하여 이 가운데서 최상의 대안을 정책결정자가 결정하는 것이다. 정책대안 선택은 공익가치에 충실한 정책대안 결정이어야 한다.

(3) 대안의 비교분석 기법

정책대안의 비교·분석방법은 미래의 상황을 예측하는 방법과 과거의 개발된 정책대안 자료를 활용하여 미래상황에 대한 실제적 정보를 얻는 방법을 말한다. 미래상황을 예측하고 정책대안을 수립하는 것은 안전성을 확보하고 대응성을 높이는 것이다(김윤재 외, 2020: 88).

① 미래의 예측방법

가. 유추(analogy)

'같은 형태' 구조를 통해서 미래의 정황이나 문제를 예상하는 방법으로 그 속성이 다른 경우에는 활용이 어렵다.

나. 경향성 분석(tendency analysis)

과거의 경향이나 동향을 가지고 미래를 예측하는 방법이지만 급변하는 사회변화 정황의 경우 확실한 예측을 하기가 어렵다.

다. 마르코프 모형(Markov model)

과거의 변화를 기반으로 다가올 미래의 변화를 계속적으로 예상하는 데 사용한다. 어떤 사건이 시간의 진행에 따라 일정한 비율로 변해 가는 경우 최종적 상황을 예상하여 정책결정에 도움을 주는 확률적 정보와 자료를 지원한다.

라. 회귀분석(regression analysis)

변수들 사이의 상관관계를 가정하여 만들어진 회귀 방정식을 통하여 미래를 예측하는 방법이다.

마. 델파이(Delphi)기법

예측 상황에 대한 전례나 정확한 자료가 없을 경우, 전문가들의 견해를 정리하고, 교류하고 향상시키는 미래 예측 방법이다.

② 대안의 비교분석기법

가. 비용편익분석(cost-benefit analysis)

각각의 정책대안을 실행할 때 정책의 능률성과 경제성에 고려하여 사용될 예산과 예측 편익을 서로 대어 보는 방법이다. 하지만 정책에서, 화폐가치로 수량화할 수 없는 부분에서는 활용하기가 어렵다는 지적이 있다.

나. 비용효과분석(cost-effectiveness analysis)

대안의 실행 시 사용되는 예산과 드러나는 효과를 비교분석하는 방법이다. 비용편익분석에서는 편익이 화폐가치로 환산되지만, 비용효과분석에서는 효과가 비화폐적인 측면까지도 포함한 물건이나 용역의 단위 등으로 수를 계산한다.

다. 줄서기 분석기법(queuing)

줄서는 대기시간과 사용할 수 있는 시간에 대한 정보를 제공하여 서비스 제공의 간격을 줄여 사회적 비용을 절감하고 공공서비스의 수준을 높이기 위한 경제학적 분석기법 중 하나이다.

라. 모의실험(simulation)

사회복지 정책대안들이 거기서 일어나는 현상을 알아내기 위하여 실제로 집행하지 아니하고 그 모형을 만들어 분석하는 방법이다.

마. 결정분석(decision analysis)

최적정책대안의 결과를 예상하기 위하여 확률적 사건에 기대가치가 가장 큰 대안을 선택하는 과정으로 나뭇가지처럼 그려 놓고 분석하는 방법이다.

바. 선형계획 기법(linear programing)

직선 모양처럼 계획문제에 수반되는 각종 조건 아래에서 편익의 극대화나 비용의 극소화를 달성할 수 있는 자원 배분에 절차 · 방법 · 규모에 관해 내용을 미리 제공해 준다.

(4) 정책대안의 한계점

정책대안을 작성할 때 자원과 분석능력의 한계와 문제점으로는 예측능력의 한계, 계량화의 문제, 예산 기준으로서 공동 척도의 결핍, 시간과 예산의 문제, 다른 정책들과의 상호작용, 투입예산 - 산출물관계의 불확실 등을 들 수 있다.

4) 정책결정

(1) 정책결정의 개념

정책결정이란 문제해결과 정책목표달성을 위해서 문제해결방안인 여러 정책의제의 형성과정, 대안의 형성과 정책대안을 비교·분석하고 정책결정자가 최적의 대안을 선택하는 행위나 과정을 말한다. 드로어는 정책결정을 다양한 요인과 변수들이 내재되어 시시각각 변화하는 과정으로서 주로 국가기관과 정부기관, 공공기관에 의하여 앞으로의 활동방침을 결정하는 것을 말하며, 이 방침은 할 수 있는 최선의 방법을 동원하여 공익목적을 달성하는 것이라고 정의하였다.

현대 사회복지에 대한 국가의 기능과 역할이 증대함에 따라서 사회복지정책 결정은 복지국가실현에 큰 영향을 미친다. 바람직하지 못한 사회복지정책 결정은 정책 관련자의 피해와 사회적·경제적으로 엄청난 사회적 비용 손실로 이어지기 때문에, 올바른 사회복지 정책결정이 형성과정에서 가장 중요한 위치에 있다고 할 수 있다(양정하, 2020: 211).

(2) 정책결정의 과정

정책의 항목은 대부분 정책목표와 정책수단에 있어서 결정과정이 합리적이고 체계적이어야 한다. 대체로 정책결정의 과정을 4단계 과정으로 설명한다(양정하. 2020: 211).

① 문제의 인지 및 목표의 설정

어떤 문제나 요구를 정책결정자가 문제로 인식하고 정책적 의지를 갖고 해결하려고 행동을 할 때 정책결정이 시작되는 것이다. 이러한 관점에서 정책문제를 정확하게 분석하고 확인하는 것이 정책의 합리적 결정을 위해서 매우 중요한 사항이다. 따라서 문제에 대한 정확한 이해와 문제를 해결을 위한 올바른 정책목표와 방향제시가 이루어져야 한다. 정책목표란 정부, 기관, 조직들이 정책을 통해 달성하려는 미래의 바람직한 상태로써, 정책수단 선택의 기준과 의사결정 지침 역할과 정책평가의 기준으로 사용된다.

② 정보의 수집 및 분석

정책문제를 정확히 분석한 후 정책목표가 제시되면 정책에 관계된 정보 수집과 분석 과정을 거치게 된다. 정책정보는 정책결정자로 하여금 정책문제 해결을 위한 정책대안에 필요한 정책관련자들과 정보 공유를 함으로써 적절한 정책을 결정할 수 있도록 하는 역할과 작용을 한다.

③ 대안의 모색과 평가

다양한 대안이 만들어지면 이들의 특성과 실천가능성, 또한 비용・편익분석으로 정확한 평가가 이루어져야 한다.

④ 최선의 정책대안 선택

정책결정의 최종 단계는 제출된 여러 대안을 비교, 분석하여 가장 적합한 대안 하나를 정책결정자가 공익에 정책가치 기준을 두고 선택하여 결정하는 것이다.

(3) 정책결정의 특징

정책결정은 다른 정책 형성과정과는 달리 대안의 선정과 우선순위를 결정짓기 때문에 신중한 결정이 되어야 하고, 갈등해소를 위한 권위 있는 결정, 가장 적합한 해결대안의 선택, 사회의 공공목적 부합, 관련법과 정치적 영향력 반영, 장기적 안목이 있어야 한다.

(4) 정책결정에 관한 이론모형

일반적인 정책결정의 모형을 살펴보면 다음과 같다(김윤재 외, 2020: 91-94).

① 합리모형

이 모형은 정책결정에 관한 초장기 연구모형으로 정책결정자와 정책분석자가 이성과의 합리성을 전제로 하여, 목표 달성을 극대화할 수 있는 최선의 정책대안을 찾아낼 수 있다고 보는 정책결정 모형이다. 이 모형의 특징은 인간의 이성과 합리성을 전제, 주어진 목표와 상황을 가정, 인간의 능력에 대한 신뢰, 대안의 비교 판단기준이 존재한다는 가정을 한다. 그러나 이 모형이 비현실적이라는 지적을 이런 점에서 받고 있다. 인간의 이성 및 합리성에 대한 한계, 목표와 상황의 불확실성, 인간 능력의 한계, 정보 및 시간의 부족, 심리적 갈등의 문제, 매몰비용의 문제 등이 있기 때문이다.

② 만족모형

마치와 시몬(March & Simon, 1958)이 주장한 만족모형은 현실적인 최상의 만족이 아니라 다소 만족할 만한 대안을 선택하는 의사결정 모형이다. 이 모형의 특징은 제한된 합리성, 정책목표 및 기준의 불확정성, 제한된 대안의 탐색, 만족스러운 대안의 선택 등을 들 수 있다. 그러나 이 모형의 한계점은 만족스러운 대안의 불명확성, 적용의 한계, 반쇄신적 성향 등을 들 수 있다.

③ 점층모형

린드블롬과 윌다브스키가 주장한 점층모형은 정책의 결정은 경제적 합리성과 시민 등의 지지를 얻는 정치적 합리성이 크게 작용한다고 보았다. 이 모형의 한계점은 혁신을 배제하기 때문에 급속도로 혁신과 개혁이 요구되는 사회에서 반영하기는 적합하지 않다는 것이다. 또한 이 모형은 인간의 장래성에 비관적인 입장을 가지고 있어서 정책의 과학성을 방해하고 있다.

④ 혼합모형

혼합모형은 에치오니(Etzioni)가 제안한 것으로 합리모형과 점층모형의 혼합 형태이다. 이 모형의 장점으로는 이상적인 합리성을 현실화시키는 합리모형과 동시에 지나친 보수성을 갖는 점층모형의 한계를 극복하고 현실적 변화에 대처하면서 함께 미래적 안목을 가질 수 있는 특징을 가지고 있다는 것이다.

5) 사회복지정책 집행

(1) 정책집행의 개념

정책집행이란 공식적으로 표명된 정책목표를 실현하기 위하여 의도된 정책문제를 해결하는 정책의 실현과정을 의미한다. 사회복지문제의 해결과 정책목표 실현을 위해 정책의제가 형성되고 대안이 채택되어 정책결정이 이루어지고 정책실행이 될 때 정책적 가치가 존재하는 것이다. 정책집행 단계가 중요한 까닭은 정책이 집행되지 않으면 표명된 정책목표가 달성될 수 없고, 실제로 정책내용이 집행단계에서 확정되기 때문이다.

이 점에서 정책집행은 정책집행 과정을 통해서 성과를 이룰 수 있기 때문에 정책형성과정의 핵심을 이루는 부분이다. 결국 정책집행은 사회복지정책이 결정된 사항대로 행정조직을 통하여 서비스를 전달하고 실천하는 과정이라고 할 수 있다(양정하 외, 2020: 214).

(2) 정책집행의 과정

정책집행 과정은 주어진 목표를 구체화시키는 데 그 목적이 있다. 사회복지정책의 집행에는 관리기술적 성격과 재분배정책에 해당되는 것이어서 정치적 성격을 포함하고 있다. 또한 정책결정이 되었다고 해서 그대로 다 정책집행이 되는 것은 아니다. 이 과정은 일반적으로 정책지침개발단계, 자원확보단계, 배분단계, 감찰과 감독단계로 이루어진다. 존스는 정책집행과정을 해석, 조직, 적용의 3단계로 제시하고 있다(양정하 외, 2020: 215; 박차상 외, 2020: 115).

(3) 정책집행의 한계

정책집행 과정은 복잡하며 여러 과정을 거친다. 각 과정은 서로 다른 활동과 문제학습을 포함하며 다양한 지배계층이 영향력을 행사한다. 또한 처리과정에서 시점과 관점에 따라 변경과 수정이 되기도 하고 목표와 전략에 예측하지 않았던 변수가 발생하여 시행지침의 우선순위가 변경될 수 있다. 정책문제는 법률이 시행된 후에도 정책집행의 중간과정에서 발생할 수도 있다. 항상, 어떠한 정책이 결정, 집행되었다고 해서 그 과정이 항상 예정대로 잘되어 가는 것도 아니다. 디니토와 다이(DiNitto & Dye)는 성공적 집행에 대한 장애요인을 의사소통, 자원, 태도, 관료적 구조 등으로 정의한다(양정하 외, 2020: 215-216).

(4) 정책집행에 영향을 미치는 요인

정책집행에 영향을 미치는 요인들은 정책 내재적 요인, 정책 형태적 요인, 정책 환경적 요인 등을 들 수 있다. 정책 내재적 요인은 정책 형성과 연관된 부분이고, 정책 형태적 요인은 정책활동과 연관된 부분이고, 정책 환경적 요인은 환경정책과 연관된 부분이다.

① 정책 내재적 요인

정책 내재적 요인이란 형성된 정책내용에 영향을 미치는 요인들이다. 이런 요인은 목표의 달성을 위해 동원되는 사회복지 정책목표의 적합성과 구체성, 정책 절차 및 방법, 지원하는 행정 서비스의 형식에 관한 법규들이 있다. 그리고 정책집행에 사용되는 충분한 예산과 책임 있는 정책집행기관 존재와 정책꾼들의 의지와 태도가 분명하고 사회복지서비스 전달체계가 정확하고 전달방법이 확실한 경우에는 정책집행이

순조롭게 진행될 것이다. 또한 정책상황적 변수도 정책집행에 가장 큰 영향을 준다(강희갑 외, 2019: 179).

② 정책 형태적 요인

정책의 형성과 집행에 참여하는 정책 관련자들의 정치 형태와 연관된 변수들이다. 정책에 관여하는 정치 기관(대통령, 국회, 법원 등), 정책집행 기관(정책집행담당자), 상급 관청, 이익집단(경쟁부서 · 수혜자 · 비용부담자), 지역주민, 국민 등의 정치 형태로 구분할 수 있다. 정책 형태적 요인은 정책의 목표 달성에 영향을 미치고, 정책의 성공을 좌우한다.

③ 정책 환경적 요인

정책 환경적 요인은 정치, 경제, 사회적 상황의 변화와 연관된 환경적 변수로서 정책 형성 및 집행에 영향을 미친다. 때로는 상황의 변화가 정책의 발달에 공헌하기도 하고 정책의 집행을 흐지부지하게 만들기도 한다. 정책 환경의 변화는 간접적인 변수에 해당하지만, 정책결정자나 정책담당자가 통제하기 어려운 경우에는 의도적으로 회피하는 경우도 있다. 정치 행정적 민주적 분위기, 조직 간의 갈등이 존재, 언론매체의 관심과 보도성향, 지역주민의 사회복지정책에 대한 관심과 지지, 정책을 집행하는 하급기관과 상급기관의 지지와 자원 지원관계, 정당의 지지도 등이 정책집행에 영향을 미치는 환경적 요인이라 할 수 있다.

6) 정책평가

(1) 정책평가의 개념

정책평가란 정책활동에 관한 평가를 말한다. 정책의 집행결과가 사회복지문제 해결을 위해 의도한 정책집행의 목적을 구현하기 위해 얼마나 목표를 달성했는가를 확인하고, 정책 활동의 가치를 찾기 위한 체계적인 과정으로 정보를 수집, 분석, 해석, 판단하는 활동이다. 정책평가는 사회복지정책의 진행과정 중에서 매우 중요한 과정이다. 정책은 형성되면서 정책집행 이후까지의 모든 정책과정 속에서 실시된 정책활동에 대한 평가가 이루어지고 평가된 내용은 다시 정책과정에 반영된다. 즉, 정책평가는 국가와 사회의 발전에 기여하는 정책 수단으로서 정책의 집행 결과에 대한 사정이라고 볼 수 있다.

(2) 사회복지정책 평가의 필요성

정책평가의 필요성에는 정책의 질과 정책관리자의 책임성을 높이고, 정부 사업과 프로그램 운영의 능률성과 효과성을 향상시키고, 평가를 돕기 위한 관리와, 또한 공공문제나 민원 해결과 관련하여 정책 전략의 효율성 구축, 정책의 정당성 확보와 관련된 지식 축적에 있다. 정책평가의 필요성을 간략히 정리해 보면, 정책평가는 목표로 했던 문제해결의 성과를 확인하고, 욕구충족 및 문제해결 성공 여부판단의 결과를 알려 주며, 사회복지정책과 프로그램에 반영하여 성공을 위한 발전된 연구를 이루며, 사회문제의 해결을 위한 원칙과 다양한 기법과 수단과 방법을 제시하는 역할을 한다.

〈표 9-2〉 평가이행 여부 장점과 단점

평가이행 시(장점)	평가불이행 시(단점)
• 주요 결정권자의 책임성을 높임 • 결정과정의 보완을 가능 • 효과적인 자원의 활용 • 자원확보를 위한 기관의 역량 강화 • 효율적이고 체계적이며 연속적인 변화유지	• 무차별적 재정 삭감 및 지원 중단 • 자의적·충동적·임시방편적 정책결정 과정의 유지 • 정책개발 및 전달과정의 창의성·혁신성 결여 • 부적절한 정책의 연속성 유지 • 정책대상자의 감정 상함과 무관심 발생

출처: 양정하 외(2020: 219) 재구성.

(3) 사회복지정책의 평가절차

정책평가는 정책활동에 대한 일련의 연속적 과정과 절차를 통해서 이루어진다. 정책평가의 영역은 협의적 정책평가와 광의적 정책평가로 나눈다. 협의적 정책평가는 정책이 실현되어야만 하는 문제의 해결에 미치는 영향을 살펴보는 평가활동이고, 광의적 정책평가는 정책과정 전반에 걸친 평가활동을 말한다.

일반적으로 정책평가의 과정은, ① 평가목표의 설정, ② 평가기준의 설정, ③ 평가방법의 설계, ④ 정보수집, ⑤ 정보의 분석・해석・판단 ⑥ 평가보고서 작성과 제출 과정으로 구분할 수 있다(양정하 외, 2020: 220; 김윤재 외, 2020: 103).

① 평가의 목표설정

평가를 실시하려면, 평가의 목표설정이 제일 먼저 해야 할 일이다. 정책평가의 목표가 설정되면 정책평가자가 선정되고 평가의 항목 및 평가의 영역이 확실해진다. 평가의 목표를 확실하게 설정하는 것은 정책의 체계적인 평가를 위한 기준을 마련하고 정책평가의 방향을 결정해 주는 것이다.

② 평가영역과 기준의 설정

정책 진행과정을 평가함으로써 정책집행 결과가 의도된 목표들을 발견하고, 평가목표에 비교하여 이 가운데 무엇을 평가할지 항목을 선정한다. 이에 정책평가가 실시될 기간과 시점, 지역적 범위, 평가 대상 결정, 평가 시점 범위 등을 결정해야 한다.

③ 프로그램의 내용 확인

평가할 사회복지정책 프로그램의 내용을 이해해야 한다. 정책평가의 항목으로 사회복지 프로그램의 목표, 내용, 정책 대상 관련자, 이해관계, 관련법규 등에 관한 정책 결정과정과 집행과정 등에 관한 전반적인 정보를 수집해야 한다. 정책실현을 위한 정책 수단과 자원의 유무와 활용 등도 확인해야 한다.

④ **평가설계서 작성**

정책평가 프로그램 내용이 확인되면, 정책 프로그램이 어떤 결과를 가져왔고 그 결과로 인해 미친 영향은 무엇인지 규명하기 위한 분석틀을 만들고 이는 평가설계의 형태・기법을 결정하여 평가설계서를 작성한다.

⑤ **자료수집**

평가설계가 구성되면 평가에 필요한 자료를 수집한다. 일반적으로 많이 사용하는 1차 자료 수집방법인 관찰법, 면접법, 설문지를 통한 질문지법 등은 직접 조사를 통하여 수집되고, 2차 자료는 기존자료인 정부 문서, 각종 통계자료, 다른 평가보고서 등에서 자료수집이 이루어진다.

⑥ **분석 및 해석**

자료수집 내용을 분석하고 해석하는 과정으로 수집된 자료를 질적인 평가분석과 양적인 평가분석을 병행한다. 질적인 평가분석은 논증과 설득력을 기반으로 하는 이론적・논리적 분석을 말하며, 양적인 평가분석은 정책분석 기법(비용편익분석, 비용효과분석, 결정나무분석 등)이나 통계적 기법을 사용하는 분석기법이다.

⑦ **평가보고서의 작성 및 제출**

정책보고서는 평가보고서의 형태로 작성하여 의뢰기관에 제출한다. 이는 쉽고 간결하게 작성하며, 그림, 도표, 공식화된 용어사용, 내용요약, 배경설명, 평가목표, 평가방법, 자료수집방법, 분석결과 함의, 결론, 제언사항 등이 제시되어야 한다.

(4) 사회복지정책 평가에 영향을 미치는 요인

정책 평가활동에 영향을 미치는 관련 요인들을 인적 요인, 시간적 용인, 기술적 요인, 제도적 요인 및 정책 자체 요인으로 나눌 수 있다(김윤재 외, 2020: 105).

① 인적 요인

정책평가 활동에 작용하는 평가자, 평가의뢰자, 평가의 영향을 받는 자들을 정책꾼이라고 한다. 정책꾼들은 정책평가자, 정책담당자, 클라이언트, 주민, 일반국민 등의 영향력 등으로 구분할 수 있다.

가. 정책평가자

정책평가자가 사회복지정책 프로그램의 평가 방향을 결정하는 데 지대한 영향력을 갖는다. 이에 정책의 평가자는 정책에 대한 전문지식과 평가기술을 바탕으로 활용능력・태도를 겸비해야 한다.

나. 정책담당자

정책결정자나 정책집행자로서 정책담당자는 그들의 의도나 관심이 정책평가에 영향을 미친다.

다. 클라이언트

클라이언트는 정책평가의 의뢰자이며 정책수혜자로서 정책평가에 영향력을 행사하여 사회복지정책 사업을 확대하려고 한다.

라. 주민, 일반 국민 등

사회복지정책 프로그램에 밀접한 영향을 받는 지역주민들, 이해관계자, 일반 국민들의 여론 등이 정책의 평가에 영향을 미친다.

② 시간적 요인

시간적 제약은 정책평가에 영향을 미치는 요인으로 충분한 시간적 여유를 갖지 못하고 이루어진 정책평가는 내용의 부실을 초래할 수 있어 평가 의미를 약화시킬 수 있다. 또한 시간적 여유를 갖다가 적절한 평가시기를 놓치는 경우도 있다.

③ 기술적 요인

좋은 정책평가를 하려면 평가 자료를 분석할 수 있는 평가기법을 사용할 줄 알아야 한다. 평가목적에 적합한 자료수집과 설계 등의 기술적 요인이다. 그렇지 않다면 올바른 평가를 기대할 수 없다.

④ 제도적 요인

좋은 정책평가 결과를 얻으려면 필요한 정보나 자료의 취득이 보장되고, 원활한 평가활동이 진행되도록 행정적인 뒷받침과 지원이 있어야 한다. 또한 평가결과를 적용할 수 있도록 하는 제도적 환류장치가 있어야 한다.

⑤ 정책 자체 요인

좋은 정책평가를 하려면 평가목표가 분명하고, 목표를 달성하는 데 연계 수단이 정확하고, 평가내용에 대한 측정이 가능해야 한다. 이에 정책목표와 평가기준과 측정수단을 위한 매뉴얼이 있다면 정책평가는 쉽게 이루어질 수 있다. 반면에 정책목표나 평가기준과 측정수단이 불분명할 경우 평가자체의 의미는 약해진다.

〈표 9-3〉 사회복지정책의 평가절차

학자명	학자들의 견해
드로어(Dror)	정책결정산출과 기대한 결과 간의 비교, 양자 간의 차이에 대한 평가 등 2단계
수즈만과 존스 (Suchman & Jones)	평가할 목표에 대한 식별, 해결하고자 하는 문제에 대한 분석, 행위에 대한 묘사와 표준화, 발생하는 변화의 정도 측정, 관찰된 변화가 특정의 행위에 의해 야기된 것인지 아니면 다른 요인에 의해 야기된 것인지에 관한 결정, 그 효과의 지속 여부에 관한 고려 등 6단계
헨리(Henry)	결정자의 필요파악, 문제의 본질과 범위파악, 타당한 목표와 선정, 총체적 측정방법의 구체화 등 4단계
노화준	정책효과의 평가에 초점을 맞추어 평가절차를, 목적의 식별, 기준의 설정, 인과모형의 설정, 적절한 연구설계의 발전, 측정, 자료의 수집, 자료의 분석과 해석 등 7단계
송근원 · 김태성	사회복지정책의 평가절차를 평가의 목표설정, 평가범위의 설정, 정책 프로그램의 내용파악, 평가설계 자료수집, 분석 및 해석, 평가보고서의 작성 및 제출 등 6단계

출처: 양정하 외(2020: 220) 재구성.

(5) 정책평가의 기준

사회복지정책의 평가기준은 목표달성에 대한 시각의 차이는 있지만, 정책이 사회복지대상자에게 효과성, 효율성, 형평성, 적절성, 적정성, 대응성의 측면에서 실질적인 도움이 되었는가를 평가하는 것이다. 평가기준의 충족요건을 살펴보면 다음과 같다(양정하 외, 2020: 223-227).

① 효과성이다. 이는 정책집행의 결과로 의도했던 구체적인 목표가 달성했는가를 측정하는 것이다.

② 효율성이다. 정책목적을 달성을 위해서 들인 노력과 결과를 산출비율과 경제적 가치의 척도로 평가하는 것이다.

③ 형평성이다. 공들이고 노력한 결과가 공정하고 공평하게 분배가 되었는가를 평가하는 것이다.

④ 적절성이다. 문제해결과정에서 사용한 수단과 방법의 정당성을 평가하는 것이다.

⑤ 적정성(adequacy)이다. 문제해결의 실질적인 필요성과 합리성의 존재를 판단하는 것을 의미한다.

⑥ 대응성이다. 정책목표가 정책대상집단과 수혜자들의 요구에 대한 욕구충족과 관심에 부합하였는가에 민감하게 반응하는 정도를 말한다.

정책평가는 정책평가의 정확성·객관성·연속성의 전제조건 가운데 정책의 수립과 집행에 있어서도 계속적으로 환류되는 과정이다.

10 사회복지정책의 평가

[학습목표]

1. 사회복지정책 평가의 기본 개념에 대해서 이해한다.
2. 사회복지정책 평가의 모형과 종류를 이해한다.
3. 사회복지정책 평가 기준과 절차를 이해한다.

[개요]

정책평가란 특정 정책이나 프로그램의 목표를 달성했는지를 알아보기 위해서 정보를 수집, 분석, 해석하는 활동이다. 정책평가는 정책수행과정의 모든 활동에서 평가작업이 개입되어 있다고 볼 수 있다. 일반적으로 평가는 거의 모든 활동에서 이루어지고 있는 것이지만 사회복지정책에 있어서의 평가는 보다 전문적인 의미를 가지는 개념이다. 사회복지정책은 특별한 목적을 가지고 의도적으로 그 목적을 달성하기 위하여 여러 사람들이 집단적으로 활동하는 일련의 활동이기 때문이다.
따라서 사회복지정책의 평가를 위한 평가의 기본 개념과 필요성, 사회복지정책의 모형과 종류, 사회복지정책 평가 기준과 절차, 정책효과의 문제점과 시사점 등을 다음과 같이 살펴보고자 한다.

1. 사회복지정책 평가의 개념과 필요성

1) 사회복지정책 평가의 개념

정책평가는 특정한 정책의 내용, 과정 및 그 결과와 영향 등을 이해하고, 그 가치를 판단하는 과정이며(안선회, 2010), 사회복지정책 평가는 정책의 내용, 집행 및 그 영향 등을 추정하거나 사정 또는 평정하기 위하여 체계적 연구방법론들을 응용하는 것으로서 어떤 한 정책의 과정이나 결과를 이해하고, 그 값어치를 판단하는 사회적인 과정이라고 할 수 있다. 즉, 사회복지정책 평가는 정책의 개선에 기여하기 위한 수단으로써 명시적으로나 묵시적인 기준에 비교하여 정책의 집행 혹은 결과에 대한 체계적인 사정이라고 볼 수 있다. 따라서 평가는 체계적인 사정, 정책의 과정 혹은 실행, 결과에 대한 초점, 비교 가능한 기준, 정책의 개선이라는 목적 등이 포함되어 있는 개념이 된다.

2) 사회복지정책 평가의 특성

(1) 정책평가의 객관성과 정치성

정책평가는 근본적으로 객관성과 과학성을 지향하는 측면과 정치적・현실적 상황을 고려하는 측면에서 긴장과 갈등의 관계에 있다. 정책평가의 실제적인 작업은 객관성과 과학성을 중시하는 전문가나 학자들에 의해 수행되지만, 그 결과의 해석과 선택, 그리고 응용은 결국 기관이나 조직의 이해관계 혹은 보다 넓게는 정치적 의미를 지닌 채 이루어지기 때문에 객관성과 정치성의 긴장과 갈등 관계가 내면에 흐르고 있다고 볼 수 있다.

특히 사회복지정책의 평가는 그 실시 주체가 어떤 목적으로 사용할 것인가라는 평가의 실시 초기에서부터 종종 감추어진 목적을 가지고 있는 경우가 허다하다. 어떤 의미에서는 사회복지정책의 평가를 어떤 분야에, 어떤 목적으로, 누가 평가할 것인가 등과 관련하여 선택이 이루어지는 것이고, 여기서부터 각종의 정치성이 개입될 소지가 존재하기 때문이다. 사회복지정책 평가는 다른 공공정책과 비교하여 볼 때 그 내용이 매우 가치 지향적이고, 그 내용이 비경제적 · 사회 심리적 · 추상적인 것이 많을 뿐만 아니라 또 사회복지정책과 연관된 이해관계의 집단이 가진 사회력이 미미하다는 속성이 정책평가자로 하여금 더욱 정치적 성향을 가질 수 있도록 만드는 요인이기도 하다.

다음으로 정책평가가 가진 갈등의 요소 중 정책평가의 전문가들이 잘못할 수 있는 것과 관계된 것으로서 흔히 정책평가의 요소와 도구 및 방법론 사용과 관련된 논쟁이다. 정책평가를 아무리 객관적이고 과학적으로 실행한다고 하더라도 사회과학의 방법론이 가지고 있는 한계라든지, 또 평가자의 가치와 방법론상의 선호 등이 정치성의 논쟁에 휘말릴 수 있는 요소이기도 하다. 특히 정책평가자의 개인적 친분관계나 소속되어 있는 기관의 특성 등도 객관성과 과학성을 희석시키는 요인이 될 수 있다.

따라서 이러한 긴장과 갈등의 문제를 적절하게 해결하고 정책평가의 본질적 목적에 맞도록 하는 노력은 정책평가과정이 투명하게 밝혀져야 하고, 정책평가작업에 참여하는 인적 구성원의 공정성, 여론의 검증과정을 위한 메스컴의 철저하고 활발한 노력, 관련 학계나 실무계의 공청회나 논의과정, 그 결과의 적용 방법 등과 같은 다양한 부분의 활동이 일관성 있고 체계적으로 전개되어야 한다. 결국에는 성숙한 시민의식과 정책평가에 대한 각 분야의 합리적인 대책과 체계가 마련되어야 함을 보게 된다.

(2) 정책평가의 영향요인

정책평가는 그 중요성과 필요성에도 불구하고 종종 본질에서부터 멀어지는 경우가 있다. 다음에서 정책평가의 내용과 결과에 부정적인 영향을 미칠 수 있는 몇 가지 요인을 살펴보고, 이러한 영향요인을 최대한 줄이고 객관적이며 공정한 정책평가를 하는 데 검토사항이 될 수 있도록 하고자 한다.

① 정책평가자의 기준과 초점

정책평가의 결과와 내용 등에 미치는 영향요인은 정책평가자의 개인적 가치관, 이론적・학문적 배경, 그리고 정책평가에 이용된 연구방법, 조사 도구 및 기준 등이 지적될 수 있다. 평가자가 소속되어 있는 기관의 특성도 중요한 요인으로 작용할 수 있다. 정책평가자는 아무리 객관적이고 공정한 평가를 한다고 해도 사회과학 방법론이 가진 한계와 자신이 사용한 연구방법 혹은 조사기법 등에서 오는 제한점을 피할 수 없다. 또는 정책평가자가 모르는 사이에 범할 수 있는 다양한 평가 기준이 있을 수 있고, 더욱 중요한 사실은 정책평가자의 개인적인 가치로 인한 의도적인 조사방법의 선택과 기준이 정책평가의 내용과 결과에 영향을 미칠 수 있다.

② 조직의 이익 추구

공공조직이나 민간조직은 목적 달성을 위해 존재한다. 그러나 목적을 수행하는 과정에 조직이나 자체의 존립을 위한 노력으로 본말이 전도되는 경우가 흔히 나타난다. 그래서 평가가 필요하고, 효과성 및 효율성 평가가 특히 중요한 것으로 이해된다. 하지만 정책평가를 기획하고 집행 및 적용하는 주체는 조직이나 기관이므로 엄격성과 공정성 등이 논란이 되기도 한다. 그래서 기관이나 조직의 외부에서 정책평가를 실시하는 경우가 많다.

정책평가과정에서 조직은 자신의 노력을 미화시키거나 과장하려는 한편 자신의 약점과 잘못된 점을 숨기려 하고 축소하려는 경향이 있다. 따라서 정책평가는 인위적으로 어느 한 측면만을 대상으로 하거나 결과를 축소 발표하는 경우도 있다. 조직이나 기관의 자기 이익을 추구하려는 욕구를 적절하게 차단하며, 객관적이고 엄정한 정책평가를 수행함으로써 조직의 존립과 유익뿐 아니라 사회 전체를 이롭게 하는 방안이 요구된다.

③ 이론과 방법론 유행의 영향

모든 사회에서는 역사와 전통이 존재한다. 이러한 역사적 · 문화적 결과의 소산물이 각종의 제도이고 정책이기도 하다. 정책평가는 현재의 사실과 결과를 특별하게 중요시하는 데서 지나치게 과학적 방법론을 강조하여 특정 정책평가의 이론과 방법론을 단기적인 관점에서 적용하고 평가하는 경향이 있다. 특히 다른 나라의 평가방법이나 이론을 가지고 자국의 조직이나 기관을 평가할 때, 종종 다른 결과를 가져올 수 있고 그 실천적 파장은 크다.

사회복지정책은 각국의 사회가 가진 역사와 문화라는 전체적인 환경의 형성체임에도 불구하고, 기계적으로 사회과학 방법론과 이론의 힘을 과도하게 신뢰하여 잘못을 범하는 경우가 있다. 사회복지정책 평가는 사회복지정책이 가진 역사성과 문화성 등을 총체적으로 고려하는 넓고도 장기적인 안목이 요청된다.

④ 정치적 역학관계

사회복지정책은 경제적 여건에 민감하게 영향을 받으며, 경제적 쇠퇴기에는 국가의 사회복지예산이 가장 먼저 삭감대상이 된다고 한다. 이는 경제 변수뿐만 아니라 정치적 변수 역시 중요하게 작용하고 있음을 대변하는 말이다. 사실 모든 정책은 정책결정권자들의 지식, 견해나 가치관이 무엇인가 하는 것에 민감한 영향을 받는다. 그리고 더욱 중요한 사실은 정치적 · 집단적 이해관계에서 정책이 선택되고 해석되는 것이다.

정책평가 역시 기존의 정책을 수정, 보완, 폐기처분을 위해서든지 새로운 정책을 수집하기 위해서든지 간에 결국은 사회적 자원의 배분이고, 이는 가치배분이라는 선택과 연결되어 있는 것이다. 그러므로 정책평가의 기획에서부터 집행, 결과의 해석과 적용은 정치적 선택과 무관하지 않다.

3) 사회복지정책 평가의 유용성과 목적

(1) 정책평가의 유용성

사회복지정책은 평가되어야 마땅하다. 1960년대부터 미국에서 사회과학적 방법론을 사용하여 정책평가가 진행되었는데, 그 이유는 경제 성장과 함께 미국 예산이 팽창되고 거기에 따른 정책과 프로그램의 확장을 막고 보다 효과적이고 효율적인 계획이 요청되었기 때문이다(Posavac & Carey, 1997).

이런 맥락에서 우리나라의 경우도 어려운 국가 예산을 효과적이고 효율적으로 사용해야 함은 물론 민간 차원에서도 정부나 개인의 후원으로 이루어지는 각종 프로그램이 제대로 사용되어야 할 필요성이 있다.

① 욕구 해결을 위한 자원의 개발

기존의 정책이나 프로그램이 해결하지 못한 욕구는 무엇이며, 해결하려고 노력하였음에도 불구하고 미진한 것이 무엇인지 정책평가를 통하여 밝히고 그 해결책을 모색하며, 자원으로 개발하는 데 정책평가가 유용하다.

② 서비스 제공을 위한 프로그램 개발

정책집행을 통해 어느 정도로 욕구가 해결되었으며, 욕구 해결을 위해 기여한 사회복지서비스가 효과적인지 등을 밝혀냄으로써 보다 나은 개발과 새로운 욕구에 대응하는 서비스를 개발할 수 있는 기회를 제공하게 된다.

③ 결과의 조사

사회복지정책의 평가는 특정 정책의 결과를 드러내고 이것이 가진 정책목표에 대한 영향력 혹은 효과성 등을 조사하는 것으로 이해할 수 있다. 그러므로 정책평가는 정책 결과를 분석하고 조사하는 작업이다.

④ **정책 유지 및 질적 수준 개선의 정보제공**

정책평가를 통하여 기존의 정책과 프로그램을 유지할 것인지 혹은 질적 수준을 개선하기 위해 보완할 조치는 무엇인지 등을 알 수 있다. 정책평가과정으로 정책과 프로그램에 대한 다양한 정보를 획득할 수 있어 이를 정책개선과 개발에 유용하게 사용하게 된다.

⑤ **예상하지 못했던 효과의 발견**

사회복지정책을 계획하여 실천하게 되면, 처음에 생각하지 못했던 결과와 효과가 드러나게 된다. 일정 기간 정책집행을 시도하고 난 후 그 성공 여부도 중요하지만, 사회적 상황의 변화 등으로 전혀 예상하지 못했던 효과가 발생하게 된다. 따라서 정책평가는 이러한 부수적인 효과를 발견하여 정책개선과 집행에 활용할 수 있는 기회가 된다.

(2) 정책평가의 목적

정책평가를 시도하는 이유는 현재 집행하고 있는 정책과 프로그램이 당초의 정책목표를 제대로 수행하고 있는지의 여부를 파악하고 현재의 정책을 계속해서 추진해야 하는지에 대한 결정을 하도록 도움을 주기 때문이다.

① **바람직한 정책목표의 달성**

정책평가는 정책과정상의 환류 기능으로써 정책집행이 올바른 방향으로 진행되도록 도와주는 기능을 하는 한편, 정책목표를 보다 효과적으로 달성할 수 있도록 정책집행을 돕는 기능도 수행한다. 따라서 정책평가는 정책의 추진 여부, 정책의 내용 수정, 효과적인 집행전략, 수집 등에 기여한다. 정책평가의 이런 측면은 정책을 집행하는 것과 연관된 것으로 결국 관리적인 요소에 중요한 목표로서 의미를 지니고 있다(정정길, 1997).

② 새로운 정책대안 개발 기여

이는 정책형성의 맥락에서 본 정책평가의 기능으로서 기존의 정책이 충족시키지 못하는 욕구를 발견하고, 이러한 욕구를 해결할 수 있는 정책개발을 자극함으로써 정책프로그램의 효과를 높이고 책임성을 명확히 하는 것이며 새로운 정책대안을 개발하는 데 기여한다(강희갑 외, 2019).

③ 책임성의 확보

정책평가는 정책담당자가 국민이나 지역주민에게 정책집행을 통해 책임지는 것을 말한다. 넓게는 정치체계, 작게는 사회복지기관이나 조직이 국민이나 지역주민에게 정책집행의 결과에 대해 책임지는 것을 말한다. 특히 사회복지기관에 대한 정부의 재정지원은 그 정책 결과에 대해 평가함으로써 책임성 여부를 결정하는 것으로 이해할 수 있다. 책임성의 문제는 집행 요원들의 집행 활동이 법규나 회계원칙 등에 합치하도록 강제하여 법적 책임을 확보하는 것이고, 관리자가 능률적·효과적으로 집행업무를 관리해야 하는 책임을 확보, 정책담당자가 일반 국민에게 정책의 효과와 능률을 보장해야 하는 정치적 책임성을 확보하는 것이다(정정길, 1997).

④ 정책이론의 발전

정책평가는 학문적·이론적 측면에서 이론화에 기여한다. 정책평가는 정책집행이라는 독립변수와 정책효과 또는 결과라는 종속변수 사이의 관계와 변화를 인과적으로 연구하는 것과 연관되어 있다. 그러므로 정책평가의 작업이 실천적인 영역을 넘어 이론적으로도 정책 현상의 인과적 관계를 해명하고 확장하는 데 기여한다(Roysw & Thyer, 1996).

4) 사회복지정책 평가의 필요성

사회복지정책에서 체계적 평가는 왜 필요한가? 어쩌면 당연한 대답이 따를 듯한 이 질문은 그 단순성 이상으로 사회복지정책에서는 역사적 의미를 가지고 있다. 1960년대 미국정부에서 선포한 '대빈곤정책'은 사회복지에 대한 막대한 연방정부의 투자를 가져오고, 그와 더불어 정책의 효과성, 효율성의 문제가 되는, 즉 책임성(accountability)의 이슈를 불러일으켰기 때문이다.

이렇게 정책평가의 필요성에는 정책관리자에게 정책의 질이나 효과성에 책임을 지우는 책임성(accountability), 정책관리자가 정부 사업이나 행정관리의 도구인 정부 프로그램의 운영에 능률성이나 효과성을 증진시키거나 평가하는 것을 돕기 위한 관리(management), 그리고 공공문제나 이의 해결과 관련하여 또는 전략의 효율성에 대한 증거를 확립하는 것과 관련된 지식(knowledge)이라는 다양한 측면이 있다(임정문 외, 2020).

이러한 정책평가의 필요성은 여섯 가지로 요약해 볼 수 있다. ① 정책평가는 목표가 얼마나 잘 충족되었는가를 알려 준다. ② 성공과 실패의 원인을 구체적으로 제시해 주며, ③ 프로그램의 성공을 위한 원칙을 발견해 준다. ④ 효과성을 증진시키기 위해서 여러 기법을 사용하는 실험과정으로 유도해 주며, ⑤ 대안적 기법의 상대적 성공을 위한 근거에서 더 향상된 연구를 위한 기초를 마련해 주고, ⑥ 하위목표를 재규정해 준다.(Bigman, 1961).

이러한 맥락에서 사회복지정책 평가이행의 장점과 평가불이행의 문제점을 살펴보면 다음과 같다. 평가이행의 장점으로는 주요 결정권자의 책무성을 높여 줄 수 있고, 결정과정의 개선을 가능하게 하며, 보다 효율적인 자원 활용을 가능하게 한다. 나아가 자원확보를 위한 기관의 능력을 강화시키며, 보다 효율적이고 체계적이며 지속적인 변화를 가능하게 한다.

평가불이행의 문제점으로는 무차별적 재정 삭감, 임의적 정책 또는 즉흥적 결정과

정의 유지, 정책개발 및 전달과정의 혁신성 결여, 부적절한 정책의 지속적 유지, 정책 대상자의 불만과 심지어는 분노를 야기시키는 원인이 되기도 한다(양정하 외, 2020).

2. 사회복지정책 평가의 모형과 종류

1) 사회복지정책 평가의 모형

(1) 사회복지정책 평가의 복합성

평가는 왜 복잡한가? 그것은 평가행위에 내포되어 있는 요소가 많기 때문이다. 우선 평가 기준만 하더라도 매우 복잡한 내용이 들어 있다. 정책 혹은 프로그램의 효과성, 효율성, 질적 수준 등 여러 가지가 있을 수 있다. 평가목적 역시 쉽지 않은 요소이다. 또한, 평가대상을 무엇으로 할 것인가? 시간적 측면에서 장·단기적인 정책의 실행대상이라든지 정책의 수혜자 전체 혹은 어떤 특성을 지닌 수혜자 대상 집단으로 한정할 것인지의 문제 등이 있다. 그 외에 평가 시기, 주체 등의 요소에 따라 평가가 달라질 수 있어 평가란 매우 복합적인 성격을 갖고 있으며 평가실행의 어려움이 여기에 있다.

따라서 정책평가는 정책 결정에 필요한 유용한 정보의 제공을 목적으로 하기 때문에 기초연구라기보다는 응용연구로서의 성격을 많이 띤다. 이러한 여러 가지 측면을 고려하여 기존의 정책 혹은 프로그램 평가에 관한 모형을 살펴보는 것은 정책평가를 이해하는 데 도움이 될 것이다(안홍순, 2012).

(2) 평가 모형

김형식(1999)은 평가의 다양한 측면을 설명하면서, 평가전문가들이 주장한 평가의 모형을 열 가지로 요약하여 제시하였다. 평가는 여러 가지 측면에서 실행될 수 있다. 다만 여기서는 흔히 있을 수 있는 평가 유형을 열 가지 모형으로 압축하여 제시하였으므로 평가의 내용을 이해하는 데 유익하리라 생각한다(현외성, 2019).

① **목적 지향적 평가**(Goal-Oriented Evaluation)

한 조직이나 프로그램의 우월성이 명시된 구체적 목적을 성공적으로 성취하고 있는 정도와 동일하게 간주하는 평가로 가장 의미 없는 평가가 될 수도 있다.

② **결정 지향적 평가**(Decision-Oriented Evaluation)

결정권자들에게 현명한 판단을 내릴 수 있도록 자료를 제공하는 평가이다.

③ **반응적 평가**(Responsive-Evaluation)

프로그램의 과정과 핵심 운영자들의 가치관적 입장과 최대 관심사를 기술해야 한다.

④ **평가연구**(Evaluation-Research)

프로그램의 효과를 설명하고 그러한 효과와 요인을 규명하며 프로그램의 효과성에 대한 일반화를 제시해야 한다.

⑤ **탈목적 연구**(Goal Free-Evaluation)

프로그램이 자체적으로 설정해 놓은 목표 달성의 여부를 염두에 두지 않고, 현재의 프로그램이 어떠한 결과를 산출하고 있는가를 규명하고자 하며, 특히 서비스 이용자의 만족도, 욕구 충족도를 측정할 경우에 요구된다.

⑥ **옹호 - 대립적 평가**(Advocacy-Adversary Evaluation)

평가수행과정이나 보고서 작성단계에서 해당 프로그램에 대한 최대의 옹호적 또는 상대적으로 대립된 관점을 취해 보는 것이다.

⑦ 활동 중심적 평가(Utilization-centered Evaluation)

평가의 자료, 그 결과가 서비스운영자들과 이용자들에 의해서 최대한으로 활용되도록 설계된 평가이다.

⑧ 영향 평가(impact Evaluation)

평가의 시행이나 과정보다 프로그램의 파급효과에 대한 집중적 평가이다.

⑨ 형성 평가(Formative Evaluation)

프로그램의 개발, 개선 과정에 실시되며 기관 자체 평가의 특성이 강하며, 내부 또는 외부 평가자에 의해 시행될 수 있다.

⑩ 총괄 평가(Summative Evaluation)

프로그램 종료 후 기관 자체는 물론 기금 지원기관 등 다양한 이해관계자를 위해 수행된다.

김형식(1999)은 앞의 평가 모형을 다시 평가의 목적에 따라 선제적 평가, 설명적 평가, 상호작용적 평가, 모니터링 평가, 영향 평가의 다섯 가지로 분류한 바 있다.

(3) 평가의 종류

① 형식적 분류에 따른 평가의 종류

형식적 분류에 따른 평가의 종류는 기준과 초점, 목적 등에 따라 여러 가지로 존재한다. 정책평가는 평가자가 누구인가에 따라 자체평가, 내부평가, 외부평가로 나눌 수 있고, 또 평가의 단계에 따라 사전평가, 과정평가, 사후평가로 나누어 볼 수 있다. 그리고 평가를 수행하는 횟수에 따라 종합평가, 수시평가 및 주기적 평가 등으로 나눌 수 있다.

② 사회복지정책 평가의 종류

사회복지정책의 평가는 평가의 범위, 평가 시점, 평가자, 평가의 목적 등에 따라서 구분할 수 있는데 이러한 구분은 평가가 필요한 이유나 평가결과의 활용에 따라서 결정된다(류종훈 외, 2005; 송근원 외, 2007; 김종상 외, 2020).

가. 평가범위에 따른 분류

평가범위에 따른 유형으로는 단일평가와 포괄적 평가가 있다. 사회복지정책의 평가는, 첫째, 문제의 개념화 및 정부개입의 계획과 관련된 분석, 둘째, 정책의 집행 분석, 셋째, 정책 효용성에 대한 평가로 나눌 수 있다. 이때 이 세 가지를 모두 포함하여 이루어지는 평가는 포괄적 평가이며 이 세 가지에 대하여 각각 이루어지는 평가를 단일평가라고 한다.

나. 평가 시점에 따른 분류

평가 시점에 따른 유형은 사전평가와 사후평가로 구분할 수 있다. 사전평가는 정책평가가 정책 이전에 이루어지는 평가로써 정책분석평가라고도 한다. 사전평가는 정책결정과 자원의 적절한 분배를 위해 객관적인 정보를 제공하기 위한 평가이기 때문에 엄밀히 말하자면 정책 그 자체에 대한 평가라고 볼 수 없다. 사후평가는 정책집행이 종료된 이후에 이루어지는 평가를 말하는 것으로 처음에 목표했던 것을 얼마나 어떻게 달성했는지를 살펴봄으로써 차후의 정책결정을 위한 유용한 정보를 얻는 데 목적이 있다. 사후평가는 정책의 영향력평가, 결과평가, 산출평가 등이 여기에 속한다.

다. 평가자에 따른 평가 분류

정책평가의 주체에 따라서 자체평가, 내부평가, 외부평가로 나눌 수 있다. 자체평가는 정책과정에 직접 참여했거나 담당했던 사람들이 스스로 평가하는 것을 말한다. 자체평가는 장기적이고 지속적으로 평가할 수 있고 비용 면에서 유리한 점이 있으나 공정성이 떨어질 가능성이 있다는 점이 단점이다. 내부평가는 정책과정에 직접 참여하지는 않았으나 내부 조직의 일원이나 동료에 의해 이루어지는 평가를 말한다. 내부평가도 자체평가와 같은 장단점을 가지고 있으나 정도의 차이 면에서 약하다고 볼 수 있다. 외부평가는 정책담당기관에 속해 있지 않은 외부조직이나 기관에 의해서 이루어지는 평가를 말하며 자체평가의 장단점이 외부평가에서는 단점으로 작용하며, 자체평가의 단점이 외부평가의 장점으로 나타난다.

라. 평가목적에 따른 분류

평가목적에 따른 구분은 정책과정마다 가지고 있는 목적에 따라서 평가목적을 담당하는 것으로 정책문제평가, 정책의제평가, 정책결정평가, 정책집행평가, 정책영향평가로 구분하여 평가하는 것을 말한다.

정책문제평가는 정책이 다루어야 할 문제나 욕구 내용, 욕구를 가지고 있는 사람들의 비중, 욕구의 정도, 일반인들의 인식 정도를 평가하는 것이다. 정책의제평가는 정책문제 가운데 의제로 채택된 문제의 성격, 사회세력들이 의제 형성과정에 미치는 영향 정도, 의제의 정책문제 반영 정도를 평가하는 것을 말한다. 정책결정평가는 정책결정내용의 욕구와 문제의 반영 정도, 결정내용의 능률성, 집행과정에서의 정치적 또는 기술적 문제의 여부, 결정과정이나 절차의 공정성을 평가하는 것이다. 정책집행평가는 적절한 서비스의 산출 여부, 정책대상으로의 서비스전달 여부를 평가한다. 정책영향평가는 사회복지정책의 효과성, 능률성, 클라이언트의 만족도, 사회적 효과성, 사회적 형평성을 평가하는 것을 말한다.

3. 사회복지정책 평가의 기준과 절차

1) 사회복지정책 평가의 기준

(1) 평가기준 선정의 어려움

사회복지정책에서 평가가 중요한 점은 이미 언급하였듯이 여러 가지 이유가 있다. 평가수행에서 평가의 기준을 무엇으로 설정, 선정할 것인가는 결코 쉬운 문제가 아니기 때문이다. 이는 각각의 정책이 목표가 무엇이며, 목표 달성과 연관된 객관적 상황과 증거가 무엇인지를 가려내는 일이 쉽지 않기 때문이다.

정책평가자의 가치관이나 지식, 정책을 수행하는 기관이나 조직 내에서 정책목표 달성을 바라보는 정책결정권자의 인식, 그리고 보다 근본적인 점은 사회복지정책이 가지고 있는 특수성, 즉 인간의 욕구와 문제를 취급함으로써 서비스 내용의 추상성, 계량화의 어려움 등이 정책평가의 기준을 선택하는 일을 쉽지 않게 만드는 요인으로서 지적될 수 있다. 더구나 현실적인 문제에 있어서 정책평가의 기준 선정이 특정 기관의 정책목표 달성의 성공 여부를 결정하는 민감한 사안이므로 관련 기관은 정책평가에 부담을 가지고 기준 선정에 많은 신경을 쓰고 선택에 영향력을 행사하거나 특정한 방향으로 정책평가 기준을 선택하는 데 기여하려는 경향을 가진다. 이러한 과정에서 정책평가 주체와 정책집행 주체 사이에 종종 갈등이 생기고 평가 기준 설정에 어려움이 발생한다.

(2) 사회복지정책 평가의 기준

이와 같은 평가기준 선정의 어려움에도 불구하고 여러 연구자들이 평가기준에 대한 논의를 진척시켜 왔다. 사회복지정책의 평가는 평가기준을 어떠한 것으로 삼느냐에 따라서 평가가 다르게 나타날 수 있다. 즉, 목표를 바라보는 시각에 따라 다르지만, 가장 중요한 부분은 정책이 클라이언트에게 얼마나 도움이 되었는가를 평가하는 것이다(양정하 외, 2020). 일반적으로 많이 이용되는 평가기준으로 정책의 효과성, 효율성, 형평성, 적절성 등이 있다(강영실, 2016).

① **효과성**(effectiveness)

효과성은 사회복지정책이 어느 정도로 욕구충족의 목표달성에 적합하였는지를 묻는 것이다. 사회복지서비스가 필요한 사회적 약자의 요구에 대하여 다양한 접근방법이 있을 수 있다. 이들 욕구 해결책으로 선택된 사회복지정책이 과연 어느 정도로 적합하게 목표를 달성하였는지에 대한 관심을 말한다.

따라서 가능한 한 사회복지정책을 선택함에 있어서 욕구를 효과적으로 해결할 수 있는 방안을 모색해야 한다. 사회복지정책은 사회복지대상자의 자립과 복지증진에 목표가 맞추어지기 때문에 사회복지정책 프로그램 효과의 가치는 자립과 복지증진에 얼마만큼 효과적으로 대응하였느냐 하는 문제로 귀결된다.

② **효율성**(efficiency)

효율성이란 최소의 자원으로 최대의 산출을 만들어 내는 것을 말한다. 따라서 사회복지정책에 있어서 효율성의 가치는 제한된 국가의 예산으로 최대로 욕구를 해결할 수 있도록 하는 데 관심을 가진다. 사회의 자원은 구성원의 욕구에 제한적일 수밖에 없다. 따라서 복지국가는 그 목적을 성취하기 위해 사회적·경제적 자원을 최소한으로 사용하도록 요구된다(전재일 외, 2000).

③ **형평성**(equality)

형평성은 공정분배의 원칙에 따라 사회적으로 얼마나 공정성 및 공평성을 이루었는가를 평가한다. 형평성 또는 사회적 형평이란 사회 계층 간의 불평등이 어느 정도 시정되었는가에 대한 평가 기준이다(김종상 외, 2020). 평등의 개념은 크게 세 가지로 나눌 수 있는데, 수량적 평등(numerical equality), 비례적 평등(proportional equality), 기회의 평등(equal equality)이 그것이다. 이와 같은 평등의 개념 중 가장 적극적인 것이 수량적 평등이다. 이는 흔히 결과의 평등(equality of result)으로 불리는 것으로 모든 사람에게 그들의 욕구나 능력의 차이에는 관계없이 사회적 자원을 똑같이 분배하는 것을 말한다. 그러나 수량적 평등의 개념이 의미하는 결과의 완전한 평등은 어떠한 사회에도 존재하지 않으며 현실적으로도 존재할 수 없다. 그러나 사회복지는 완전한 수량적 평등은 아니더라도 부분적인 수량적 평등을 가치로 삼고 있다. 예를 들면, 국민기초생활보장 수급자에게 제공되는 공공부조이다. 공공부조는 소득재분배의 목표를 달성하기 위해 국민이 낸 세금을 재원으로 가난한 사람에게 그들의 능력과 욕구에 관계없이 자원을 제공하고 있다. 그러나 공공부조 제도로 성취할 수 있는 수량적 평등은 매우 제한되어 있다.

비례적 평등은 공평(equity)과 같은 의미로 수량적 평등과는 달리 개인의 욕구, 능력, 기여에 따라 사회적 자원이 다르게 분배되는 것을 말한다. 즉, 공평한 처우(fair treatment)라는 의미로 풀이된다. 이 가치는 사회에 명백하게 기여할 수 없는 사람을 제외하고 사람들이 사회에 기여한 것에 바탕을 두고 그들이 받을 만큼 받아야 한다는 점을 규정하고 있다. 따라서 사회복지에서는 수량적 평등의 가치도 강조하지만 비례적 평등의 가치도 강조한다. 예를 들면, 사회보험의 경우 보험료를 많이 낸 사람에게 보다 많은 급여의 혜택이 돌아가는 것도 공평, 즉 비례적 평등의 가치를 반영하는 것이다. 공공부조 제도에 있어서 급여의 수준을 매우 낮게 책정하여 일하면서도 생활보장혜택을 받지 못하는 빈곤층의 노동 의욕을 감퇴시키지 않으려는 열등 처우의 원칙도 이 공평의 가치를 근거로 하고 있다.

기회의 평등은 가장 소극적인 평등개념으로 결과가 평등한가 아닌가를 완전히 무시한 채 결과를 얻을 수 있는 과정상의 기회만을 똑같이 평등하게 해 주는 것이다. 따라서 과정상의 기회만 평등하다면 그로 인한 결과의 불평등은 아무런 상관이 없다는 것이다. 결과적으로 이러한 평등개념을 취한다면 기회의 평등이라는 이름 아래 수많은 결과의 불평등의 존재를 합법화할 수 있다. 대표적인 예가 1960년대 미국의 '대

빈곤 전쟁(War on Poverty)' 시기에 강조되었던 각종 빈곤층 대상의 교육 및 훈련 프로그램이다(송근원 외, 2007)

④ **적절성**(adequacy)

적절성이란 사회복지정책이 형성되어 얼마나 서비스 대상자의 욕구를 잘 충족시킬 수 있는지를 평가하는 기준이다. 따라서 이 기준은 서비스 자체의 양적인 면에서 볼 때 그 제공되는 서비스가 대상자들의 욕구를 충족시키기에 충분할 만큼 적절히 제공되고 있는지를 측정한다.

예를 들면, 공공부조, 노령수당과 같은 빈곤가정 소득지원 프로그램에서 제공되는 공공부조의 급여액이 과연 그들 빈곤가정이 최저한의 인간다운 생활을 할 만큼 적절한지를 측정하는 것이다. 이 적절성의 시간과 상황에 따라 다르게 반영된다. 즉, 「엘리자베스 빈민법」 시대에 있어서 빈민에 대한 처우는 현대의 공공부조 제도하에서의 빈민에 대한 처우와 다를 수밖에 없는 것이다.

(3) 사회복지정책 평가의 전제조건

정부가 정책을 결정하고 이를 효율적으로 집행하는 것이 매우 복잡하고 어려운 과정을 거쳐서 이루어지는 것처럼 이를 종합적으로 평가하는 문제도 그리 용이한 것은 아니다. 특히 국민의 입장에서 볼 때 정부가 어떠한 일을 하는 것 못지않게 정부가 계획한 일을 얼마나 효율적으로 달성했는가, 이는 얼마만한 국민의 만족 수준을 가져왔는가, 궁극적으로 국가의 발전에 기여한 정도에 보다 관심이 집중된다. 이러한 사회복지정책 평가의 의의와 중요성에 비추어 볼 때 다음의 전제조건을 충족시켜야 한다(양정하 외, 2020).

① 평가의 정확성이다. 사회복지정책 평가는 그것이 주요 내용으로 하고 있는 정책의 합리성과 정책이 목표하는 의도의 달성도, 그리고 만족도 등을 정확히 평가할

수 있어야 한다. 이를 위해서는 평가의 기준과 방법을 명확히 설정하여야 한다.

② 평가의 객관성이다. 사회복지정책 평가는 사실과 과학적이고 체계적인 방법에 근거하지 않을 때는 평가하는 사람의 의도에 따라 서로 다른 결과를 초래하게 된다. 특히 객관성을 저해하는 가장 중요한 요인 가운데 하나는 정책평가에 대한 정치적 영향력이라고 할 수 있다. 평가가 정치적 판단과 결부될 때 정책과 그 결과에 대한 평가는 전혀 다르게 나타날 수 있다.

③ 평가의 연속성이다. 사회복지정책 평가는 정책의 수립과 집행에 있어서도 계속적으로 수반되는 과정이다. 뿐만 아니라 정책평가의 보다 중요한 의의는 단순한 당해 정책의 사후적 평가에 있는 것이 아니라 정책평가를 통해 얻은 정보를 바탕으로 보다 발전적인 정책결정과 정책집행을 수행하는 데 도움이 되게 하는 데 있다. 따라서 정책평가는 한 번에 끝나서는 안 되며 다음의 정책과 관련하여 연속적인 것이 되게 하여야 한다.

2) 사회복지정책 평가의 절차

(1) 평가절차의 다양성

정책평가는 일련의 연속적인 과정과 절차를 통해서 이루어진다. 여러 학자의 연구는 다양한 평가절차를 제시하였다. 편의상 상호 중복적인 연속과정을 종합하여 몇 가지 단계의 과정 혹은 절차를 구분하여 설명하고자 한다.

크라우스(Krause, 1996)는 평가의 과정을 욕구사정, 기존 서비스전달의 분석, 프로그램 관련 활동, 그리고 결과, 평가로 나누었다. 송근원과 김태성(1995)은 정책평가를 평가의 목적 설정, 평가범위의 설정, 정책프로그램의 내용 파악, 평가설계, 자료수집, 분석 및 해석, 그리고 평가보고서의 작성 및 제출의 과정으로 구분하였다. 그리고 최일섭과 이창호(1993)는 평가과정을 프로그램의 확인, 평가기준의 선정, 평가방법의 설계, 자료의 수집, 그리고 분석 및 해석으로 설명하였다.

따라서 실천적인 측면에서 볼 때 다양성을 위해서는 평가 모형을 적절하게 응용하는 것이 평가 과정상 바람직할 수도 있을 것이다.

(2) 사회복지정책 평가절차

사회복지정책의 형성과정이 가진 순환적인 특성을 감안하여 정책평가 절차 과정은 욕구의 사정, 정책 및 프로그램의 확인, 평가목표의 설정, 평가기준의 선정, 평가방법의 설계, 자료수집, 분석 및 해석, 그리고 보고서 작성 등으로 구분하게 된다.

이러한 평가절차는 모든 경우에 적용되는 보편적인 과정이라기보다는 일종의 합리적인 모형의 한 형태를 나타내고 있다. 사회복지정책의 내용과 특성 혹은 외적 환경의 영향 등으로 인하여 정책목표가 먼저 설정되고 곧 정책평가가 이루어지는 경우도 흔히 있을 수 있다. 즉, 위의 정책평가 절차는 전반적인 진행 과정을 개괄적, 종합적으로 표시한 것이며, 경우에 따라서 비약과 생략이 얼마든지 생길 수 있다. 다만 정책평가의 논리적인 순서를 준수하면 될 것이다. 그리고 정책평가를 의뢰하는 사람들과 평가를 담당하는 사람들 사이의 논의와 협상 과정이 있을 수 있다.

① 욕구의 사정

보통 정책평가는 기존의 사회복지정책이 실천되는 과정이나 실천 후 해결하려는 욕구를 어느 정도 혹은 얼마만큼 충족시켰는지에 대한 의문으로부터 정책평가가 시작된다고 할 것이다. 특히 기존의 사회복지정책이 제공하는 서비스와 급여가 있음에도 불구하고 충족되지 못한 욕구가 존재하고 불만족스러운 상황이 발생함으로써 정책평가에 대한 관심이 일어날 수 있다.

따라서 정책과 연관하여 욕구의 실제 상황, 즉 어떤 욕구가 얼마만큼 존재하며 정책을 실시하기 전에 존재하였던 욕구와 비교하여 얼마나 변화가 있는지에 대한 전반적인 욕구의 사정이 필요하다. 이 결과에 따라 정책평가의 필요성 여부가 검토되기도 한다. 물론 욕구의 사정 과정이 없이 곧바로 정책평가 목표를 설정하여 자체적으로 정책을 평가하고자 하는 경우도 있다.

욕구 사정(need assessment)은 정책평가와 연관하여 또 사회복지정책의 또 다른 하나의 연구 분야로서 매우 중요한 영역으로 인정받고 있다. 개인과 가족의 욕구는 물론 집단적 욕구, 조직상의 욕구, 그리고 지역사회와 국민 전체의 욕구 사정에 이르기까지 그 범위와 대상이 다양하다. 그리고 욕구 사정의 기술과 방법에도 사회과학 조사방법론이 활용된다.

② 정책 및 프로그램의 활용

정책평가의 대상인 사회복지정책과 관련 프로그램을 미충족의 욕구사정 결과와 연관하여, 혹은 단순히 평가대상으로서 확인하고, 그 구체적인 사항을 점검하는 과정이다. 당초의 정책목표와 관련하여 그 목표를 달성하기 위한 사회복지정책 내용과 방법은 무엇이었는가? 정책의 실천 초기와 관련하여 현재의 상황은 어떠한가? 등을 살펴보게 된다.

특히 욕구를 가지고 있는 대상자의 특수성은 무엇이며, 사회복지정책을 통하여 제공하는 서비스가 어느 정도로 욕구를 충족시키며, 또 문제해결에 어려움을 가지는가 등을 파악하기 위한 단계로서, 정책과 프로그램에 대하여 특성을 검토하는 과정이다. 이 단계를 통하여 현재의 정책과 프로그램이 가진 장・단점은 물론 정책평가의 목표를 설정하는 데 필요한 자료를 확보할 수 있다.

③ 평가목표의 설정

평가목표는 매우 광범위하고 다양하다. 문제는 무엇을 평가할 것인가 하는 정책평가의 관심과 초점에 따라 정책평가의 목적이 선택되고 구체화된다. 예컨대, 사회복지정책의 효과성과 효율성을 평가한다든지 혹은 사회복지정책의 집행과 관련하여 전달체계와 연관되는 보다 세부적인 문제와 연관되는 평가일 수 있다. 전달체계의 접근성 혹은 전문성, 책임성, 통합성 등이 평가의 목적이 되기도 한다. 그러나 사회복지정책이 수립되고 실행될 때 초기에 가졌던 정책목표가 과연 정책의 집행으로 어느 정도 달성되었을까 하는 문제에 관심이 집중되는 경우도 많다. 이는 개인이나 집단 혹은 지역사회 전체의 욕구를 충족하고 문제를 해결하는 것과 연관되어 있어 관련 문제해결에 사회복지정책이나 프로그램이 어느 정도로 도움이 되었느냐 하는 효과(effectiveness) 혹은 충격(impact)평가 등이 종종 관심거리가 되기도 한다. 경우에 따라서는 정책형성과정에 사용하기 위해 새로운 정책대안과 프로그램을 개발하기 위한 평가도 있을 수 있고, 집행과정의 효율성을 묻는 평가도 존재할 수 있다.

④ 평가기준의 선정

평가기준은 여러 가지 측면에서 선정되어야 하는 선택의 문제인데, 시간적·공간적 범위, 연구대상의 선정, 연구방법의 선택 등이 그것이다. 평가기준은 평가목적과 정책의 내용 등에 따라 달리 선정되어야 한다.

⑤ 평가방법의 설계

평가방법의 설계는 평가항목을 달성하기 위해 평가기준을 선정하고 난 다음, 과학적인 방법을 사용하여 정확하게 정책의 영향을 밝혀내는 절차를 계획하는 단계이다.

정책의 효과 및 결과와 사회복지 욕구 혹은 문제해결 사이의 인과적 모형은 사회복지정책문제에 흔히 관련되는 여러 가지 이론과 가설로부터 차용되는 경우가 많다. 평가설계는 인과적 모형에 의하여 정책의 집행결과와 효과를 사회복지 욕구와 문제에 연결시켜 어느 정도로 문제를 해결하고 욕구를 충족시키는 데 사회복지정책이 기여하였는지를 분석한다.

⑥ 자료수집, 분석 및 해석

평가설계 후 직접 평가작업에 들어가는데, 먼저 수행해야 하는 일은 평가와 연관되는 각종 자료를 수집하는 작업이다. 그리고 이들 수집된 자료를 측정하여 분석하는 작업, 그리고 이를 해석, 추론하는 일이다.

이들 세 가지 작업은 사실 정책평가에서 핵심적인 작업이라고 해도 과언이 아니다. 그러나 이 작업은 일반적인 사회과학 조사방법론을 응용하는 것이다. 정책평가는 다른 사회과학의 연구방법과는 달리 정책이 실천되는 현장에서 관련되는 여러 사람들을 대상으로 하는 조사연구인 만큼 이러한 특성을 최대한 반영하는 조사방법론이 채택되어야 하며, 경우에 따라 양적 조사방법론 못지않게 질적인 측정방법도 함께 사용될 수 있어야 한다.

이 과정에서 준수되어야 할 중요한 사항은 자료분석방법과 평가목적 간의 합치 정도, 사용된 분석방법에 대한 명확한 진술, 자료분석방법과 자료측정방법의 정당화, 통계적인 분석방법이 채택된 경우 통계적인 유의수준의 명시, 모든 가능한 경쟁적인 설명들을 이해하고 이를 배제한 인과관계의 해석, 발견된 사실들의 객관성 유지 등이다(노화준, 1991).

해석 역시 인과적 모형을 따라 엄격하게 이루어져야 하며, 사회복지정책이 인간의 심리·사회적 욕구를 취급하는 것인 만큼 추상적이고 보이지 않은 면까지도 평가할 수 있는 해석이어야 한다. 또한 드러나지 않은 욕구 혹은 느낀 욕구, 규범적 욕구, 그리고 비교 욕구 등을 반영하는 해석이 정책평가에 스며들어야 할 것이다.

⑦ 보고서 작성

정책평가의 마지막 작업은 평가내용과 결과를 보고서 형식의 글을 빌어서 발표하는 일이다. 보고서에는 평가 결과를 간결하고 명확하게 기술하여 정책에 반영할 수 있도록 해야 한다. 특히 정책집행자나 정책결정권자는 복잡한 이론과 가설 및 조사방법 등보다는 평가 결과와 그 응용을 위한 정책제안과 반영에 관심이 많으므로 이러한 내용을 한편으로 부각시켜야 하는 책임이 있다. 또 평가보고서에는 평가에 도입된 인과 모형의 장점과 한계, 연구의 제약점 등을 잘 밝혀야 한다.

Social Welfare Policy | part

04

한국의 사회복지정책

Social Welfare Policy | chapter 11

사회보험정책

[학습목표]

1. 사회보험정책의 의미와 우리나라 사회보험의 성격 및 특성을 이해한다.
2. 시대적으로 나타난 상황과 주요내용을 살펴본다.
3. 사회보험정책의 도입배경, 주요내용을 연구한다.
4. 사회보험정책의 바람직한 방향을 설정한다.

[개요]

사회보험정책이란 국가의 책임하에 국민에게 발생하는 사회적 위험을 보험방식에 의하여 대처함으로써 국민건강과 소득을 보장하는 정책(국가가 법에 의해 가입을 의무화)이다.

우리나라는 국가가 「사회보장기본법」에 의해 5대 사회보험 가입을 의무화함으로써 질병, 장애, 노령, 사망, 실업 등 사회적 위험에 대처하는 사회안전망 소득과 의료, 재활, 고용기회, 장기요양을 보장하고 있다.

국민건강보험은 국민의 질병, 부상에 대한 예방, 진단, 치료, 재활, 출산, 사망 및 건강증진에 대하여 보험급여를 실시함으로써 국민 보건을 향상시키고 사회보장 증진함을 목적으로 한다(「국민건강보험법」 제1조).

산업재해보상보험은 근로자를 산업재해 및 직업병으로부터 보호하기 위해서 1963년, 산업화의 과정에 우리나라 최초로 도입한 사회보험제도이다.

고용보험제도는 근로자의 실직에 대한 실업 보험사업은 물론 재취업 촉진과 실업의 예방 및 고용안정, 노동시장의 구조 개편, 직업훈련의 강화를 위한 적극적, 사전적 차원의 종합적인 직업 능력개발 등을 실시하는 사회보험제도이다.

국민연금제도는 근로기간 동안에 가입자로부터 보험료를 납부받아 퇴직 후 연금을 지급하는 보험기능과 소득계층 간 연금지급액에 있어서 재분배해 주는 기능 그리고 가입을 의무화하여 보험료를 납부하게 하여 개인의 노후 소득을 보장해주는 제도이다.

노인장기요양보험은 고령이나 노인성 질병 등 어려운 노인 등에게 신체활동 또는 가사 지원 등의 장기요양 급여를 사회연대 원리에 의해 제공하여 노후의 건강증진 및 생활안정을 도모하고 그 가족의 부담을 덜어 줌으로써 국민의 삶의 질을 향상시킨다.

1. 사회보험정책(social insurance policy)

사회보험정책(social insurance policy)은 질병, 노령, 실업 등 사회적 위험으로부터 국가의 책임하에 국민의 건강과 일정 이상의 소득보장을 위하여 국민들이 보험에 가입하도록 강제한 사회보장정책으로서, 보험에 가입하지 않는 저소득층 등에게 급여를 일방적으로 제공하는 공공부조정책과는 다른 것이다. 사회보험정책은 정책의 방향성이라는 측면에서 보면 발생하는 사회적 위험을 보험방식에 의하여 사회보험제도의 원리를 고수하려는 방향을 뚜렷이 나타내며, 인간의 생활을 위협하는 위험에 대비하여 생활 보장 급여를 하는 것이고, 국민건강과 소득을 보장하는 정책(국가가 법에 의해 가입을 의무화. 「사회보장기본법」 제3조 제2호)을 말한다. 사회보험에는 장기보험과 단기보험 두 종류가 있는데, 노인 장기요양보험, 연금보험, 고용보험 등은 장기보험에 속하고 의료보장, 의료비보장, 건강증진을 목적으로 하는 건강(의료) 보험은 단기보험에 속한다.

우리나라는 국가가 「사회보장기본법」에 의해 사회보험 가입을 의무화함으로써 질병, 장애, 노령, 사망, 실업 등 사회적 위험에 대처하는 사회 안전망으로서 소득과 의료, 재활, 고용기회, 장기요양을 보장하고 있다.

2. 국민연금제도

1) 국민연금정책의 의의

국민연금제도는 일상생활 중 노령, 사고, 질병, 사망 등에 대비하여 재직 중에 본인의 갹출금과 고용주 등의 분담금을 적립했다가 퇴직 후나 사고발생 시 급여수급 여건에 해당할 때 본인 또는 그 유족의 청구에 의하여 수급여건을 심사 결정하고, 수급자가 안정된 생활을 할 수 있도록 연금을 지급하여 소득보장을 해 주는 매우 중요한 제도이다.

국민연금제도는 공적연금으로 장기소득보장의 성격을 가지고 있으며 연금운영의 주체는 국가나 법률이 정한 특수법인이 운영하며 가입을 의무화하여 보험료를 납부하고 강제 저축기능을 갖추고 있다. 공적 연금제도는 사회보장 체계 중 소득보장에 속하고 그중 장기 소득보장의 성격을 지닌 사회보험이다.

1960년대 이후 우리나라는 놀랄 만한 경제성장으로 산업화와 도시화되면서 사회적 위험은 증대되고, 평균수명은 연장되었지만 가족구조의 핵가족화로 노인부양의식이 약화되고 지역과 계층 간의 구조적 불균형 등의 사회문제가 발생하였다. 이 상황에서 국민의 노후보장제도를 구축함과 동시에 경제 발전에 필요한 재원조달을 목적으로 1973년 「국민복지연금법」을 제정하였다. 1973년 발생한 석유파동의 영향에 의한 경제 불황으로 1974년 1월부터 시행하기로 예정하였던 국민복지연금제도는 무기한 연기를 하였다.

계속적인 출생률 저하와 노동시장 확대 등으로 국민연금제도에 대한 필요성이 증가되면서 1986년부터 종전의 국민복지연금 제도를 수정·보완하여 1988년 1월부터 국민연금제도를 시행하게 되었다. 기금운용 등 효율적 관리운영을 위한 국민연금제도는 1987년 9월 국민연금공단을 독립기관으로 설립하였으며, 10인 이상 사업장에 근무하는 18세 이상 60세 미만의 근로자 및 사업주를 우선 대상으로 실시하였다. 1988년 10인 이상 사업장을 중심으로 추진되었던 국민연금제도는 1992년 소득보장 혜택이 더욱 절실한 5인 이상 사업장을 당연 적용대상으로 확대하였고, 1995년에는 신경제 5개년 계획 및 WTO체제하의 농어촌 발전대책의 일환으로 농어촌 지역까지 국민연금제도를 확대하였고, 1999년 4월 도시지역까지 국민연금제도를 실시하면서 전 국민 연금시대가 열렸으며 2003년 7월부터 지역가입자에서 사업장 가입자로 순차적으로 전환시켰다. 따라서 2006년부터 1인 이상 상시근로자를 둔 사업장은 당연사업장가입자로 전환을 하였다.

2) 국민연금의 특성

(1) 사회보험, 공적연금제도

① 국민연금은 일종의 사회보장제도이며, 국가는 연금급여가 안정적 · 지속적으로 지급되도록 필요한 시책을 수립 · 시행하여야 한다. 연금보험과 급여수준은 장기적으로 균형을 유지하도록 하여야 한다(「국민연금법」 제4조 참조). 그리고 국민연금은 가입이 법적으로 강제성이 있는 공적연금이므로 관리운영비의 상당부분이 국가에서 지원되고 영리를 추구하지 않는다.

② 국가가 장기적으로 운영하는 소득보장제도인 국민연금제도는 기초연금과 소득비례연금이 분리되어 있지 않은 소득비례 단일연금제이며 '공적 관리' '확정급여방식'과 '부분적립방식'을 주요한 특징으로 하고 있으며(김연명, 2000), 우리나라 사회보장정책 제도에서 의료보험제도와 함께 커다란 두 축을 이룬다.

3) 국민연금의 목적

국민연금은 국민의 노령, 질병, 장애, 사망에 대하여 연금급여를 실시함으로써 국민들의 생활안정을 도모하기 때문에 제도 적용의 우선 순위는 관리의 편의성 측면이나 보험료 부담능력이나 소득안정의 욕구보다 미래를 준비할 경제적 여력이 낮은 영세사업체 근로자에 두어야 할 것이다.

4) 국민연금보험정책의 내용

(1) 보험급여 대상자

① 가입대상 및 제외자

국내에 거주하는 18세 이상 60세 미만의 국민을 국민연금의 가입대상으로 한다. 다만, 「공무원연금법」, 「군인연금법」 및 「사립학교 교원연금법」의 적용을 받는 공무원・군인 및 사립학교 교직원과 기타 대통령이 정하는 자는 제외한다.

② 가입자의 종류

국민연금 가입자는 사업장가입자, 지역가입자, 임의가입자, 임의 계속 가입자로 구분한다.

(2) 보험급여

국민연금의 급여는 기본연금액과 가급 연금액을 산정・합산하여 지급된다. 기본연금액은 균등 부분과 소득 비례부분, 가입 기간의 비례분으로 구성된다. 연금급여의 종류와 급여수준은 다음과 같다.

① 연금의 종류

국민연금의 종류로는 노령연금, 장애연금, 유족연금, 반환일시금이 있고, 노령연금은 다시 완전 노령연금, 감액 노령연금, 재직자 노령연금, 조기노령연금, 특례노령연금으로 세분된다.

② 급여수준

국민연금의 급여 수준은 가입자의 평균 소득월액의 60% 수준이며, 수급 연령은 2013년부터 5년마다 1세씩 늘림으로써 2033년부터는 65세로 상향 조정된다. 국민연금은 11년만인 1999년에 전 국민에게 확대되었다.

(3) 보험전달체계

① 국민연금제도는 관리의 전문성과 독립성을 확보할 수 있는 국가 위탁관리 형태의 법인체인 국민연금관리공단을 설립하고 각 시・도지부와 출장소를 두고 운영을 하며 「국민연금법」에 의하여 보건복지부 장관이 위탁하는 사항 등의 역할을 한다.

② 사업장 가입자는 노사균등 부담을 원칙으로 하고, 지역가입자와 임의 계속 가입자는 전액을 가입자 본인이 부담하도록 되어 있다.
임의가입자는 지역가입자와 당연적용 사업장가입자가 아닌 「국민기초생활보장법」에 의한 수급자와 공무원연금 수급권자와 같은 다른 공적연금 수급권자와 전업주부 등이 연금 혜택을 받기 위하여 본인의 희망에 따라 가입을 할 수 있었으며 임의계속가입자는 제도 시행 당시 이미 나이가 들었거나 가입이 늦어 60세까지 가입하더라도 노령연금을 타기 위해 필요한 10년 이상의 가입기간 요건을 충족시킬 수 없는 경우 본인의 희망에 따라 연금혜택을 받을 수 있도록 연장하여 가입할 수 있도록 하였다.

③ 연금 재원 부과 시 연금가입자의 소득에 비례하여 부과하는 소득 비례 갹출제와 소득과 관계없이 부과하는 균일갹출방식이 있으며, 다른 방법으로는 정액갹출제와 정률갹출제 등으로 구분할 수 있다. 한국의 공적 연금제도에서는 에스핑앤더슨이 독일, 오스트리아 등 조합주의적 복지국가체제에서 나타나는 사회보험제도의 특징으로 지적한 연금제도의 차별적 적용 때문에 발생되는 지위의 차별화 혹은 사회보험의 계층화 효과(Esping-Andersen, 1990: 58-61)가 상대적으로 부각되지 않는다.

④ 국민연금 기금 조성 시 시행 초기에는 보험료율을 낮게 책정했다가 점진적으로 상향조정하고 소득재분배 기능을 일정하게 가고 있는 부과방식도 취하고 있어서 부분 적립방식이라고 할 수 있다. 계층 간 소득재분배 효과와 세대 간 재분배 효과, 즉 사회연대성 원리가 강하게 설계된 제도이다.

5) 국민연금보험정책의 과제와 전망

국민연금 재정안정성 확보와 소득파악이 제대로 안 된 지역가입자의 현실적인 소득파악 체계구축을 하는 것이 국민연금 최대 과제이다.

3. 국민건강보험제도

1) 국민건강보험정책의 의의

국민건강보험제도란 일상생활 시 우연한 질병이나 부상으로 인하여 고액의 진료비가 일시에 소비되어 가계가 파탄되는 것을 방지하고자 보험원리에 근거하여 국민들이 평소에 보험료를 낸 것을 기금화하였다가 보험사고가 발생할 때 보험급여를 지급해 줌으로써 국민 상호 간 위험을 분담하고 의료서비스를 제공하는 사회보장제도이다. 건강보험제도는 생활상의 질병, 부상에 대한 치료, 예방, 진단, 재활과 출산, 사망 및 건강증진에 대하여 보험급여를 실시함으로써 질병 및 부상으로 인한 소득의 중단 또는 질병치료에 소요되는 진료비를 국가에서 보전해 주는 일종의 소득보장제도로 의료비의 지출부담을 국민건강보험 가입자 모두에게 분산시켜 국민생활의 안정을 도모하기 위해서 사회보험으로서 사보험과는 다른 특성이 있다(〈표 11-1〉 참조).

〈표 11-1〉 사회보험과 사보험의 특성비교

구 분	사회보험	사보험
가입방법	강제가입 · 비선택적	임의가입, 선택적
보험료	소득수준에 따라 차등부과	위험의 정도, 급여수준에 따라 부과
보험급여	보험재정 조달규모를 감안한 필요에 따른 균등급여	보험료 부담수준에 따른 차등급여
보험료 징수	법률에 의한 강제징수	사적 계약에 의한 징수
성격	집단보험	개별보험
보호수준	최저수준	요구와 능력에 결정
보험자와 피보험자의 관계	제도적 · 법적 관계	보험자와 피보험자 간의 계약에 의한 관계

1963년 「의료보험법」이 제정되면서 우리나라의 의료보장제도가 도입되고 시작되었으나 「의료보험법률」의 제정과정에서 강제적인 성격의 의료보험제도가 임의적 성

격으로 바뀌어 시행이 시도되었으나 성공하지 못하였다. 정부 주도하에서 실제 실시된 것은 1977년 7월 500인 이상 근로자를 가진 사업장에 의료보험을 임의 적용하면서 점차 소규모 사업장까지(1979년 300인 이상, 1981년 100인 이상, 1982년 16인 이상, 1995년 5인 이상) 확대 적용하여 직장 근로자를 중심으로 실시되었다.

당시의 의료보장제도는 1960년대 이후 소득재분배의 문제를 개선하고 사회복지를 증진시키려는 목적하에 실시된 제 4차 경제개발 5개년 계획의 일환으로 시작된 경제성장의 결과로 볼 수 있고, 생활보호대상자 등에 대한 의료보호사업은 1977년 1월 실시되었고, 국민부담능력 등을 고려하여 실시 가능한 임금소득계층부터 의료보험적용을 점진적으로 우선적으로 적용하였다. 1977년 5월 500인 이상 사업장 근로자에서 최초로 강제 적용 방식으로 의료보험제도가 적용되어 1979년 7월 300인 이상이 실시되어 1980년 전 국민 의료보험을 실시하면서 제도가 도입된 후 12년 만에 전 국민 의료보험이 실시되게 되었다.

사립학교교직원과 공무원은 의료보험 적용대상에서 제외되어 별도로 의료보험을 제정하였다. 1979년 공·교 의료보험 시행, 1997년 12월 공·교 공단 통합을 위한 「국민의료보험법」을 마련하고 1998년 10월에 국민의료보험관리공단이 출범하게 되었다. 이후 1999년에 직장조합을 포함한 의료보험을 완전 통합하는 「국민건강보험법」이 제정됨으로써 2000년 7월 「국민건강보험법」에 의한 국민건강보험공단이 출범하였으며 2003년 7월에 직장 및 지역의 재정을 통합하여 보험료 수입 및 급여비, 관리운영비를 하나의 체제에서 통합관리 하게 되었다.

건강보험은 사회보험의 하나로 발달되었으며 다른 사회보험과 달리 서비스 비용의 일부를 가입자가 부담하며, 이를 진료비 본인 부담제라고 한다. 이처럼 수익자 부담을 두는 이유는 서비스의 남용을 억제하여 도덕적 해이를 방지하고 수익자와 비수익자의 공평성을 도모하여 수익의 정도와 수익자의 부담능력에 따라 부담을 달리함으로써 수익자의 책임은 물론 소득재분배의 효과도 거두고 사회보장 재원으로 재충당할 수 있다는 데 있다.

또한, 의료기관이 건강보험의 가입자에게 제공한 의료서비스의 대가로 지불하는 진료비 지불방법에는 행위별 수가제, 총액계약제, DRG(포괄수가제)지불제 등이 있다.

(1) 의료보장 제도의 필요성

① 개인의 질병 문제는 바로 사회문제가 될 수 있으므로 이를 집합적으로 해결하기 위하여 의료보장제도가 필요하다.

② 질병 발생은 불확실하므로 의료 서비스 공급을 효율적으로 제공하기 위해 공적인 의료보장체계가 필요하다.

③ 일단 질병이 발병하면 의료비용 발생은 물론 그 기간 동안 근로 소득도 중단될 수 있으므로, 의료보장을 통해 고가의 의료비 부담을 방지함으로써 생활의 안정을 도모한다.

④ 공적인 의료보장체계는 질병이라는 사회적 위험에 대해 전 국민이 공동으로 책임을 지게 함으로써 위험을 분산하여 사회정의를 실현하고 사회연대를 도모한다.

(2) 의료보장의 방법

① **사회보험**(National Health insurance: NH) **방식**

국가 관리하에 보험에 가입한 자가 보험료를 갹출, 재원을 마련하여 의료서비스를 받는 방식(비스마르크 방식)으로 현재 독일, 일본, 프랑스, 한국 등(의료보장을 실시하는 82개국 중 57개국)에서 실시하고 있다.

② **국가보건 서비스**(National Health Service: NHS) **방식**

국민의 의료문제는 국가가 책임져야 한다는 관점에서 정부가 일반 조세로 재원을 마련하여 모든 국민에게 무상으로 의료를 제공하는 방식(애버리지 방식)으로 복지비용이 과다하게 든다.

(3) 국민건강보험의 목적

국민의 질병 · 부상에 대한 예방 · 진단 · 치료 · 재활 · 출산 · 사망 및 건강 증진에 대하여 보험급여를 실시함으로써 국민 보건을 향상시키고 사회보장을 증진함을 목적으로 한다(「국민건강보험법」, 제1조).

① 국가가 개입하여 국민의 기본적인 의료문제를 해결한다.

② 사회보험의 원리를 통하여 개인의 위험을 보험 가입자 전원에게 분산하여 의료문제의 경제적 부담을 해소하는 한편 소득의 재분배 기능을 수행한다.

(4) 국민건강보험의 기능

① 사회연대성

사회보험 방식을 통하여 국가 또는 개인의 책임이 아닌 사회 공동의 연대책임을 활용함으로써 소득재분배의 기능과 위험분산의 효과를 거두고, 이를 통하여 사회적 연대를 강화하여 사회통합을 이룬다.

② 소득재분배 기능

질병은 개인의 경제생활에 막대한 영향을 끼쳐서 소득을 떨어뜨리고 다시 건강을 악화시키는 등, 악순환을 초래하므로 건강보험은 각 개인의 경제적 능력에 따라 차등하게 재원을 조성하고, 개별부담과 관계없이 필요에 따라 균등한 급여를 받도록 함으로써 질병 발생 시 가계의 부담을 경감시켜 주는 소득재분배의 기능을 수행한다.

③ 위험분산 기능

많은 인원을 분산함으로써 개개인의 부담을 경감하는 기능과 미리 적은 돈을 갹출하여 둠으로써 위험을 시간적으로 분산하는 기능도 겸하여 수행한다.

(5) 국민건강보험의 특성

① 법률에 의한 강제가입

일정한 법적 요건이 충족되면 본인 의사와 관계없이 강제로 적용한다. 그 이유는 보험 가입을 기피할 경우 국민 상호 간 위험부담을 통하여 공동으로 해결하고자 하는 건강보험제도의 목적 실현이 어렵기 때문이다.

② 보험료 납부의 강제성

가입이 강제라는 점에서 그 실효성을 확보하기 위하여 피보험자에게는 보험료 납부의 의무가 주어지며, 보험자에게는 보험료 징수의 강제성이 부여된다.

③ 부담능력(소득수준)에 따른 보험료의 차등 부담

사회적인 연대를 기초로 의료비 문제를 해결하려 한다.

④ 보험급여의 균등한 수혜

사보험은 보험료 부과 수준, 계약기간 및 내용에 따라 차등급여를 받지만, 사회보험은 보험료 부과 수준에 관계없이 관계법령에 의해 균등하게 보험급여가 이루어진다.

2) 국민건강보험정책의 분석

(1) 보험급여

① 보험급여의 종류

건강보험에 있어서 보험급여의 원인이 되는 것을 보험사고라고 하며, 이 보험사고에 대하여 급여하는 것을 보험급여라고 한다. 즉, 가입자 및 피부양자의 질병・부상에 대한 예방・진단・치료・재활・출산・사망 및 건강증진에 대하여 법령이 정하는 바에 따라 공단이 현물 또는 현금 형태로 제공하는 것을 말한다.

② 보험급여의 기간

건강보험에서는 건강보험 급여일수를 365일로 한정하고 있으나 장기간의 입원 또는 복합적인 투약 등 상한 일수를 초과하여 불가피하게 요양급여를 받아야 할 사유가 발생한 경우에는 의사의 소견서를 첨부하여 공단에 요양급여 일수를 연장 승인 신청할 수 있도록 규정하고 있다. 약물 오·남용에 따른 환자 본인의 건강을 위해 방지 및 건강보험 재정의 누수 방지를 위하여 급여일수를 제한하고 있다.

(2) 보험전달체계

요양급여는 1단계와 2단계로 구분되며 의원과 같은 1단계 의료기관에서는 가벼운 질환을, 종합전문 요양기관과 같은 2단계 의료기관에서는 1단계 의료기관에서 진료하기 어려운 질환이나 복합적인 중증질환을 진료한다.

의료기관 종별 특성에 맞게 의료자원을 효율적으로 활용함과 아울러 환자들의 대형 의료기관에의 편중 현상 등을 방지하여 국민이 의료기관 이용 시 편의를 도모하고자 시행되고 있다.

건강보험의 가입자 및 피부양자가 대형 종합병원(전문 요양기관)을 이용할 때에는 1단계 의료기관에서 요양급여를 받은 후 종합전문 요양 기관에서 2단계 요양급여를 받아야 하며, 1단계 진료를 담당한 의사의 진료의뢰서를 제출하여 보험급여 혜택을 받을 수 있도록 하는 것을 원칙으로 한다.

다만, 응급환자의 경우, 분만의 경우, 치과에서 요양급여를 받는 경우, 등록장애인 또는 작업치료, 운동치료 등의 재활치료가 필요하다고 인정되는 자가 재활의학과에서 요양급여를 받는 경우, 가정의학과에서 요양급여를 받는 경우, 당해 종합전문 요양기관에서 근무하는 가입자가 요양급여를 받는 경우, 혈우병 환자가 요양급여를 받는 경우에는 예외로 한다.

(3) 보험 재원

① 보험료

보험료란 피보험자와 피부양자의 질병, 부상, 분만, 사망 등의 보험사고에 대하여 보험급여의 실시에 필요한 재원을 충당하기 위하여 피보험자 및 사용자 등으로부터 징수하는 부담금을 말한다. 즉, 건강보험사업에 소요되는 비용을 충당하기 위하여 보험자가 피보험자로부터 갹출하는 금액을 지칭한다.

국민건강보험의 가입자별 보험 부담률을 살펴보면 〈표 11-2〉와 같다.

〈표 11-2〉 국민건강보험의 가입자별 보험 부담률

구 분	직장 가입자			지역가입자
	근로자 50%	공무원	사립학교 교직원	
보험료율	• 사용자 50% • 가입자 50%	• 국가, 지방 자치단체 50% • 가입자 50%	• 국가 20% • 사립학교 30% • 가입자 50%	• 국가 35% • 건강증진기금 15% • 가입자 50%

② 국고 지원금 및 건강증진기금 지원금

국가가 지역가입자의 보험료 일부를 부담할 수 있도록 하고 있으며, 2007년 1월에 「국민건강보험 재정건전화 특별법」 만료(06.12.31.)에 따른 해당 법령을 근거로 「국민건강보험법」이 삽입되어 시행되었다. 또한, 제15조(보험 재정에 대한 정부 지원)의 규정에 따라 지역가입자에 대한 보험급여비용과 지역가입자의 건강보험사업에 대한 운영비의 100분의 35에 상당하는 금액을 국고에서 공단에 지원하였다.

지역가입자에 대한 보험급여비용과 지역가입자의 건강보험사업에 대한 운영비의 100분의 15에 상당하는 금액을 「국민건강증진법」에 의하여 국민건강증진기금에서 공단에 지원(직장, 지역의 65세 이상 노인에 대한 보험급여비용에 사용)하고 있다.

⑷ 국민건강보험정책의 과제와 전망

국민의 건강증진과 예방을 위해서는 다각적인 노력과 개선이 요구된다.

① 보험료 부과의 형평성

보험료를 부과하거나 징수할 때 합리적인 기준이 필요하다. 직장가입자의 보험료는 직장의 급여만을 기준으로 하기에 급료 이외의 이자나 배당, 기타 사업소득이 고려되지 않고 있다는 비판이 있다.

② 보험 관리와 운영

효율적인 관리와 책임 경영이 의료보장의 개혁 방향이다. 보험료 부담의 형평성, 보험급여의 포괄성, 제도 운용의 효율성과 투명성 확보, 의료자원의 효율적 활용과 의료 서비스의 질 향상, 보험 재정의 건전성 확보가 관건이다.

③ 재정 안정화

의약분쟁과 의료 수가 인상 등으로 보험 재정은 어려움에 봉착해 있다. 보험료를 인상하고 본인 부담을 높이는 방향으로 가고 있지만, 이는 국민 건강과 생활 안정이라는 본래의 취지에 부합하는지 냉정히 따져 볼 일이다.

의료재정 안정화를 위해 포괄수가제가 부분적으로 도입되고 있다. 새로운 제도의 확충도 중요하지만, 의료공급 제도의 비효율 제거는 보다 심도 있게 지속적으로 이루어져야 한다.

④ 의료의 공공성 확보

의료의 공공성이 확보된 국가일수록 국민의 건강 수준이 높은 것으로 나타났다. 공공병상률이 높은 국가와 총 의료비 중 본인 부담률이 낮은 국가(재정에서의 공공성이 확보된 국가)의 기대수명이 높고 영아 사망률 역시 낮았다. 우리나라도 국민의 건강증진을 위해서는 공공의료 수준의 질과 접근성을 높여야 한다.

4. 산업재해보상보험제도

1) 산업재해보상보험제도

우리나라의 산업재해 발생률은 미국・독일・일본 등 선진국에 비해 안전사고 사망률이 아주 높게 나타나는 등 후진국형 산업재해가 다른 국가에 비해 자주 발생하고 있다. 미국의 0.52명, 일본 0.30명에 불과하지만 우리나라는 1.14명이다. 재해업종을 분류하여 보면 재해의 약 40%인 제조업과 20%를 차지하는 건설업이 전체 재해의 60%를 차지하고 있다. 두 업종 모두 여전히 산재다발 업종이다. 우리나라는 재해 다발업종이 편중돼 있는 것이 특징이며, 산업재해는 여전히 후진적이고, 규모가 영세할수록 재해발생빈도가 높다.

산업재해를 당한 근로자를 보호하기 위해 국가가 만든 사회보험이 산재보험이며, 산업재해란 노동자가 임금을 목적으로 기업주에게 고용되어 노동하던 중 다치거나 죽거나, 일정한 직업에 오랫동안 종사하여 그 직업을 수행하는 과정에 따르는 유해한 작업환경이나 근무형태 등으로 말미암아 서서히 발생하는 질병 및 업무수행을 위한 출장 중에 당한 사고, 회사소속의 차량으로 출퇴근하다가 당한 사고까지를 포함하고 있다. 근로자는 산업재해로 인하여 생활의 어려움을 사업주는 재해보상에 대한 비용부담으로 경영에 어려움을 겪게 되면서 국가 차원의 부상 제도의 필요성이 인식하면서 산재보험제도가 도입되었다. 무과실 책임원칙과 유형적인 손실에 대한 것을 보상하는 산재보험의 원칙은 이런 취지에서 출발하였다.

(1) 산업재해보상보험의 중요성

산업재해보상보험(이하 산재보험)은 산업화의 과정에서 근로자를 산업재해 및 직업병으로부터 보호하기 위하여 1968년에 도입한 우리나라 최초의 사회보험제도이다. 현재 국민연금, 국민건강보험, 고용보험, 노인장기요양보험과 함께 5대 사회보험의 하나로서 한국의 사회 안전망의 중요한 축을 이루고 있다. 다른 사회보험이 노령, 건강, 실업 등의 위험을 담보하는 데 비해, 산재보험은 근로자의 직업과 관련하여 발생할 수 있는 상해 및 질병의 위험을 담보해 줌으로써 근로 의욕을 고취시키고 근로자의 안정된 직업생활을 유지하게 하는 역할을 수행하고 있으며 그 중요성이 널리 인정되고 있다.

(2) 산업재해보상보험의 개념

산재보험이란 산업현장에서 활동하는 근로자에게 발생할 수 있는 제반 재해에 대하여 보험방식으로 근로자와 그 가족을 보호하는 한편, 사업주의 위험부담을 경감시키려는 일종의 사회보험이다. 근로자를 대상으로 근로자가 사업장에서 업무 중 부상, 질병, 지체장애 또는 사망한 경우 사업주의 재해보상 책임을 국가가 대행하여 신속, 공정한 보상을 행함으로써 재해를 당한 근로자와 그 가족을 보호하고, 사업주에게는 일시에 소요되는 과중한 보상비용을 다수 업체가 공동으로 부담함으로써 정상적인 기업 활동을 보장하여 근로자와 사업자를 동시에 보호하는 사회보험이다.

(3) 산재보험제도의 목적

산업재해보상보험사업을 행하여 근로자의 업무상의 재해를 신속하고, 공정하게 보상하고, 재해 근로자의 재활 및 사회복귀를 촉진하기 위하여 이에 필요한 보험시설을 설치, 운영하며 재해예방 기타 근로자의 복지증진을 위한 사업을 행함으로써 근로자 보호에 이바지함을 목적으로 한다(「산업재해보상보험법」 제1조).

① 신속하고 공정한 재해보상을 실시
② 필요한 보험시설의 설치 운영과 재해 예방이나 각종 근로 복지사업 추진
③ 불의의 재해로 사업주가 과중한 경제적 부담을 지게 되는 위험
④ 보험료의 사용자 부담

사업자가 자금난으로 보상을 행하지 못하거나 피해 근로자에 대해 손해배상청구 포기를 유도하는 경우 공정한 보상이 이루어지지 못한다는 점을 감안하여 평소에 보험 관장자가 사업주로부터 일정액의 보험료를 징수하고 이를 재원으로 하여 재해보상을 하게 되는 사회보험 방식을 채택하였고, 산업재해를 입은 근로자와 그 가족의 생존권 보장을 기본이념으로 하는 우리나라 사회보장제도의 가장 중요한 핵심이다.

5. 고용보험제도

고용보험제도란 실직근로자에게 적극적으로 취업 알선을 통한 재취업 또는 실업으로 인하여 그 소득의 원천을 상실한 경우 근로자가 일할 수 있는 능력과 의사가 있지만 적합한 직업에 취업하지 못하고 있는 근로자에게 현행법상의 고용안정사업, 자기의 적성과 능력에 맞는 적절한 직업을 선택하여 원하는 직장에 취업할 수 있도록 고용정보를 제공하고, 근로자의 능력개발과 기술수준에 의해 인적자본이 결정되는 시점에서 직업훈련을 통하여 노동생산성을 향상시켜 임금수준의 향상을 도모하며 기업의 경쟁력을 강화할 수 있는 직업능력 개발사업을 상호 연계하여 실시하는 사회보험제도이다.

따라서 고용보험은 실직자에게 재취업을 촉진하고 생계를 지원하는 것은 물론 더 나아가 실업의 예방 및 노동시장의 구조개편, 고용안정, 직업능력 개발을 강화하기 위한 사전적·적극적 차원의 종합적인 노동시장정책의 수단이라고 할 수 있다.

실업보험은 단순하게 실직자의 생계를 지원하는 사후적, 소극적인 사후보장제도라고 말할 수 있다.

실업으로 인한 유휴노동력은 국가의 인적자원의 손실을 의미할 뿐 아니라, 근로자의 능력발휘 기회를 상실함으로 지식과 기능의 질적 저하를 가져오기도 한다.

또한 실업은 소비감소를, 이는 다시 생산저하와 고용감소를 초래하여 실업을 확대시키고 국민경제를 혼란에 빠뜨릴 수 있다. 이와 같이 고용안정과 완전고용의 달성은 국가경제정책의 중요목표로 자리 잡고 있다.

고용보험제도는 원래 19세기 후반 유럽의 일부 노동조합이 실직조합원들에게 실업급여를 지급하던 자주적인 실업공제기금제도에서 출발하여 가정의 실업으로 인해 발생한 가족의 생계곤란에 대비하기 위해 만든 사회보험으로 고용이 아니라 실업에 초점을 둔 제도였다.

그러나 노동조합에서 가입하는 자주적인 실업공제기금제도는 가입이 임의적이고 근로자가 모든 비용을 부담하므로 충분한 실업급여가 이루어지지 못하였으므로 비교적 안정된 근로자는 가입을 기피하고, 실업의 위험이 큰 근로자들만이 주로 가입하여서 실업공제기금의 재정난이 심각하였다.

20세기 들어와 국가가 실업공제기금제도에 보조금을 지급하면서 기금마련의 어려움은 어느 정도 해결되었다. 1910년까지 실업보험제도를 입법화한 프랑스(1905년), 노르웨이(1906년), 덴마크(1907년)는 국가 재정에서 노동조합 중심의 자주적인 실업공제기금에 보조금를 지급하였다. 이후 1911년 국가에 의한 강제적 실업보험제도가 영국에서 최초로 도입되었고, 이와 같은 영국의 강제적 실업보험제도는 아일랜드(1911년), 이탈리아(1919년)의 실업보험제도 도입에 영향을 주었다.

1차 세계대전 이후 실업의 대규모 사태는 실업보험제도 도입을 촉진하는 계기가 되었는데 벨기에(1920년), 스위스(1924년) 등은 정부가 보조금을 지급하는 임의적인 실업보험제도를 채택하였으나, 독일(1927년), 불가리아(1925년), 오스트리아(1920년), 유고슬라비아(1927년) 등은 강제적 실업보험제도를 도입하였다.

1934년 국제노동기구(ILO)가 '비자발적 사업자에 대하여 급여 또는 수당을 보장하는 협약'(제44호 협약)을 채택하여 이를 비준한 국가에 대해서는 실직자에게 실업급여를 지급하는 강제적 또는 임의적인 실업보험제도를 유지할 수 있도록 하고 실업보험제도의 적용범위, 수급요건 및 급여 기간에 대한 최저기준 등을 명시함으로써 실업보험제도의 도입 및 발전에 많은 영향을 미쳤다.

일본은 1947년에 강제적인 실업보험제도를 도입하였고, 그리스는 1945년에 도입하였다.

1951년 프랑스는 국가부담에 의한 실업부조제도를 실시하고, 1958년에는 강제적 실업보험제도로 전환하였다.

우리나라는 정부차원에서 고용보험제도의 도입에 대해 논의가 이루어진 것은 1970년대 이후의 일이다. 그 결과 1995년 7월부터 시행령과 시행규칙을 마련하여 고용보험제도를 시행하게 되었다.

우리나라의 고용보험제도 도입의 기본방향은 실직자의 생계지원, 실업예방, 노동시장의 구조개편, 직업능력개발의 강화 등을 골자로 하여 적극적인 노동시장의 정책수단으로 도입된 과정에서 나타난 문제점을 수정·보완하면서 여러 차례 개정되었다.

1) 고용보험정책의 의의

고용보험은 실직 근로자의 생활 안정을 위해 일정 기간 실업급여를 지급하는 전통적 의미의 실업보험사업과 직업안정 및 고용구조 개선을 위한 고용안정 사업, 실업예방, 직업생활 동안 근로자의 직무수행능력을 체계적으로 개발·향상시키기 위한 직업 능력 개발사업 등을 하나의 체계 내에서 상호 연계하여 실시하는 사회보험제도이다. 즉, 국가가 고용정책을 수행하기 위해서 보험의 원리와 방식을 도입하여 법률에 따라 보험료를 강제로 납부하고, 실업이라는 보험사고에 대해서는 사업주와 근로자를 지원하는 공적인 사회보험제도이다.

2) 고용보험의 특성과 기능

고용보험은 근로자의 생활을 보장하는 사회복지정책과 고용정책이 함께 융합된 제도로 볼 수 있다.

고용보험제도는 제도 도입 시기가 다른 사회보험제도에 비하여 매우 늦어졌다. 도입을 위한 학계 보고서가 1970년대부터 실업보험의 성격으로 논의되었으며, 1991년

제7차 경제・사회 발전 5개년 계획을 통해서 고용보험 계획(안)이 마련되면서, 1993년 7월부터 고용보험이 시행되었다. 98년 1월 10인 이상 사업장, 98년 10월부터 1인 이상 전 사업장으로 고용보험이 확대되었다(김연명, 2000).

3) 고용보험의 목적

「고용보험법」 제1조에는 "이 법은 고용보험의 시행을 통하여 실업의 예방, 고용의 촉진 및 근로자의 직업 능력의 개발과 향상을 꾀하고, 국가의 직업지도와 직업소개 기능을 강화하며, 근로자가 실업한 경우에 생활에 필요한 급여를 실시하여 근로자의 생활 안정과 구직 활동을 촉진함으로써 경제・사회 발전에 이바지하는 것을 목적으로 한다."라고 명시되어 있다. 따라서 「고용보험법」의 목적은 고용보험의 시행을 통하여 실업의 예방, 고용의 촉진 및 근로자의 직업 능력의 개발과 향상을 꾀하고, 국가의 직업지도와 직업소개 기능을 강화하며, 근로자가 실업을 한 경우에는 생활에 필요한 급여를 실시하여 근로자의 생활 안정과 구직 활동을 촉진함으로써 경제, 사회 발전에 이바지하는 것이다.

6. 노인장기요양보험제도

1) 노인장기요양보험 정책의 의의

노인의 간병, 장기 요양 문제를 사회적 연대 원리에 따라 정부와 사회(국가, 지방자치단체, 가입자의 보험료, 수급자 본인 일부 부담)가 공동으로 해결하는 노인장기요양보험제도를 도입하여 노인의 노후생활을 도모하고 그 가족의 부양 부담을 덜어 줌으로써 국민의 삶의 질을 향상하려는 것이다.

2) 노인장기요양보험의 특성과 기능

이미 고령화 사회로 진입한 우리나라는 2026년에는 전체 인구의 20%가 노인인 초고령사회로 진입이 예상된다. 그리고 장기 요양의 대상이 되는 노인은 2007년 5월 현재 만 65세 이상 노령인구의 12.1% 수준이다. 기존의 「노인복지법」 이외에 「기초연금법」과 「노인장기요양보험법」을 의원입법으로 제정하게 된 것이다. 이를 노인의 사회보장에 관한 5대 법제라고 할 수 있다.

3) 노인장기요양보험의 목적

노인장기요양보험의 목적은 고령이나 노인성 질병 등으로 인하여 일상생활을 혼자서 수행하기 어려운 어르신들에게 신체활동 또는 가사활동 지원 등의 장기 요양급여에 관한 사항을 규정하여 노후의 건강증진 및 생활 안정을 도모하고 그 가족의 부담을 덜어 줌으로써 국민의 삶의 질을 향상하도록 함을 목적으로 하는 국가지원 복지제도이다.

4) 노인장기요양보험의 내용

(1) 보험급여 대상자

65세 이상 노인 또는 치매, 중풍, 파킨슨병 등 노인성 질병을 앓고 있는 65세 미만인 자 중 6개월 이상의 기간 동안 일상생활을 수행하기 어려워 장기요양서비스가 필요하다고 인정되는 자

* 장기 요양등급: 1등급, 2등급, 3등급, 4등급, 5등급

(2) 보험급여

고용보험급여의 종류는 시설급여와 재가급여 그리고 특별 현금급여, 이렇게 나누어진다.

① 시설급여

「노인복지법」 제34조의 규정에 따른 노인의료복지시설(노인전문병원은 제외)에 장기간 동안 입소하여 신체활동 지원 및 심신기능의 유지·향상을 위한 교육·훈련 등을 제공하는 장기요양급여를 시설급여라고 한다.

② 재가급여

재가장기요양기관에서 주·야간보호, 단기보호 및 복지용구를 제공하거나 가정을 방문하여 재활에 관한 지원 등을 제공하는 장기요양급여로서 대통령령으로 정하는 것 등이 있다. 예를 들면, 방문 요양, 방문목욕, 방문간호 등이 있다.

③ 특별 현금급여

도서 벽지 지역 등 요양 시설이 없어 불가피하게 가족 등으로부터 요양을 받은 경우 지원되는 현금급여이며, 그 유형으로는 가족요양비, 요양병원 간병비, 특례 요양비 등이 있다.

(3) 보험서비스 전달 체계

① 노인장기요양보험정책의 관리 운영은 국민건강보험관리공단이 담당한다. 따라서 국민건강보험공단은 「국민건강보험법」제27조의 규정에 따라 공단의 조직 등에 관한 규정을 정할 때 두는 조직 등을 건강 보험사업을 수행하는 조직 등과 구분하여 따로 두고 있으며, 장기요양인정 및 장기요양등급판정 등을 심의하기 위하여 장기요양등급 판정위원회를 두고 있다. 장기요양 보험료(50%)는 건강보

험료액에 장기요양요율을 곱하여 산정해서 통합징수하며, 장기요양 보험률은 보건복지부 장관 소속 장기요양위원회의 심의를 거쳐 대통령령으로 정한다.

② 국가는 매년 예산의 범위 안에서 당해 연도 국가는 예산의 범위 안에서 당해 연도 장기요양보험료 예상수입액의 20% 상당하는 금액을 국고에서 국민건강보험공단에 지원하도록 한다.

국가와 지자체는 의료수급권자의 장기요양급여비용, 의사 소견서 발급비용, 방문간호지시서 발급비용 중 건보공단이 부담하여야 할 비용과 관리 운영비의 전액을 대통령령으로 정하는 바에 따라 각각 분담하도록 한다.

③ 제도 도입 시 정부는 필요한 수발수요 충족을 위한 "노인 수발보험제도 제정을 위한 공청회"를 개최하였으며, 공청회 결과를 토대로 노인수발보험법안을 마련하여 관계 부처협의와 입법예고를 실시하였고 2006년 법제심사를 거쳐 2월 7일 국무회의에서 「노인수발보험법」 정부안(이후 「노인장기요양보호법」으로 변경)을 확정하여 2007년 4월 27일 「노인장기요양보험법」이 제정 · 공포되었다.

Social Welfare Policy | chapter 12

빈곤과 공공부조 정책

[학습목표]

1. 빈곤개념과 공공부조 정책을 이해한다.
2. 기초생활보장제도의 목적 및 내용을 이해한다.
3. 소득인정액과 중위소득, 부양의무자 등 용어를 이해하고 촘촘한 사회안전망을 위해 필요한 것이 무엇인지 생각해 본다.

[개요]

공공부조정책은 빈곤층의 소득보장 등을 위한 사회보장제도이다. 사회보장이란 인간다운 삶을 추구하기 위한 기본적인 권리를 의미함과 동시에 이를 실천하기 위한 제도와 규범적 실천 활동 모두를 포함하는 개념이다.

공공부조를 비롯해서 사회보험, 사회서비스가 우리나라의 사회보장제도를 대표한다. 이러한 사회보장을 통해 출산, 양육, 실업, 노령, 장애, 질병, 빈곤 및 사망 등의 각종 사회적 위험으로부터 모든 국민을 보호하고 국민 삶의 질을 향상시킬 수 있다. 우리나라의 공공부조에 관한 법 중 가장 핵심적인 법은 「국민기초생활보장법」이며, 국민기초생활보장제도는 사회보험제도와 함께 소득을 보장하는 제도로서 다른 소득보장제도가 그 기능을 발휘하지 못하게 될 때 최후로 소득을 보장하기 위한 목적이다.

인 적정 표준영양량을 구하여 이것을 섭취할 수 있는 식품량과 이것의 최소구입 가격에 의하여 최저식품비를 구하고 여기에 엥겔계수의 역을 곱하여 전체 최저생계비를 추정하는 방법이다.

이 방법은 일부의 생필품으로 전체 최저생계비를 추정할 수 있는 편리함은 있지만, 문제는 빈곤선이 엥겔계수의 수치변화에 따라 큰 차이가 난다는 데 있다. 일반적으로 생활수준이 높아지면, 음식비에 대한 지출은 감소되어 엥겔계수의 역이 증가하기 때문에 빈곤선이 증가하지만 실제로 빈곤인구의 엥겔계수를 정확히 측정하기가 어렵고, 이러한 변화가 실제 빈곤선에 반영이 잘 안 되는 한계가 있다.

이 방식은 미국의 사회보장청에서 사용하고 있다.

② 상대적 빈곤

빈곤은 절대적인 것이 아니라 다른 사람들과의 비교를 통해 심리적으로 박탈감과 빈곤감을 느끼게 되는 것에 기반하며 빈곤여부를 결정하는 기준이 해당 사회의 경제적 수준에 따라 달라진다. 여기서 해당 사회의 생활수준이란 일반적으로 각 사회의 중위소득의 일정퍼센트로 정한다.

루시만(Runciman)이 개념적으로 정리하였고, 스미스(Smith)와 타운젠드(Townsend)가 실증적으로 빈곤조사에 사용하였다.

대체로 복지국가가 발달할수록 상대적 빈곤 개념을 주로 사용하며, 유럽국가의 대부분은 상대적 빈곤 개념을 주로 채택하고 있다.

(3) 사회적 배제(social exclusion)

유럽을 중심으로 많이 사용되고 있으며, 추상적이고 이론적인 개념의 수준을 넘어서 정책과 프로그램의 실질적 원리가 되고 있다. 사회적 배제는 기존의 빈곤 개념과 비교했을 때, 빈곤의 역동성과 동태적인 과정에 초점을 맞추며, 소득의 문제에 국한되지 않는 다차원적인 불리함을 의미하며, 사회적 관계에서의 배제에도 관심을 기울이고 있다.

2) 빈곤의 측정

사회의 빈곤 정도를 측정하는 방법에는 다음과 같은 방법이 있다.

(1) 빈곤율(poverty rate) 측정

빈곤의 정도를 측정하는 가장 전통적인 방법으로 빈곤한 사람들의 수를 세어 전체 인구에서 차지하는 비율, 즉 빈곤율을 측정하는 방법이다.

빈곤선을 정하고, 소득이 이에 미치지 못하는 가구를 빈곤가구로 정의한 후 전체 가구 중 몇 퍼센트가 빈곤가구인가를 밝히는 것
빈곤의 정도를 측정하는 가장 간단한 방법이지만 한 사회의 빈곤의 정도를 정확히 반영하지 못하는 한계가 있음. 예를 들어, 빈곤율이 10%로 동일한 A국가와 B국가가 있을 때, A국가의 빈곤가구는 빈곤선 근처의 소득을 갖고 있으며 B국가의 빈곤가구는 소득이 거의 없는 경우, 동일한 빈곤율에도 불구하고 B국가의 빈곤정도가 더욱 심한 것으로 볼 수 있음

(2) 빈곤갭(poverty gap) 측정

빈곤율 측정보다 정교한 측정방법으로, 빈곤선 이하에 있는 사람들의 소득을 모두 빈곤선 수준까지 끌어올리기 위해서 어느 정도의 소득이 필요한가를 보여 주는 지표이다.

빈곤선을 정하고, 소득이 이에 미치지 못하는 가구를 빈곤가구로 정의한 후 모든 빈곤가구에 대해 "빈곤선 - 가구소득"을 계산하여 이를 모두 합한 것을 빈곤갭이라고 하며 국가 간 또는 시점 간 비교를 위해 이 빈곤갭을 GDP대비 비율로 나타내는 것이 일반적임. A국가는 빈곤가구가 빈곤선 근처의 소득을 갖고 있으므로 이를 빈곤선 수준까지 끌어올리기 위해 B국가보다 더 적은 비용이 듬. 따라서 빈곤율이 동일한 두 국가라고 하더라도 A국가보다 B국가의 빈곤갭이 더욱 크게 나타남

(3) 센(Sen)의 빈곤지표

빈곤율, 빈곤갭, 상대적 불평등의 세 가지 측면을 모두 고려하여 빈곤정도를 측정하기 위해 센이 개발한 빈곤지표로 빈곤지표가 갖추어야 할 여러 조건들을 다른 방법들보다 만족스럽게 충족시킨다는 평가를 받는다.

2. 공공부조정책

1) 공공부조의 개념

공공부조는 사회보장제도의 하나로서 모든 국민이 인간다운 생활을 영위하도록 하기 위해 생활 유지 능력이 없거나 생활이 어려운 국민의 최저생활을 보장하고 자립을 지원하는 제도로서 생계·주거·의료·교육·자활 등 필요한 급여를 제공하여 최후의 안전망 기능을 수행하는 제도이다.

공공부조는 나라마다 상이하게 표현되고 있다. 우리나라와 일본, 미국에서는 법률상 공공부조 또는 공적부조(Public Assistance)로, 영국에서는 국가부조(National Assistance)로, 프랑스에서는 사회부조(Social Assistance)로 표현한다.

우리나라에서는 '공적부조'라는 용어를 사용하였으나, 1995년 12월 30일 제정된 「사회보장기본법」에서 '공공부조'라는 용어로 변경되었다. 「사회보장기본법」 제3조에서는 국가 및 지방자치단체의 책임하에 생활 유지 능력이 없거나 생활이 어려운 국민의 최저생활을 보장하고 자립을 지원하는 제도라고 정의하고 있다.

2) 공공부조의 특징

공공부조는 조세를 재원으로 하며, 자산조사에 의한 개별적인 욕구의 측정과 확인을 근거로 빈곤한 사람에게 부족한 만큼의 생계를 보충해 준다.

① 국가의 책임

② 선별적인 대상 선정: 법적으로는 모든 국민이 보호의 대상이지만, 실제로는 빈곤선 이하의 생활이 어려운 사람이 주 대상

③ 자산조사: 자산조사 또는 소득조사를 통해 선별하며, 규제적인 성격을 가짐

④ 신청주의: 본인의 의사에 반하여 강제적으로 제공될 수 없음

⑤ 대상자 구분: 욕구나 근로능력조건, 가족 상황 등에 따라 처우가 다름

⑥ 자활추구: 근로능력이 있는 경우 자활을 위한 프로그램을 운영

3) 공공부조의 종류 및 내용

공공부조와 관련해서는 「의료급여법」과 「국민기초생활보장법」이 적용되고 있다. 국민기초생활보장제도는 가족이나 스스로의 힘으로 생계를 유지할 능력이 없는 최저생계비 이하의 절대빈곤층 국민에게 필요한 급여를 제공하고, 근로능력이 있는 자에게는 자활지원 서비스를 국가가 제공하여 기본적인 생활을 보장한다. 의료급여제도는 생활유지 능력이 없거나 생활이 어려운 국민들의 의료문제를 지원하고, 질병으로 인한 빈곤을 방지하기 위하여 국가가 보장한다.

국민기초생활보장제도는 생계급여, 주거급여, 의료급여, 교육급여, 해산급여, 장제급여, 자활급여를 지급하고, 의료급여는 수급권자의 질병・부상・출산 등에 대하여 진찰・검사, 약제・치료재료의 지급, 처치・수술과 그 밖의 치료, 예방・재활, 입원, 간호, 이송과 그 밖의 의료목적의 달성을 위한 조치에 관하여 지급한다.

4) 우리나라 공공부조의 역사

1961년 제정된 「생활보호법」에 의해 노령, 질병, 기타 근로능력의 상실로 인하여 생활유지의 능력이 없는 자에게 생계보호, 의료보호, 해산보호, 상장보호를 제공하였다. 이후 근로능력에 관계없이 최저생계비 이하의 저소득층의 기초생활을 국가가 보장할 필요성이 대두되어 2000년 국민기초생활보장제도가 시행(1999.09.07. 제정)되었다.

5) 공공부조의 기본원리

(1) 최저생활보장의 원칙

생활이 어려운 자에게 생계・주거・의료・교육・자활 등 필요한 급여를 행하여 이들의 최저생활을 보장해 주는 것

(2) 보충급여의 원칙

수급자의 소득인정액을 포함한 총금액이 최저생계비 이상이 되도록 지원하는 것으로 국민 각자가 자립・자활을 위해 자신의 능력을 최대한 발휘하여 노력하고 그런 후에도 부족한 부분을 국가가 보충해 준다는 원칙

(3) 자립지원의 원칙

근로능력이 있는 수급자에게는 자활사업에 참여할 것을 조건으로 급여를 지급

(4) 개별성의 원칙

급여수준을 정함에 있어서 수급권자의 개별적 특수 상황을 최대한 반영

(5) 가족부양우선의 원칙

부양의무자에 의하여 부양될 수 있는 경우에는 기초생활보장 급여에 우선하여 부양의무자에 의한 보호가 먼저 행해져야 함

(6) 타급여 우선의 원칙

급여신청자가 다른 법령에 의하여 보호를 받을 수 있는 경우에는 기초생활보장 급여에 우선하여 다른 법령에 의한 보호가 먼저 행해짐

(7) 보편성의 원칙

「국민기초생활보장법」에 규정된 요건을 충족시키는 국민에 대하여는 성별·직업·연령·교육수준·소득원 기타의 이유로 수급권을 박탈하지 아니함

6) 공공부조 운영의 기본원칙

(1) 신청보호의 원칙

선신청·후직권 보호

(2) 보호기준 및 정도의 원칙

① 보호기준의 원칙: 수요측정의 원칙이라고도 하며 기초생활보장제도에 의해 보장되는 최저한도의 생활은 보건복지가족부장관이 정한 기준에 의해 각 급여대상자에 대해 구체적으로 확정되어야 한다는 원칙

② 정도의 원칙: 급여의 정도를 급여기준에 의해 측정된 급여대상자의 수요와 급여대상자의 자력으로 충족할 수 없는 부족분을 보충하는 정도로 행한다는 원칙

(3) 필요즉응의 원칙

수급자의 연령, 성별, 건강상태, 기타 생활여건 등을 고려하여 개인 또는 세대에 실제로 필요한 급여를 행하여야 한다는 원칙

(4) 가구단위의 원칙

급여 여부와 정도를 결정할 때 가구를 단위로 하여 정함, 특별한 경우 개인을 단위로 하여 보호를 제공

(5) 현금부조의 원칙

의료급여, 교육급여, 주거급여 등의 현물급여를 제외하고는 현금급여로 제공함을 원칙

(6) 거택보호의 원칙

거택보호로 서비스를 지급하는 것이 적당하지 않거나, 특별히 희망하는 경우에만 예외적으로 시설보호 가능

3. 국민기초생활보장제도

국민기초생활보장제도는 생활이 어려운 사람에게 필요한 급여를 실시하여 이들의 최저생활을 보장하고 자활을 돕는 것을 목적으로 하며 1999년 9월 7일 제정된 「국민기초생활보장법」을 근거로 한다.

1) 국민기초생활보장제도의 내용

맞춤형 기초생활보장제도로 소득인정액기준, 부양의무자기준(의료급여에 한함)을 충족하는 저소득층 수급권자에 대해 생계, 의료, 주거, 교육급여를 행하여 최저 생활을 보장하고 자립을 유도하는 제도로 각 가구의 특성이나 처한 상황에 따라 급여를 지급한다.

생활이 어려운 자에게 필요한 급여를 행하여 최저생활을 보장하고 자립을 유도하는 제도로 소득인정액 기준과 부양의무자 기준을 동시 충족해야 하며 급여의 종류는 총 7가지로 생계, 의료, 주거, 교육, 자활, 장제, 해산 등이다.

2) 수급자 선정기준

수급자란 「국민기초생활보장법」에 따른 급여를 받는 사람을 말한다. 근로능력과 나이에 관계없이 최저생계비에 미달하는 모든 가구는 기초생활보장제도의 급여를 받을 수 있다.

수급자로 선정되기 위해서는 소득인정액 기준과 부양의무자 기준을 동시에 충족시켜야 한다.

① 가구 소득 인정액이 기준 중위소득의 일정비율* 이하

* 생계급여 32%, 의료급여 40%, 주거급여 48%, 교육급여 50%

② 부양의무자(1촌의 직계혈족 및 그 배우자)가 없는 자 및 부양의무자가 있어도 부양능력이 없거나 또는 부양을 받을 수 없는 자

* 주거급여('18년), 교육급여('15년)는 부양의무자 기준 폐지
생계('21년)는 예외기준(부양의무자 연소득 1억·재산9억) 외 기준 폐지

3) 소득인정액 산정방식

소득인정액은 집이나 자동차 등 재산을 소득으로 환산한 뒤 소득 평가액(실제 소득에서 일부 비용 등 제외)과 합산한 금액을 말한다.

〈소득인정액 산정방식〉

- 소득인정액 = 소득평가액 + 재산의 소득환산액
- 소득평가액: 실제소득 - 가구특성별 지출비용 - 근로소득공제
- 재산의 소득환산액: (재산 - 기초공제액 - 부채) × 소득환산율

출처: 보건복지부(2025).

(1) 부양의무자

수급권자를 부양할 책임이 있는 사람으로서 수급권자의 1촌의 직계혈족(부모, 아들, 딸 등) 및 그 배우자(며느리, 사위 등)를 말하며, 1촌의 직계혈족이 사망할 경우 그 배우자는 부양 의무자에서 제외된다.

(2) 급여의 종류 및 내용

급여의 종류는 생계급여, 주거급여, 의료급여, 교육급여, 해산급여, 장제급여, 자활급여로 이루어져 있다.

① 생계급여

- 일반 생계급여: 모든 대상자에게 소득인정액에 따른 현금급여 지원
- 지원예시: 소득인정액이 60만 원인 4인 가구의 경우는 생계급여 선정기준인 195만 1,287원에서 60만 원을 뺀 135만 1,290원 지급(원단위 올림)

> 의료 · 교육 · 자활급여의 특례자, 에이즈쉼터, 노숙자 쉼터 및 한국갱생보호공단 시설 거주자 등 정부로부터 생계를 제공받는 자 제외

- 긴급생계급여: 급여실시여부 결정전에 긴급히 생계급여를 하여야 할 필요가 있는 경우 최저생계비 중 식료품비에 해당하는 금액을 지급

> - 생계급여=현금급여 기준(최저생계비 - 의료 · 교육급여, 타법령지원액) - 주거급여 - 가구소득인정액
> - 기본원칙: 가구별 소득인정액과 최저생계비의 차액을 각종 급여로 지급하는 보충급여제 실시

② 주거급여

집을 소유했는지에 따라 임차급여와 수선급여로 나누어 지급

- 임차가구: 지역 및 가족 수에 따라 산정한 기준임대료를 상한으로 실제임차료(월 임차료+보증금 환산액)를 지원

• 자가가구: 구조안전 · 설비 · 마감 등 주택 노후도를 평가(경 · 중 · 대 보수로 구분)하여 종합적인 주택개량 지원

※ 장애인 자가가구 수급자: 주거약자용 편의시설*을 380만 원 한도 내에서 추가로 설치

※ 고령자(만 65세 이상): 주거약자용 편의시설*을 50만 원 한도 내에서 추가로 설치

* 장애인 추가지원과 고령자 추가지원은 중복지원 불가, 장애인이면서 고령자인 경우 장애인 추가지원 적용

• 최저생계비 중 최저주거비를 분리하여 주거급여로 지급
• 주거급여는 가구별 0원 ~최저주거비까지 차등적으로 지급

③ 교육급여

소득인정액에 따른 교육활동지원비 및 입학금, 수업료, 학용품비 등 지원

〈교육급여 내용〉

구분	교육활동 지원비	교과서	입학금 및 수업료
초등학생	48만 7,000원	-	-
중학생	67만 9,000원	-	-
고등학생	76만 8,000원	해당 학년의 정규 교육 과정에 편성된 교과목의 교과서 전체	학교장 고지 금액 전액
지급횟수	연 1회	연 1회	입학금은 입학 시 1회, 수업료는 분기별 지급

출처: 보건복지부(2025).

④ 해산급여

출산(예정)한 경우 아이 1명당 70만 원(쌍둥이는 140만 원) 지급

※ 생계급여, 의료급여, 주거급여 수급자에게만 지원됨

⑤ 장제급여

근로능력이 없는 자로만 구성된 가구와, 근로능력이 있는 가구원이 있는 경우는 가구당 차등하여 현금으로 지급

구분	지원내용
장제급여	사망한 경우 장례를 치르는 사람에게 사망자 1인당 80만 원 지급 ※ 생계급여, 의료급여, 주거급여 수급자에게만 지원됩니다.

⑥ 의료급여

의료급여는 질병, 부상 등 필요한 의료서비스(진찰, 치료) 제공

> 의료급여 대상자는 국민기초생활보장수급권자 이외에도 국가유공자, 북한이탈주민, 차상위계층 등도 포함되며, 근로능력 유무에 따라 1종, 2종으로 구분하여 의료비 지원

* 1종: 근로무능력가구, 희귀・중증난치성질환자, 중증질환자(암환자, 중증화상환자만 해당), 시설수급자
** 2종: 기초생활보장제도에 따른 의료급여수급자 중 1종 수급대상이 아닌 가구

⑦ 자활급여

자활급여는 자활공동체사업, 자활근로, 사회적응프로그램, 생업자금융자, 취업알선, 직업훈련, 직업적응훈련, 자활취업촉진사업 등 자활을 돕기 위한 급여

> 자활사업에 참여할 수 있는 사람은 조건부 수급자, 자활급여특례자, 일반수급자, 차상위계층 등이 해당됨

* 급여의 신청은 주소지 읍, 면, 동 주민센터에 직접방문하거나 복지로홈페이지에서 온라인으로 신청할 수 있음. 단, 생계급여와 의료급여는 온라인 신청 불가능함

4) 기준 중위소득

기준 중위소득은 보건복지부 장관이 중앙생활보장위원회의 심의・의결을 거쳐 고시하는 국민 가구소득의 중간값으로 이 중위소득을 기준으로 선정기준 이하일 때 급여가 지급된다.

※「국민기초생활 보장법」 제6조의2(기준 중위소득의 결정)

① 기준 중위소득은 「통계법」 제27조에 따라 통계청이 공표하는 통계자료의 가구 경상소득(근로소득, 사업소득, 재산소득, 이전소득을 합산한 소득)의 중간값에 최근 가구소득 평균 증가율, 가구규모에 따른 소득수준의 차이 등을 반영하여 가구규모별로 산정

② 그 밖에 가구규모별 소득수준 반영 방법 등 기준 중위소득의 산정에 필요한 사항은 제20조제2항에 따른 중앙생활보장위원회에서 정함

〈2024년 및 2025년 기준 중위소득〉 (단위: 원/월)

가구원 수		1인	2인	3인	4인	5인	6인
기준 중위소득	'24년	222만8,445	368만2,609	471만4,657	572만9,913	669만5,735	761만8,369
	'25년	239만 2,013	393만 2,658	502만 5,353	609만 7,773	710만 8,192	806만 4,805

출처: 보건복지부

또한 2025년은 기준 중위소득 대비 생계급여는 32%, 의료급여는 40%, 주거급여는 48%, 교육급여는 50% 이하 가구에 지급된다.

〈2024년 및 2025년 급여별 선정기준〉 (단위: 원/월)

가구원 수		1인	2인	3인	4인	5인	6인
교육급여 (중위 50%)	'24년	111만4,223	184만1,305	235만7,329	286만4,957	334만7,868	380만9,185
	'25년	119만6,007	196만6,329	251만2,677	304만8,887	355만4,096	403만2,403
주거급여 (중위 48%)	'24년	106만9,654	176만7,652	226만3,035	275만358	321만3,953	365만6,817
	'25년	114만8,166	188만7,676	241만2,169	292만6,931	341만1,932	387만1,106
의료급여 (중위 40%)	'24년	89만1,378	147만3,044	188만5,863	229만1,965	267만8,294	304만7,348
	'25년	95만6,805	157만3,063	201만141	243만9,109	284만3,277	322만5,922
생계급여 (중위 32%)	'24년	71만3,102	117만8,435	150만8,690	183만3,572	214만2,635	243만7,878
	'25년	76만5,444	125만8,451	160만8,113	195만1,287	227만4,621	258만738

출처: 보건복지부

5) 차상위 계층

기초생활수급자가 아닌 저소득층으로 소득은 중위소득 50%(4인 기준 304만 8천 887원) 이하지만 고정재산이 있거나 자신을 부양할 만한 연령대의 가구원이 있어 기초생활보장 대상자에서 제외된 사람

〈차상위 계층 지원 내용〉

유형	지원내용	소득기준
차상위장애인	장애수당 4만 원 지원	중위소득 50% 이하 (4인 기준 304만 8,887원)
차상위본인부담 경감	만성질환자 등 의료비 지원	
차상위자활	자활사업 연계	
차상위계층확인	전기·통신요금 할인 등	
한부모가족	만 18세 미만 아동 양육비 및 중·고등학생 교육비 지원 ※ 청소년 한부모는 기준 중위소득 72%이며, 급여지급 기준은 중위소득 65% 이하	중위소득 63% 이하 (2인 기준 247만 7,575원 (4인 기준 364만 1,597원)

6) 급여의 신청

(1) 신청주의(「국민기초생활보장법」 제21조 제1항)

생활이 어려운 저소득 가구의 가구원, 그 친족 및 기타 관계인이 해당 가구의 급여를 신청하는 것이 원칙이다.

(2) 직권주의

사회복지담당공무원은 급여를 필요로 하는 자가 누락되지 않도록 관할 지역 내에 거주하는 수급권자(생활이 어려우나 급여신청을 하지 않았거나 신청서를 작성할 수 없는 사람)에 대한 급여를 본인의 동의를 얻어 직권으로 신청할 수 있다.

(「기초생활보장법」 제21조 제2항)

기초생활보장을 신청한 수급권자의 생활실태가 긴급복지지원 제도에서 인정하는 위기상황에 해당하는 경우에 수급권자의 신청이 없더라도 시・군・구청은 긴급복지지원 제도를 안내하고 수급자로 보장결정 이전까지 긴급복지지원이 이루어질 수 있도록 운영

4. 긴급복지지원제도

1) 긴급복지지원제도 개념

갑작스러운 위기상황으로 도움이 필요한 사람이나 가족에게 일시적으로 신속하게 생계지원이나 의료지원 등을 제공하는 제도로 필요한 복지서비스를 신속하게 지원하여 위기상황에서 벗어날 수 있도록 도우며, 이들이 위기상황에서 벗어나 건강하고 인간다운 생활을 영위하게 하기 위한 제도이다.

기초생활보장 제도의 신청 후 급여까지의 절차를 밟는 데 걸리는 기간이 길기 때문에 긴급한 경우에 필요한 신속한 지원을 위해 별도의 정책이 필요하여 시행하는 제도로 선지원・사후조사의 절차로 신청 후 3~4일 이내에 급여가 지급된다.

2) 긴급복지지원제도의 원칙

긴급복지지원제도는, ① 선지원 후처리 원칙 ② 단기지원원칙 ③ 타법률지원 우선의 원칙 ④ 현물지원 우선의 원칙 ⑤ 가구단위 지원의 원칙을 지닌다. 위기상황에 처한 자 등의 지원이 필요한 경우 우선적으로 지원을 실시하고 나중에 소득 및 재산 등을 조사하여 지원의 적정성을 심사한다. 대부분의 지원은 원칙적으로 단기간 지원을 하며, 지원종료 후 동일한 사유로 다시 지원할 수는 없다. 또한, 「재해구호법」・「국민기초생활보장법」・「의료급여법」・「사회복지사업법」・「가정폭력방지 및 피해자보호 등에 관한 법률」 등 다른 법률에 의해 긴급지원의 내용과 동일한 내용의 구호나

보호 및 지원을 받는 경우에는 긴급지원을 하지 않는다.

(1) 선지원 후처리 원칙

위기상황에 처한 자에게 우선 지원을 실시하고 나중에 소득, 재산 등을 조사하여 지원의 적정성 심사

소득기준과 재산기준을 각각 심사, 소득기준은 가구의 소득이 최저생계비의 150% 이하일 것

(2) 단기지원 원칙

- 원칙적으로 1개월(의료지원의 경우 1회) 지원
- 추후 연장의 경우 최대 4개월(의료지원 2회)까지만 지원

(3) 타법률 지원 우선의 원칙

「국민기초생활보장법」, 「의료급여법」 등 타법률에 의해 긴급지원의 내용과 동일한 내용의 구호를 받고 있는 경우 지원하지 않음

(4) 현물지원 우선의 원칙

- 의료서비스, 임시거소 등 지원의 본래 목적을 달성하기 위하여 현물지원을 우선하고, 예외적으로 금전지원을 실시
- 생계지원, 해산비, 장제비의 경우 금전지원을 원칙으로 하고, 예외적으로 현물지원을 실시

(5) 가구단위 지원의 원칙

- 가구단위 산정 · 지원을 원칙으로 함. 단, 의료지원의 경우에는 의료지원이 필요한 가구구성원에 한하여 개인단위로 지원함

3) 긴급복지지원제도의 대상

갑작스러운 위기상황으로 생계유지가 곤란한 저소득 가구이며, 소득과 재산의 기준을 모두 충족한 경우에 긴급복지지원을 받을 수 있다.

- 소득: 기준 중위소득 75%(1인 기준 167만1,334원, 4인 기준 429만7,434원) 이하
- 재산: 대도시 2억 4,100만 원 이하, 중소도시 1억 5,200만 원 이하, 농어촌 1억 3,000만 원 이하
- 금융재산: 가구 규모별 기준 차등 적용(단, 주거지원은 아래 금액에 200만원 합산한 기준 적용)

가구규모	1인	2인	3인	4인	5인	6인
원	8,228,000	9,682,000	10,714,000	11,729,000	12,695,000	13,618,000

※ 7인 이상 가구의 경우, 1인 증가시마다 869,000원씩 증가, 주거지원은 위 기준에 200만원 추가

위기상황이란!

① 주소득자의 사망, 가출, 행방불명, 구금시설 수용 등으로 소득을 상실한 경우
② 중한 질병 또는 부상을 당한 경우
③ 가구 구성원으로부터 방임 또는 유기되거나 학대 등을 당한 경우
④ 가족폭력을 당하여 가구구성원과 함께 원만한 가정 생활을 하기 곤란하거나 가구구성원으로부터 성폭력을 당한 경우
⑤ 화재 또는 자연재해 등으로 인해 거주하는 주택 또는 건물에서 생활하기 곤란한 경우
⑥ 주소득자 또는 부소득자의 휴업, 폐업 또는 사업장의 화재 등으로 영업이 곤란하게 된 경우
⑦ 주소득자 또는 부소득자의 실직으로 소득을 상실한 경우
⑧ 지자체 조례로 정한 사유가 발생한 경우
- 소득활동 미미(가구원 간호, 간병, 양육), 기초수급 중지, 미결정, 수도·가스 중단, 사회보험료·주택임차료 체납 등

⑨ 그 밖에 보건복지부장관이 정하여 고시하는 경우
- 이혼, 단전, 교정시설 출소, 노숙, 복지사각지대 발굴대상자·통합사례관리대상자·자살고위험군으로 생계가 어렵다고 추천을 받은 경우

4) 긴급지원의 급여

(1) 금전 또는 현물 등의 직접지원

① 생계지원: 식료품비·의복비 등 생계유지에 필요한 비용 또는 현물을 지원. 가구수에 따른 최저생계비의 100%까지 지원
② 의료지원: 각종 검사 및 치료 등 의료서비스 지원. 질병이나 부상으로 의료비를 감당하기 힘든 경우 본인 부담금 및 비급여 항목에 대해 300만 원까지 지원
③ 주거지원: 임시거소 제공 또는 이에 해당하는 비용 지원
④ 사회복지시설 이용 지원: 사회복지시설에의 입소 또는 이용 서비스의 제공이나 이에 필요한 비용 지원
⑤ 그 밖의 지원: 연료비, 그 밖에 위기상황의 극복에 필요한 비용 또는 현물지원
⑥ 해산비 및 장제비

(2) 민간기관·단체와의 연계 등의 지원

① 대한적십자사, 사회복지공동모금회 등의 사회복지기관·단체로의 연계 지원
② 상담·정보제공 등 긴급복지지원은 의료서비스 제공, 임시거소 제공 등 지원의 본래 목적을 달성하기 위해 현물지원을 우선시하며, 현물지원이 곤란한 생계지원, 해산비, 장제비의 경우에는 금전지원을 실시한다.

5) 긴급(복지)지원 기간

- 긴급지원은 1개월간의 생계유지 등에 필요한 지원을 기본으로 하고, 시장·군수·구청장이 긴급지원 대상자의 위기상황이 계속된다고 판단하는 경우에는 1월의 범위 안에서 기간을 연장할 수 있다.
- 1개월의 연장에도 생활이 어려운 경우 긴급지원심의위원회의 결정으로 최장 2월

간(의료지원 1회)을 추가로 연장할 수 있다.

- 생계·주거지원은 최장 4개월, 의료지원은 2회까지 가능하다.

〈긴급복지지원 내용〉

구분		지원내용	지원금액	지원횟수
주지원	생계	1개월 생계유지비 (식료품비, 의복비 등) 지원	가구원 수에 따른 차등 지급 (4인 기준) 1,872천원	최대 6회
	의료	각종 검사, 치료 등 의료서비스 지원 (본인부담금 및 비급여 항목)	300만 원 이내	최대 2회
	주거	임시거주 할 수 있는 주거 제공, 주거비용 지원	지역, 가구원 수에 따른 차등 지급 (중소도시, 4인 기준) 435,6천원	최대 12회
	사회복지 시설 이용	사회복지시설 입소 또는 이용서비스 제공	가구원 수에 따른 차등 지급 (4인 기준) 1,494.1천원 이내	최대 6회
부가 지원	교육	초중고의 수업료 지원	초등학생 127,9천원/분기 중학생 180천원/분기 고등학생 214천원/분기 및 수업료·입학금	최대 2회 (4회*)
	연료비	동절기(10월~3월) 연료비 지원	월 150천원/월	최대 6회
	해산비	출산 지원	70만 원(쌍둥이 출산 시 140만 원)	1회
	장제비	장례비 지원	80만 원	1회
	전기요금	단전 시 연체된 전기료 지원	50만 원 이내	1회
민간기관·단체 등 연계		사회복지공동모금회, 대한적십자사 등 민간 프로그램과 연계해 상담 등 기타 지원		횟수 제한 없음

* 주거지원 가구의 교육지원은 최대 4회

출처: 세종시청홈페이지, 긴급복지지원제도

사회서비스정책과 사회복지정책의 전망

[학습목표]

1. 한국의 사회복지정책 동향을 이해한다.
2. 문재인 정부의 정책 추진 성과를 설명한다.
3. 문재인 정부의 복지정책 평가를 탐색한다.
4. 윤석열 정부 복지분야 국정과제를 분석한다.

[개요]

한국의 사회복지정책 동향을 이해하며, 혁신적 포용국가의 배경 및 의의, 정책 추진 현황을 살펴본다.
문재인 정부의 정책 추진 성과를 설명하며 사회안전망 강화/생애주기별 맞춤형 정책, 생활 SOC 확대 정책, 생활과 주용 성과로서 사회안전망과 고용안전망을 분석한다.
문재인 정부의 복지정책 평가를 탐색하며 사회보장 강화와 불평등 해소의 배경과 국정과제의 적절성과 이행 평가에서 소득보장 강화와 의료 공공성 강화 그리고 사회서비스 강화를 평가하였다.
윤석열 정부 복지분야 국정과제를 분석하며 지속 가능한 복지국가 개혁과 국민 맞춤형 기초보장 강화, 사회서비스 혁신을 통한 복지·돌봄서비스 고도화와 안전하고 질 높은 양육환경 조성을 제안하며 윤석열 정부의 사회보장 관련 국정과제 진단과 평가를 제안한다.

1. 한국의 사회복지정책 동향

1) 혁신적 포용국가

국민 누구나 성별, 지역, 계층, 연령에 상관없이 차별이나 배제받지 않고 인간다운 삶을 보장받으며 함께 잘 살 수 있도록 국가가 국민의 전 생애주기에 걸쳐 삶을 책임지며, 공정한 기회와 정의로운 결과가 보장될 수 있도록 하며, 이를 뒷받침하는 미래를 위해 혁신하는 나라를 말한다.

문재인 정부는 출범 당시 '모두가 누리는 포용적 복지국가'를 주요 국정전략으로 내세웠고, 2018년 9월 '포용국가전략회의'에서 '모두를 위한 나라, 다 함께 잘 사는 포용국가'를 사회 정책 분야의 국가 비전으로 제시한 데 이어 11월 대통령 시정연설에서 '2019 예산안은 함께 잘 사는 포용국가를 위한 예산안'임을 강조하고 11월 19일 APEC 정상회담 발언에서도 향후 '다 함께 잘사는 혁신적 포용국가'를 대한민국 정부의 새로운 국정 비전으로 적극적으로 추진할 의지를 밝혔다.

2019년을 '혁신적 포용국가 원년'으로 선언한 정부는 2월 19일 '포용국가 사회정책 계획 추진 계획'을 발표했다.

'혁신적 포용국가'는 양적 성장이 아닌 질적 성장을 추구하며, 배제와 독식이 아니라 공존과 상생의 사회를 도모하고, 미래를 향해 혁신하는 사회이며, 강자만을 위한 대한민국이 아니라 모두를 위한 대한민국을 의미한다.

문재인 대통령은 '배제하지 않는 포용'은 정부의 국정비전일 뿐 아니라 우리 사회가 추구해야 할 가치이기도 하다고 밝혔다. 포용적 사회, 포용적 성장, 포용적 번영, 포용적 민주주의에 이르기까지, '배제하지 않는 포용'이 우리 사회의 가치와 철학이 될 때 우리 모두가 함께 잘 살게 된다는 뜻이다. 이를 위해서는 산업화시대의 '최소주의 사회복지'에서 벗어나 '국민 모두가 전 생애에 걸쳐 누리는 포용적 복지 체제와 혁신 사회'를 만들기 위한 정책의 적극적인 역할이 필요하다.

2) 배경 및 의의

포용국가의 개념은 지금까지 우리나라가 빠른 경제 성장을 이루었지만 양적 성장에 주력해 오면서 양극화와 불평등은 물론 불공정한 사회로 바뀌었다는 문제의식에서 출발했다.

경제적으로는 노동시장의 불평등은 소득 자산 교육의 불평등으로 이어지고 이것이 다시 노동시장 격차를 재생산하는 악순환을 낳았다.

사회적으로도 오늘날 양극화, 저출산, 고령화 등 구조적 문제와 4차 산업혁명 등의 변화에 기존의 방식으로 대응하는 데 한계가 있다. 국가가 새로운 비전을 제시함으로써 지속불가능한 성장의 문제점들을 극복하고 질적인 성장, 공존하는 사회로 도약할 필요성이 확대되고 있다.

문재인 대통령은 2018년 9월과 11월 연설에서 포용의 개념에 대해서 배경과 의미를 상세히 설명했다.[1)]

"우리 정부가 추구하는 '포용'도 같은 취지입니다. 사회정책에서 시작해, 경제, 교육, 노동 등 전 분야에서 포용이 보편적 가치로 추구되어야 할 것입니다. 포용적 사회, 포용적 성장, 포용적 번영, 포용적 민주주의까지, '배제하지 않는 포용'이 우리 사회가 지향하는 가치이고 철학이 되어야 합니다."

정부가 추구하는 '포용'은 국민 모두가 함께 잘 살고, 공정한 기회와 정의로운 결과가 보장되며 성별, 지역, 계층, 연령에 상관없이 국민 단 한 사람도 차별받지 않는 포용이다.

혁신적 포용국가로 가기 위해서는 무엇보다 소득, 의료, 돌봄 등 삶의 기본적인 영역에서 튼튼한 사회안전망을 마련해 경제 성장의 과실이 사회 구성원에게 고루 분배되는 것이 기본이다. 문재인 대통령은 포용국가의 기본적 조건으로, 첫째, 사회안전망

1) "국제 사회에서 이미 세계은행, IMF, OECD, 세계경제포럼 등 많은 국제기구와 나라들이 '포용'이라는 용어를 사용하고 있다. 성장에 의한 혜택이 소수에게 독점되지 않고 모두에게 골고루 돌아가는 '포용적 성장'을 주장하며, 중・하층 소득자들의 소득증가, 복지, 공정경제 등을 아우르고 있다."

과 복지 안에서 국민이 안심할 수 있는 나라, 둘째, 공정한 기회와 정의로운 결과가 보장되는 나라, 셋째, 국민 단 한 명도 차별받지 않는 나라임을 설명한 바 있다[2].

국가가 빈곤이나 아동, 노인층 돌봄 등 전 세대적으로 사회 안전망을 마련, 각종 사회적 위험으로부터 보호받고 일상이 안정되면, 국민이 안심하고 미래를 꿈꿀 수 있게 되며 스스로 교육과 투자가 가능해지고, 개개인의 역량 향상으로 이어진다. 이러한 구조가 창의적이고 혁신적인 경제를 위한 선순환의 토대가 된다.

포용국가는 혁신적 경제를 바탕으로 국민들에게 삶의 단계에서 일자리를 비롯한 다양한 기회를 늘려 줌으로써 사회발전의 원동력을 축적해 간다.[3]

3) 정책 추진 현황

(1) 보편적 복지 확장

국민기초생활보장, 아동수당, 기초연금, 고교 무상교육 등 보편적 복지 확대로 전 연령층이 복지 혜택을 받을 수 있는 기반을 마련해야 한다.

(2) 고령화 대응 강화

고령화 속도에 맞춰 노인장기요양보험과 같은 돌봄체계를 강화해야 한다.

기초연금 인상 및 일자리 창출 정책 확대가 필요하다.

(3) 아동과 가족 복지 강화

저출산 극복을 위해 부모급여 신설, 육아휴직 확대, 유아 돌봄 서비스 확대가 필요하다.

2) 세계는 이미 포용성장론으로 선회(- 포용성장의 이론적 기반 및 소득주도성장과의 연관성 설명)(2019.01.05./공감)

3) [기고] 보건복지부 장관 - 든든한 사회안전망, 포용국가의 시작(2018.09.18./한국일보)
- 포용성장과 포용국가의 전략 및 과제 - (Q&A) 홍장표 소득주도 성장 위원장, 전문가 4인(2019.01.05./공감)
- 9년 전부터 세계적 화두, 성장 - 분배의 두 날개로 불평등 치유(2019.01.28./공감)

가족 구조 변화에 맞춰 한부모 가정, 다문화 가정 지원 강화가 필요하다.

(4) 취약계층 지원 강화

사회안전망 확대로 빈곤, 장애인, 무주택자 등 취약계층 보호 정책 강화가 필요하다.

맞춤형 복지 서비스(노인맞춤 돌봄 서비스, 장애인 활동지원 등) 확대가 필요하다.

(5) 청년 복지 활성화

청년 고용 확대, 주거 안정 지원(청년 월세 지원), 교육비 지원 등 청년 맞춤형 정책 강화가 필요하다.

(6) 지역사회 중심 복지

커뮤니티 케어를 통한 지역 중심의 돌봄 강화가 필요하다.

읍·면·동 단위 복지허브화로 서비스 접근성 향상이 필요하다.

(7) 환경과 지속가능성

녹색 복지개념 도입으로 기후변화 대응 및 재난 관련 사회안전망 확대이다.

에너지 바우처와 같은 저소득층 에너지 복지정책 강화이다.

(8) 디지털 전환

사회복지 전달 체계에 디지털 기술 도입(복지로, 정부24 등)이다.

비대면 서비스 및 온라인 플랫폼 활용 증가하고 있다

한국의 사회복지정책은 포용적 복지국가를 목표로 하며, 고령화, 저출산, 사회 양극화, 환경문제 등 다층적인 과제에 대응해 맞춤형 복지로 전환하고 있다.

2. 문재인 정부의 정책 추진 성과

혁신적 포용국가 관련 정책은 국민의 전 생애주기별, 세대별로 각각 필요한 복지 및 일자리, 취약계층 등을 위한 사회안전망 강화, 일상생활에 필요한 기반 시설을 확대하는 생활 SOC 정책, 국민 개개인 역량 강화, 창업 등 혁신성장 관련 정책 등을 모두 아우른다.

1) 사회안전망 강화/생애주기별 맞춤형 정책

보건복지부는 포용국가의 실현과 사회안전망의 강화를 위하여 현 정부 출범 이후 건강보험 보장성 강화, 기초연금 인상, 아동수당 지급, 치매 국가책임제, 온종일 돌봄 체계 구축, 기초생활보장 부양의무자 기준 완화 등 소득・건강・돌봄 안전망을 강화하기 위한 주요 정책들을 국정과제로 추진해 왔다.[4)]

열심히 일은 하지만 소득이 적어 생활이 어려운 근로자 또는 사업자(전문직 제외) 가구에 대하여 가구원 구성과 총급여액 등에 따라 산정된 근로장려금을 지급함으로써 근로를 장려하고 실질소득을 지원하는 근로연계형 소득지원 제도이다.[5)]

2) 생활 SOC 확대 정책

국민의 생활과 문화 기반 시설을 확대하고 낙후된 생활 환경을 적극적으로 개선해 누구나 일상생활을 풍요롭게 하는 시설을 편리하게 이용하도록 하기 위한 정책이다.

---

4) [기고] 문재인케어 1년과 포용적 복지국가(2018.10.16./김용익 국민건강보험공단 이사장)

5) [정책자료] 근로장려금 개편방안(2018.07.18./기획재정부)

3) 주요 성과

(1) 사회안전망

① 소득안전망 확대를 통해 빈곤·불평등에 적극 대응

기초생활보장 부양의무자 단계적 폐지(2017.11.~), 아동수당 도입(2018.9.~), 기초·장애인연금 인상(2018.9.~), 노인일자리 확충 등으로 양극화 대응 성과

② 돌봄의 국가책임 확대

치매국가책임제, 지역사회 통합돌봄, 장애등급제 폐지

③ 의료·건강안전망 강화(건강보험 보장성 강화 등)를 통해 포용복지 기반 마련

(2) 고용안전망

① 고용보험 보장성 강화 및 적용대상 확대

실업급여 보장성 강화(2019.10.), 고용보험 가입자 수 1,400만 명 달성(2020), 적용대상을 예술인(2020.12.), 특수형태근로종사자(2021.7. 시행) 등 비임금근로자 영역까지 확대

② 국민취업지원제도 도입

고용보험 미가입 저소득구직자 등 대상 취업지원서비스와 구직촉진수당 지원

③ 국민내일배움카드 도입 및 공공고용서비스 강화[6]

6) [보도자료] 포용국가 4년의 성과와 사회정책 현안 과제 논의를 위한 '사회부처 장관급 워크숍' 개최(2021.03.29.).
[e-book] 문재인 정부 4년 100대 국정과제 추진실적(2021.05.).
[카드뉴스] 문재인정부 4년 - 사회정책 성과·계획(2021.05.27.).

3. 문재인 정부의 복지정책 평가

지난 4년간(2017년 5월~2021년 5월) 문재인 정부의 복지정책을 평가해 볼 때 문재인 정부는 포용복지를 표방했다. 복지정책을 통합적인 사회정책으로 위상을 높여 경제정책과 대등한 지위를 부여하고, 동반성장을 추구하는 국가발전전략의 핵심 역할을 수행한다. 이른바 '포용적 혁신국가'이다. 이를 위해 노동시민사회가 요구해 온 핵심 과제를 수용하였다.

국가의 전략적 차원에서 강조됐던 포용복지는 노동정책이 후퇴하고 소득주도성장이라는 전략적 구상이 흔들리면서 방향을 상실했다.

문재인 정부의 복지정책은 이전 노무현 정부나 이명박·박근혜 정부보다 긍정적으로 평가할 수 있는 점이 많으며, 성과 또한 적지 않다. 하지만 급속한 저출산·고령화, 불안정 노동의 확산, 불평등과 빈곤의 심화 등 한국사회가 직면한 다양하고 새로운 위기들에 대해 적절하게 대응했는지를 놓고 본다면, 지나치게 느리고, 소극적이다. 특히 시장의 반발, 관료의 소극성, 보수진영의 재정안정 프레임을 넘어서지 못했고, 결국 정부가 표방했던 포용복지는 제대로 안착하지 못했다.

1) 배경

사회보장 강화와 불평등 해소의 배경은 가계금융복지조사에 따르면 중위소득 50% 이하에 속한 인구를 전체 인구수로 나눈 비율을 말하는 상대적 빈곤율은 2019년 16.3%로 완화되는 것처럼 보이나 국제적으로 매우 높은 수준이다. 동시에 총자산 기준 상위 10%가 차지하는 비중은 2017년 41.10%, 2018년 41.49%, 2019년 42.36%, 2020년 42.54%으로 3년간 꾸준히 증가하였다. 특히 코로나19 장기화로 소득 감소와 단절을 겪고 있거나 불안정 고용상태인 이들이 급격히 늘고, 양극화는 더욱 심화되고 있다. 이러한 상황은 고용보험 등 사회안전망의 광범위한 사각지대 해소와 소득보장 강화 요구로 이어졌다.

한편 가속화되는 저출생·고령화로 인해 사회서비스의 공공성 강화 요구가 높아지는 가운데 코로나19 발생 이후 돌봄이 국가 책임의 영역이라는 점을 더욱 분명히 확인하였다. 그간 사회서비스 영역은 대부분 민간이 맡아, 제대로 된 관리감독 없이 이루어진 탓에 질 낮은 서비스와 열악한 종사자 처우 문제가 지속되었고, 그 피해가 국민에게 그대로 전가되는 상황이었다(참여연대, 2021.07.26.).

아프면 누구나 차별없이 치료받을 수 있어야 하지만, 건강보험체계가 있음에도 비급여가 많아 과잉·과소진료가 발생하고 지역마다 병상 수가 상이해 사고 시 골든타임 내 병원에 도착할 수 없는 지역이 있는 것도 현실이다. 게다가 공공의료의 양은 절대적으로 부족하고 위상도 민간병원에 비해 낮은 편이다. 그러나 코로나19 치료 대응을 공공병원이 도맡아 해 오는 모습을 보면서 공공의료 확충에 대한 국민적 요구가 커진 상황이다. 인구구조 등의 환경변화나 지방 간 의료 격차, 소득에 따른 의료서비스 불평등을 감안할 때 건강보험의 보장성을 높이고 공공의료를 대폭 확충하는 것은 시급한 과제이다. 이러한 현실과 문제의식을 바탕으로 사회안전망 사각지대 해소, 국가가 책임지는 돌봄, 국민의 건강권 보장 측면에서 정부의 국정과제 이행의 평가가 필요하다(참여연대, 2021.07.26.).

2) 국정과제의 적절성과 이행 평가

(1) 소득보장 강화

① 공공부조 강화

부양의무자 기준 폐지는 개혁적 방향이나 전면 폐지 공약을 단계적 폐지로 후퇴시킨 것은 아쉽다. 코로나19 소득 보장 대책은 한시적인 지원 수준에 그쳤다.

소득인정액 기준은 충족하지만 기초생활보장을 받지 못하는 빈곤층이 93만 명에 달한다(2017년 기초생활보장 실태조사). 비수급 빈곤층 발생 원인은 부양의무자 기준,

근로능력 기준 등에서 찾을 수 있다. 각 급여에서 부양의무자기준 폐지는 기초생활보장제도 사각지대 해소에 반드시 필요한 개혁적인 정책이다. 다만, 대선 공약으로 부양의무자 기준 전면 폐지를 선언했던 것에 비해 국정과제는 단계적 개선으로 후퇴하였다.

코로나19 상황에서 가장 취약한 상황에 놓인 빈곤층의 소득 보장을 위해 복지사업의 수급자 선정에 활용되는 기준중위소득의 인상이나 소득인정액 기준 상향 등 적극적인 정책을 펴는 대신 한시적인 지원 정책에 그쳤다(참여연대, 2021.07.26.).

2018년에 주거급여 부양의무자 기준은 폐지했지만, 생계급여 부양의무자기준은 2022년까지 완화하되 부양의무자가 고소득, 고재산인 경우 유지하기로 하였다.(제2차 기초생활보장 종합계획). 의료급여는 2019년 기준, 수급률이 2.9%에 불과하고 부양의무자기준으로 배제된 사람이 73만 여명에 이른다. 주거급여 폐지, 생계급여 조건부 폐지의 의미가 적지는 않지만, 국정과제가 공약보다 후퇴했고, 그마저도 단서를 달아 완전 폐지하지 못한 것은 한계이다(참여연대, 2021.07.26.).

② 국민연금 보장성 강화

노인 빈곤율이 높고 노후소득 보장 사각지대가 큰 상황에서 제시된 정책 자체는 긍정적이나 국민연금 소득대체율 인상 등 근본 대책의 추진 계획 미흡하다.

우리나라 노인 빈곤율은 48.8%로 OECD 평균(12.4%)의 약 4배이나 국민연금 소득대체율은 2028년에 40%까지 단계적으로 낮아지는 상황이다. 비정규직 가입률이 54.9% 수준(정규직 97.8%)이고, 저소득 지역가입자 장기체납 등 노후소득보장의 사각지대가 적지 않은 상황에서 고령사회에 대비해 노인 인구의 소득보장제도 개선 정책을 내놓은 것은 긍정적이나 추진 계획의 구체성이 미흡하고 국민연금 개혁 등 근본 대책은 포함되지 않았다(참여연대, 2021.07.26.).

기초연금액 상향, 두루누리 건강보험 지원 확대 등은 일부 개선이 있었으나, 국민연금 개혁 등 보다 근본적인 대책 추진은 이루어지지 않았다. 문재인 정부는 공적연금 개편을 위해 대통령 직속 경제사회노동위원회 산하 국민연금개혁과 노후소득보장 특별위원회를 구성·운영하였고, 2019년 8월 참여주체별 3개 방안을 발표하였다.(노동시민사회단체 다수안: 소득대체율 45%, 보험료율 10년 동안 3% 인상). 정부가 절차적 과정은 만들었지만 이를 제도화하는 데에는 미온적이었다(참여연대, 2021.07.26.).

③ 고용보험 확대

고용보험의 넓은 사각지대, 불안정한 노동 시장 등을 감안할 때 고용보험 가입 확대는 개혁적 방향이나, 장기적, 단계적인 확대 계획을 내놓아 실현가능성이 우려된다.

불안정한 노동 시장, 산업의 변화 등으로 고용보험 적용 대상 확대, 보장성 강화는 오래된 과제이다. 특히 코로나19로 고용보험의 사각지대에 있는 불안정 취약 노동자, 자영업자 등이 소득상실과 실업의 위험에 더 많이 노출된다는 사실이 드러나 고용보험 확대가 시급한 과제가 되었다. 그런 점에서 2020년, 정부가 전 국민 고용보험 확대를 천명한 것은 의미가 있으나 2025년까지 단계적 확대 계획을 수립한 것은 현재의 취약계층의 위기 상황을 반영하지 못한 계획일 뿐더러 사실상 다음 정부로 과제 이행을 넘긴 것으로 실현 가능성이 우려된다.

2020년, 전국민고용보험 로드맵을 통해 현재 1,367만 명의 고용보험 가입자를 예술인, 특고 노동자, 플랫폼 노동자, 프리랜서, 자영업자 순으로 단계적으로 확대해 2022년 1,700만 명, 2025년 2,100만 명으로 늘려 가는 계획을 발표하였다. 2020년 12월부터 예술인 고용보험 적용 시행되었으며 2021년 7월부터 12직종 특고 고용보험이 적용되었다(참여연대, 2021.07.26.).

④ 국민취업지원제도 도입

저소득층 실업부조 도입은 개혁적 정책이나 그 수준과 대상이 미흡하며 실업급여 종료 저소득 구직자, 폐업 영세자영업자, 취업 경험 없는 구직자들은 극단적인 빈곤 상태에도 기초생활보장제도 대상자가 되기 전까지 법적 보호가 없는 상황이어서 국민취업지원제도 도입은 필요하나 그 수준과 대상은 미흡하다고 본다.

2019년 6월, 정부는 취업취약계층에 대한 고용안전망 확충을 위해 국민취업지원제도를 도입하겠다는 계획을 발표하고 구직자 취업촉진 및 생활안정지원에 관한 법률안을 국회에 제출하였다. 2020년 5월 20일, 「구직자취업촉진법」이 국회를 통과해 2021년 1월부터 시행되고 있다.

현재 국민취업지원제도는 낮은 수급액과 짧은 수급기간 등으로 인해, 실업부조로 기능을 하기에 부족한 수준이다. 이런 상황에서 정부는 시행령과 시행규칙을 법률상 최대기준보다 낮은 기준(기준 중위소득 60%→50%, 재산합계액 6억 원→3억 원)으로 만들어 지급 대상을 더 축소했다. 고용안전망의 사각지대가 넓은 상황에서 「구직자취업촉진법」을 입법한 것은 다행이나, 가뜩이나 미흡한 법을 정부가 시행령으로 더 후퇴시킨 것은 문제이다. 최근 정부가 수혜 요건을 완화하여 지급대상을 확대하는 내용을 발표하였다(참여연대, 2021.07.26.).

(2) 의료 공공성 강화

① 건강보험 보장성 강화

국민들의 의료비 부담이 높은 상황에서 건강보험 보장률 강화는 개혁적인 과제이다. 우리나라 건강보험 보장률은 60%대 수준으로, OECD 국가 평균 80%와 비교해 낮은 수준이다. 보장률이 낮은 이유는 건강보험 저부담 - 저급여 방식으로 운영됐고, 환자가 전액을 부담해야 하는 비급여를 통제기제 없이 확장하도록 허용했기 때문이다. 건강보험 보장성이 낮아 국민들의 의료비 부담이 높은 상황에서 개혁적인 과제이다.

문재인 정부는 2017년 8월, 비급여 급여화를 위해 총 30.6조 원을 투자해 건강보험 보장성 강화를 추진하기로 하였다. 그 결과 비급여 본인부담률은 소폭이나마 줄었고, 2017년~2019년까지 각 보장률은 62.7%, 63.8%, 64.2%로 소폭 상승하였다. 한편 재난적 의료비 감소 효과는 미미하고, 저소득층 의료비 부담은 커져 의료비로 인한 빈곤화율이 증가하였다.

건강보험 보장성이 획기적으로 강화되지 못한 원인은 비급여의 급여화 이후 병원에서 다른 비급여를 늘리는 풍선효과를 통제하지 못했고, 새로운 비급여 창출을 통제하기 위한 신의료기술평가가 제대로 작동하지 않았기 때문임이다. 상병수당과 같은 적극적인 보장성 강화 대책이 제시되지 못한 원인도 있다. 이러한 이유로 책정해 놓은 예산 집행률도 2020년 기준 75.5%에 불과한 실정이다(참여연대, 2021.07.26.).

② **공공의료 확대**

공공의료의 열악한 현실에 비해 매우 미흡해 개혁성이 떨어진다. 우리나라 병상수는 인구 1천 명당 12.3개(OECD 평균 4.7개)이나 공공병상은 인구 1천 명당 1.3개(OECD 평균 3.0개)에 불과하다. 2018년 기준 전체 의료기관 3,937곳 중 공공의료기관은 224곳(전체 기관 수 대비 5.7%), 공공병상 비중은 10.2%(OECD 회원국 평균 71.4%)에 불과하다. 게다가 300병상 이상 지방의료원은 7곳에 불과해 지역거점 의료기관의 역할을 수행하기 어려움이 있다. 2018년 기준 우리나라 의사 수는 인구 1천 명당 2.4명으로 OECD 국가 중 세 번째로 적고, 임상 간호 인력 또한 인구 1천 명당 7.2명으로 OECD 평균 8.9명보다 적다. 이처럼 열악한 공공의료 현실을 감안할 때 '지역거점 병원의 공공성 강화' 정책 수준으로는 매우 부족하다.

2018년 10월, 정부는 공공보건의료 발전 종합대책을 발표했지만 그 내용은 민간병원에 지역거점병원 역할을 부여하는 수준이었고 공공병원 확대 방안은 부재했다. 코로나19 상황에서 공공병원이 감염병 전담병원의 90% 이상을 담당, 입원환자의 81.7%를 진료(2020년 11월)해 왔다. 공공병상 부족으로 환자가 사망에 이른 경우가 다수 있었음에도 불구하고, 코로나19 극복을 위한 '한국판 뉴딜'에도 공공의료 강화 계획은 없고 2020년 예산에도 전혀 반영되지 않았다. 오히려 국정과제인 지역거점병원 공공성 강화 예산이 삭감되었다. 2021년 6월 발표한 제2차 공공보건의료기본계획('21~'25)에도 대전, 울산, 진주 등 이미 공공병원 신설 추진 중인 곳 외에 추가 계획이 없는 상황이다. 공공어린이재활병원은 미추진, 감염병 전문병원은 양산부산대병원

외 민간병원(조선대학병원, 순천향대학병원)을 선정 운영하도록 하고 있다.

출범 초기 국립공공의료대학원 설립 계획을 내놓고 법안 발의도 이루어졌지만 국회에서 논의되지 않았다(참여연대, 2021.07.26.).

③ 의료 영리화 정책 중단

의료 영리화 중단 정책 공약을 뒤집고 의료 영리화 전면 추진 중이다. 문재인 대통령은 대선 당시 「서비스산업발전기본법」에서 보건의료 분야 제외, 원격의료는 의료인 - 의료인 사이의 진료 효율화를 위한 수단으로 한정, 병원영리자회사 설립 금지 등을 공약했지만, 집권이후 '혁신성장' 기조하에 입장을 선회해 의료 영리화 정책을 본격적으로 추진 중이다. 「서비스산업발전기본법」 제정의 경우, 정부여당 주장처럼 의료 관련 일부 법을 제외한다고 해도 의료 영리화를 막을 수 없고, 이 법 자체가 교육, 의료 등 공공성이 강화되어야 하는 영역의 민영화를 가속화시킬 수 있는 법이어서 추진 자체가 부적절하다고 본다.

문재인 정부는 의료 영리화 정책은 중단하겠다고 했지만 대통령이 직접 의료기기 산업에 대한 '선진입후평가(네거티브 규제)', 바이오헬스 핵심규제 개선방안을 발표하고, 의료데이터와 건강관리서비스의 상업적 활용 가능 정책을 추진하였다. 특히 역대 정부에서 법안으로 처리하지 못했던 규제완화법들을 정부여당 주도로 법제화하였다. 의료, 환경, 교육, 개인정보, 경제적 약자보호 등의 분야의 규제를 완화하는 「지역특화발전특구에 대한 규제특례법」(「지역특구법」)을 통과시켰다. 신의료기기와 의약품의 부작용과 사망 등의 평가 규제를 완화하는 내용의 「첨단재생의료 및 첨단바이오의약품 안전 및 지원에 관한 법」(「첨단재생바이오법」), 「의료기기산업 육성 및 혁신의료기기 지원법」(「의료기기산업법」)을 제정하고, 개인의 민감정보 및 개인정보를 상업적으로 이용할 수 있게 하는 「개인정보보호법」 개정 등을 추진하였다(참여연대, 2021.07.26.).

(3) 사회서비스 강화

① 사회서비스 공공인프라 구축

사회서비스 영역의 민간 의존도가 높아 서비스 질이 낮고 종사자 처우가 열악한 상황에서 개혁적 정책이다.

저출산・고령화 가속화로 돌봄에 대한 욕구는 복잡하고 다양해졌다. 그러나 사회서비스 공급 체계가 민간 위주이고 관리감독이 부실해 질 낮은 사회서비스, 열악한 종사자 처우가 고질적인 문제로 꼽히고 있다. 인력 부족, 파편적인 복지체계로 인해 사각지대가 매우 심각하다. 이를 해결하기 위한 사회서비스원 설립과 공공부문 일자리 확충 과제를 선정한 것은 개혁적이다.

현재 11개 시・도에서 사회서비스원 시범사업 중이나 여당은 20대 국회 때도 시범사업의 근거법 제정에 적극 나서지 않았고, 21대 국회에서도 지지부진하다가 최근 국회 보건복지위원회를 통과했다. 그러나 민간 사회복지 시설의 저항에 못이겨 핵심 조항인 국공립시설 우선위탁 조항이 제외된 채 통과되어 공공 주도의 적극적인 사회서비스 공급 확대에 제동이 걸렸고, 국민의힘 반대로 법제사법위원회에서 통과되지 못한 채 계류되었다.

현재, 정부는 사회서비스 일자리를 2022년 34만 개 목표 대비 70%(약 24만 개) 달성한 것으로 집계하고 있지만, 예산 지원이 충분치 않아 시범사업 중인 사회서비스원의 고용이 대폭 축소되었고 계약직이 많은 비중을 차지해 양질의 일자리 창출로 보기 어렵다(참여연대, 2021.07.26.).

② 노인 돌봄 공공성 강화

치매 국가책임제 도입, 지역사회 통합 돌봄을 도입하였다.

③ 보육・아동 사회적 책임 강화

영유아, 초등돌봄 인프라가 부족한 상황에서 개혁적 과제인 핵가족화 심화, 여성의 경제활동 진출 증가로 돌봄에 대한 사회적 요구는 크게 늘고 있으나, 영유아, 초등돌봄의 인프라는 부족하다. 문재인 정부가 출범한 2017년 기준, 국공립어린이집 이용률이 12.9%로 매우 낮은 수준이라는 점에서 2025년 공공보육이용률 50% 달성, 아동수당 제도 도입은 개혁적 과제이다.

아동학대 의심 건수가 2017년에 3만 923건, 2019년에 3만 8천 380건으로 매년 증가 추세이다. 그러나 공공의 개입이 매우 부족하고, 피해 아동을 적절히 보호하지 못하고 있는 상황에서 과제의 방향 자체는 개혁적이다.

2020년 기준 아동수 대비 국공립어린이집 비율은 20.4%로 문재인 정부가 제시한 목표 40%에 한참 미치지 못한다. 그런데도 정부는 2021년 국공립 신축 예산을 전년 대비 약 40% 이상 삭감하고, 어린이집 기능보강 예산도 감액하는 등 미온적인 태도를 보이고 있다. 특히 코로나19 상황에서 돌봄의 책임을 가족에게 전가하는 내용의 임시방편적인 아동 돌봄 정책을 시행하였다. 아동수당의 경우, 정부는 0세에서 5세 모든 아동에 보편 아동 수당을 약속했으나 여야가 당리당략에 집착하여 결국 상위 10% 가구의 아동을 배제하고 추진하였다. 이후, 상위 10% 가구를 선별하는 과정에서 적지 않은 불편과 비효율이 발생하여 2019년 9월부터 만 7세 미만 모든 아동 대상 아동수당을 지급하게 되었다.

2018년 3월, 위기 아동 발굴 위한 e아동행복지원시스템을 도입해 빅데이터를 활용한 위기 아동 발굴 및 필요 서비스를 제공하고 있다. 그러나 아동학대는 예방이 핵심인데 사후처리에 초점이 맞춰진 것은 한계이다. 한편, 입양아동학대사망사건(양천사건)과 같이 분절적인 서비스 제공 체계 때문에 여러 차례 아동학대 의심 신고에도 결국 아동이 사망에 이르는 사례도 존재한다. 2021년 재정운용전략회의에서 아동학대 대응 예산 체계를 복지부 일반회계로 일원화한 것은 안정적인 예산 운용 측면에서 긍정적이다(참여연대, 2021.07.26.).

초등 온종일 돌봄체계 구축을 위해 2017년 기준, 33만 명 수준의 초등돌봄 공급을 학교돌봄, 마을돌봄 확대를 통해 2022년까지 53만 명까지 늘리는 정책을 추진하고 있다. 2020년 기준 돌봄교실 700실 확충, 약 30만 명에게 돌봄을 제공했다. 그러나 수요에 비해 공급이 부족하고, 온종일 돌봄에 대한 책임 주체도 모호한데다가 돌봄 주체인 교사에 대한 고용 및 처우도 개선되지 않아 문제이다. 더욱이 관련 정책은 제4차 저출산・고령사회 기본계획에도 제시되지 않았다. 이로써 초등돌봄에 대한 국가의 의지가 부재하다는 점이 드러났다.

3) 문재인 정부 총평 및 향후 과제

문재인 정부는 포용복지국가의 기치하에 전반적으로 필요하고 개혁적인 사회보장 정책과제들을 제시했으나, 결과적으로 미흡하게 추진됐거나 변질, 후퇴된 과제가 적지 않다. 오랜 숙원이었던 국민기초생활보장제도의 부양의무자기준 폐지를 단계적으로 추진함으로써 급여총액 수급자 수가 증가한 것은 긍정적이나, 약속했던 전면 폐지를 이루지 못한 것은 한계이다. 코로나19 유행 시기에 정부가 나서 전국민고용보험 도입을 천명하고, 국민취업지원제도를 법제화한 것은 의미 있으나 그 수준이 미흡하거나 추진 계획이 장기적이어서 실효성이 매우 떨어지는 것이 문제이다. 특히 양극화가 더 심화되고, 사회적 위험에 노출된 사람들이 급증한 상황에 대한 소득보장 대책이 필요하다.

감염병 유행 상황에서 정작 사회적 보호가 절실한 이들이 사회안전망에서 배제되고 있고, 공적 책임이 중요한 보건의료와 돌봄의 영역에 공적 인프라가 턱없이 부족하다는 점이 다시 한번 확인되었다. 이런 상황에서도 돌봄 공백에 대한 정부 대책은 사실상 전무했고, 국정과제인 사회서비스원법 입법화는 민간의 반대에 못 이겨 국회 소관 상임위에서 후퇴되었다. 그나마 보편 아동수당을 도입하고, 포용국가 아동 정책으로 아동의 삶에 대한 국가책임을 확대하고자 한 점은 진일보한 것이라고 평가하나, 노인 돌봄의 공공성 강화, 특히 지역사회 통합돌봄의 제대로 된 운영은 남아 있는 과제이다(참여연대, 2021.07.26.).

4. 윤석열 정부 복지분야 국정과제

1) 지속 가능한 복지국가 개혁

윤석열 대통령은 사회적 논의를 통한 상생의 연금개혁 추진으로 국민연금 지속가능성을 추진한다. 안정적인 노후소득보장 체계를 구축, 사회보장위원회의 사회보장정책 조정 기능 강화를 통해 중앙・지자체의 합리적 역할분담과 지속가능한 사회보장제를 펼칠 계획이다.

먼저 국민연금의 지속가능성과 공정성 제고 및 노후소득보장 강화, 사회적 합의 과정을 통한 상생의 연금 개혁 추진을 진행한다. 이를 위해 「국민연금법」에 근거한 제5차 국민연금 재정계산을 실시하고, 장기재정전망에 기반해 국민연금 제도 개편안을 마련한다.

또한 '공적연금 개혁위원회'를 통해 사회적 합의도출을 위한 기반 마련과 상생의 연금개혁을 병행해 노인빈곤 완화를 위한 기초연금을 인상(40만 원)한다.

사회보장위원회의 정책 조정기능 강화를 통해 사회보장제도 기획・운영・평가에 대한 관리체계 기틀도 마련한다. 중앙부처・지자체의 사회보장제도 전수DB 구축을 통해 사회보장사업 사전협의 내실화 및 사후 평가 강화 등을 체계적으로 추진한다.

윤석열 정부는 국민연금 적정부담・적정급여 체계 구축으로 안정적 제도 운영, 기초연금인상 등 공적연금의 적정 노후소득보장 기능 강화 등을 통해 노인빈곤 완화 등의 문제를 해결할 것이다.

2) 국민 맞춤형 기초보장 강화

저소득층에 대한 두터운 소득지원을 통해 국민의 생계안정 도모와 상병, 실직 등 다양한 위기상황에도 안심할 수 있는 소득안전망 구축을 진행한다.

먼저 저소득층 생계안정을 위해 국민기초생활보장제도 지원대상 및 수준을 확대한다. 생계급여 선정기준을 기준중위소득 35%를 목표로 실태조사, 중앙생활보장위원회 논의를 거쳐 단계적으로 인상하고 주거용 재산, 자동차 등 재산기준을 완화한다.

위기대응 지원에도 힘을 쓴다. 갑작스러운 위기 시 긴급소득지원을 대폭 강화하고, 상병으로 인한 소득상실에 대응해 상병수당 급여 도입을 추진한다. 기존 긴급복지 생계지원금을 기초생활보장 생계급여와 유사한 수준으로 인상하고, 재산기준을 완화한다.

또한 상병수당 급여 시범사업을 통한 다양한 모델의 평가, 분석 및 폭넓은 사회적 논의를 바탕으로 상병수당 급여 제도 도입도 추진한다.

취약계층 및 서민 중산층, 고령층의 생계비부담 완화 등을 위한 민생안정을 위한 분야별 세제지원도 강화할 예정이다. 근로장려금 최대지급액 적정수준 상향 및 재산요건 합리화, 퇴직소득세부담 완화, 코로나19 피해 업종에 대한 면세농산물 의제매입 세액공제 적용 확대, 반려동물 진료비 경감을 위한 세제상 지원방안 마련을 추진한다.

정부는 국민기초생활보장 강화를 통해 빈곤층 소득수준을 개선할 예정이며, 의료급여 및 긴급복지 강화, 상병수당 급여 지원을 통한 국민의 소득 불안 등을 완화시킬 것이라고 밝혔다.

3) 사회서비스 혁신을 통한 복지 · 돌봄서비스 고도화

다양한 공급주체가 질 높은 서비스를 제공하고, 누구나 서비스를 이용할 수 있는 보편적 복지 · 돌봄체계로 사회서비스를 혁신을 위해 앞장선다.

양질의 보편적 사회서비스 제공 및 사각지대 발굴을 위해 청년, 맞벌이, 1인 가구 등 대상 신규 사회서비스 개발 및 정보제공플랫폼 구축을 통한 이용자 선택권 강화에 집중한다.

사회적경제 조직 등 혁신적인 사회서비스 제공기관의 다변화 · 규모화를 통한 품질 향상으로 이용자 신뢰 향상, 맞춤형 급여안내('복지멤버십') 서비스를 전 국민으로 확대한다. 복지사각지대 해소를 위한 발굴시스템 정교화 및 지자체 발굴체계 강화에 포인트를 맞추는 것으로 분석된다.

사회서비스 혁신을 위한 범부처 · 민관협업 체계 구축도 나선다. 중앙 및 시 · 도 사회서비스원을 통한 민관협업 활성화 및 사회서비스혁신 지원 강화, '민관합동 사회서비스 혁신TF' 구성 · 운영을 통해 공급기관 지원, 투자 활성화 방안 등 사회서비스 발전 방향을 마련할 계획이다.

사회서비스 종사자 처우 개선에도 앞장선다. 임금 가이드라인에 맞춘 사회복지시설 종사자 보수 적정화를 통해 돌봄서비스 인력의 보수체계, 근로여건 개선 등을 통해 서비스 품질향상을 높일 계획이다.

사회서비스 혁신을 통해 급증하는 돌봄 · 복지 수요에 대응하고, 양질의 일자리 창출 및 사회서비스 산업 발전을 통해 '복지 · 고용 · 성장의 선순환'을 구현할 것이라고 밝혔다.

4) 안전하고 질 높은 양육환경 조성

임신 · 출산 지원, 영유아~아동 양육, 보육 및 돌봄, 건강 관리 지원 확대 등을 통해 부모의 양육부담 완화, 아동의 건강한 성장 지원 및 저출산 위기 문제도 손볼 예정이다. 특히 정부는 아동보호에 대한 국가 책임 강화와 학대 예방으로 아동을 보호한다.

24년부터 0~11개월 아동에 월 100만 원 '부모급여지급'으로 가정 양육 지원 및 부모의 경제적 부담을 완화한다. 먼저 23년에는 70만 원, 이후 24년에는 100만 원으로 단계적으로 확대할 것이다.

아동당 교사비율과 시설 면적 상향 검토, 보육교사 처우개선 등 보육환경 전반의 질적 향상, 부모교육 · 시간제보육 개선으로 양육지원을 강화하며, 관계부처와 함께 '유보통합추진단'을 구성 · 운영, 0~5세 영유아대상 보육과 유아교육의 단계적 통합 방안도 진행한다.

촘촘한 아동돌봄체계 마련, 다함께돌봄센터・지역아동센터을 활용해 주거지 인근 돌봄 수요 대응 및 학교돌봄 사각지대를 확대한다. 아이돌봄서비스 정부지원 확대, 아이돌보미와 민간육아도우미 대상교육 및 자격관리 제도 도입, 민간 돌봄 서비스 제공기관 등록제를 도입할 예정이다.

'임신・출산 모바일앱' 고도화 및 난임부부시술비・정신건강 지원 확대 추진, 임신・출산 진료비 보장성 확대 등도 검토한다. 전문인력이 가정에 직접 방문해 생애초기 건강관리사업을 전국적으로 확대, 영유아~성인까지 검진기록을 연계혜 생애주기 통합적 건강 관리체계를 구축할 계획이다.

5) 윤석열 정부의 국정과제에 있는 것과 없는 것: 사회보장 정책을 중심

윤석열 정부는 '다시 도약하는 대한민국, 함께 잘 사는 국민의 나라'를 국정비전으로 설정하고 이 비전이 포함하는 다섯 개의 국정과제 분야를 설정하였다. 우선 '일 잘하는 정부'로 국민의 삶과 직결된 문제를 정부가 잘 해결함으로써 분열과 대립을 완화하고 지역 균형발전 및 국민통합을 진전시킬 수 있다는 것이다. 둘째, '역동적 혁신성장'으로 민간주도 성장과 할 일, 안 할 일을 구분할 줄 아는 정부를 내세우고 있다. 결국 정부의 역할을 시장의 공정성과 효율성을 신뢰할 수 있는 제도 설계와 규제 완화를 통해 시장이 작동하도록 하는 데 있음을 명확히 한 것이다. 셋째, 생산적 맞춤복지로 복지는 인적 투자의 성격을 가지므로 사회적 생산성을 높이고 기회의 사다리를 놓는 '맞춤형' 방식으로 운영되어야 함을 강조하고 있다. 일을 통한 복지가 최고의 복지라는 규정 아래 양질의 일자리 창출 → 국민 삶의 질 개선 → 복지재원 확충으로 이어지는 선순환 구조를 창출할 것을 강조한다. 넷째, '추격자에서 선도자로' 발돋움할 것을 약속하고 있는데 모방을 넘어 '세계 최초'를 만들어 내는 도전의 역사를 만들어야 함을 주장하고 있다. 마지막으로 '글로벌 중추국가'가 되어야 함을 강조하면서 자유민주주의 가치를 바탕으로 글로벌 협력 증진 및 한반도 평화를 이루어야 함을 과제로 제시하고 있다. 이와 더불어 주권을 지키기 위한 강력한 국방력 구축과 세계적인 문제해결에 실질적으로 기여하는 국가를 지향한다고 밝히고 있는데 이는 앞서 언급한 자유민주주의 가치를 바탕으로 한다는 점을 같이 고려하면 결국 미국과 일본 중심의 패권적 외교에 힘을 싣는 것을 염두에 둔 것으로 보인다.

6) 윤석열 정부의 사회보장 관련 국정과제 진단과 평가

(1) 공공책임성에 대한 인식 부재, 혹은 부정

사회보장 관련 정책 전 영역에 걸쳐 주민의 권리로서의 사회권과 이를 보장하기 위한 국가와 공공의 책임에 대한 인식이 명확히 드러나지 않는다. 특히 사회적 돌봄을 비롯한 사회서비스 분야의 경우 사각지대 발굴을 통해 양질의 보편적 사회서비스를 제공하겠다고 언급하고 있으나, 보육, 요양, 활동보조 등 필수적인 사회서비스 영역에서 사회서비스의 욕구에 대해 국가 보장의 약속이 부재하다.

반면, 사회서비스 혁신의 구호 아래 사회서비스 제공기관의 다변화·규모화를 통한 품질 향상, 범부처-민관협업 체계 구축 등을 약속하고 있는데 이는 제공기관의 다변화를 명분으로 기존 사회서비스 공공성 강화라는 정책환경 변화의 방향을 되돌리려는 시도인 것으로 해석된다. 특히 중앙 및 시·도 사회서비스원을 통한 민관협업 활성화 및 사회서비스 혁신 지원 강화를 약속하고 있는데 이는 사회서비스에 대한 공공 책임성 강화를 위해 공공 사회서비스 직접제공기관으로서 사회서비스원 본연의 역할과 기능을 부차화하고 결과적으로 사회서비스원 정책 자체를 형해화할 위험이 있는 것으로 복지국가 운동과 시민사회 진영의 강력한 대처가 필요하다.

(2) 사회보장에 대한 통합적 접근의 부재

사회보장 영역 전반에 걸쳐 이용자 중심의 통합적 접근에 대한 인식과 철학이 보이지 않는다. 예를 들어, 지역사회돌봄의 맥락에서 주거복지와 돌봄서비스 사이에 통합적 접근의 중요성이 강조됨에도 불구하고 이 영역은 복지부로부터 분리되어 국토부의 영역으로 관리되고 있음을 확인할 수 있다. 또한, 청년 정책의 경우 고용지원 및 평생교육 등의 영역이 사회서비스 분야의 핵심적인 요소임에도 불구하고 고용부나 교육부의 주관업무로 분류되고 있으며 사실상 복지부는 배제되어 있다.

'국정과제 46. 지속 가능한 복지국가 개혁' 과제를 통해 사회보장제도 통합관리를 위해 사회보장제도 전수 DB를 구축하고 사회보장위원회의 정책 조정기능 강화하겠다고 기술하고 있으나 이는 사실상 전 박근혜 정부에서 진행하던 지방자치단체 유사·중복 사회보장사업의 신설 및 변경에 대한 중앙정부의 사실상 통제 기능 부활에 다름없는 것으로 분권적 국정운영의 방향성과 충돌할 위험이 있는 것으로 보인다.

직전 정부의 정책적 시도 가운데 하나인 커뮤니티케어(지역사회돌봄)를 실현하겠다는 내용이 '국정과제 45. 100세 시대 일자리·건강·돌봄체계 강화'에 포함된 것은 다행이나 이를 구현하기 위한 전달체계 개편, 제도 개혁, 지역사회 인프라 확충 등 구체적인 방법론이 제시되어 있지 않아 실행과정에 대한 지속적인 관리와 모니터링이 필요하다. '시군구 중심 지역 내 다양한 의료·돌봄 기관을 연계하여 커뮤니티케어 실현'을 언급하고 있으며, 다른 한편 '의료·요양 복합 제공 지원 및 가정에서도 충분한 서비스를 받도록 통합재가 등 재가서비스 강화'를 약속하고 있는 점은 고무적이다. 다만, 공약에서 확인한 '의료와 돌봄의 연계'가 공공의료인프라와 인력의 확충 및 보완을 전제하지 않고 민간의료기관과 민간 의료진을 활용하는 방안으로 일관하고 있어 사실상 국가가 책임져야 할 사회서비스와 공중보건적 사무를 민간영역에 위탁하는 방식이 될 우려가 있어 지속적인 검토가 필요하다(김진석, 2022.06.01).

평가와 전망에 기반하여 보편적 복지국가를 지향하는 과제를 제안하고자 한다.

첫째, 모두의 생활안정을 위한 소득보장 제도 수립에 매진할 것을 제안한다. 다양한 방식으로 현상하고 있는 사회적 불평등, 저출생과 고령화, 다행히 완화되는 경향이지만 여전히 OECD 1위인 노인빈곤율 등 사회적 위험이 상존하고 있는 상황에서 모두의 생활안정을 도모하기 위한 소득보장 제도의 수립은 사회보장 영역에서 여전히 중요한 비중을 차지하는 과제이다. 이를 위해 기준중위소득 50% 수준을 모든 주민에게 보장하고 근로소득에 대해 50% 수준의 가산급여를 생계급여로 보장하는 방향으로의 개편이 필요하다. 또한, 자산소득 산정기준, 특히 생활을 위한 자산에 대한 기준을 현실화하는 등 기초생활보장제도의 개선이 필요하다. 뿐만 아니라 실업과 질병 등 일하는 사람들의 사회적 위험으로부터 소득보장을 위한 전 국민 고용보험, 상병수당과 유급병가의 제도화가 시급하다. 마지막으로 국민연금 소득대체율 인상과 취약계층 가입 보장, 각종 크레딧 제도 등을 활용한 국민연금 가입기간 인정제도 확대, 기초연금과 국민연금에 개혁에 대한 통합적 접근 등을 포함한 연금제도의 개혁이 필요하다.

둘째, 모든 주민의 보편적 권리로서 사회서비스를 보장하기 위한 법, 제도적 접근이 필요하다. 사회적 돌봄체계의 구축과 모두를 위한 사회서비스의 보장 없이 더 이상 우리 사회가 지속가능하지 않다는 점을 오랜 기간에 걸쳐 이미 확인해 왔다. 특히 코로나19가 지속되는 과정에서 우리 사회 의료와 돌봄 등 사회서비스 체계의 부실함이 여실히 드러났으며, 그나마 우리 사회가 쌓아 온 사회적 돌봄체계가 일시적으로 작동을 멈추었을 때 우리의 일상이 얼마나 심각한 위기를 경험했는지 반복적으로 확인한 바 있다. 권리로서의 사회서비스 보장을 위한 과제로, 첫째, 권리로서의 돌봄과 사회서비스를 규정하고 이를 보장하기 위한 국가의 역할과 책임을 규정하는 사회서비스 기본법의 제정이 필요하다.

셋째, 보육, 방과후돌봄, 요양, 장애인활동지원, 보건의료, 아동보호 등 주요 사회서비스 분야 국공립 인프라와 인력의 확대를 통한 공공 책임성 강화의 노력이 지속되어야 하며, 사회서비스 공공인프라 확장의 주력기관으로서 사회서비스원의 역할을 확립하기 위한 노력이 필요하다(김진석, 2022.06.01).

7) 윤석열 정부 주요 분야별 성과

(1) 경제 분야

민간 주도 경제 활성화로서 민간이 주도하고 정부가 지원하는 시장경제 조성을 통해 수출 확대와 경제 성장에 주력하고 있다.

공급망 관리 체계 구축으로 경제 안보를 강화하기 위해 공급망안정화법을 제정하여 공급망 관리 체계를 마련했다.

(2) 사회 분야

약자 복지 강화로서 사회적 약자를 위한 복지 정책을 본격화하고, 마약 등으로부터 안전한 사회 구현을 추진하고 있다.

저출생 대응으로 출생통보제 및 보호출산제를 시행하여 저출생 문제에 대응하고 있다.

(3) 미래 준비

디지털 정책 추진으로 디지털 플랫폼 정부 구현과 디지털 경제 패권 국가 실현을 목표로 다양한 디지털 정책을 추진하고 있다.

과학기술 혁신으로 과학기술 선도 국가로 도약하기 위한 혁신 정책을 추진하고 있다.

(4) 외교 · 안보 분야

글로벌 중추 국가 지향으로 한미동맹을 기반으로 글로벌 중추 국가로서의 역할을 강화하고 있다.

보훈 문화 강화로서 보훈 문화를 국격의 요소로 삼아 관련 정책을 추진하고 있다.

(5) 환경 분야

물관리 패러다임 전환으로 국민 안전을 최우선으로 하는 물관리 패러다임 전환을 추진하고 있다.

녹색산업 수출 확대로서 녹색산업 수출 20조 원 시대를 본격화하고 있다.

이러한 성과들은 정부의 지속적인 노력과 정책 추진의 결과로 나타나고 있다.

참고문헌

강영숙, 장현숙, 이지복, 정영교, 김성숙(2020). 사회복지학개론. 경기: 정민사.

강영실(2016). 사회복지정책. 서울: 신정.

강혜규(2016). 사회보장급여법의 시행과 지역사회보장 발전의 과제. 보건복지포럼, 237, 6-17.

강희갑, 김극명, 김종배, 오현숙, 정일교, 박승탁(2019). 사회복지정책론(제3판). 경기: 양성원.

고재욱, 전선영, 황선영, 박성호, 이용환(2018). 사회복지행정론. 경기: 정민사.

교육부(2021). 2021 국민기초생활보장사업 교육급여 운영 방안 안내.

국토교통부(2021). 2021년 주거급여 사업안내.

권중돈(2018). 길에서 만난 복지. 서울: 학지사.

권중돈, 조학래, 윤경아, 이윤화, 이영미, 손의성, 오인근, 김동기(2020). 사회복지학개론. 서울: 학지사.

김교환(2002). 현대복지국가론. 서울: 교육과학사.

김귀환(2013). 사회복지정책론. 경기: 정민사.

김기원(2000). 공공부조론. 서울: 학지사.

김기원(2016). 사회보장론. 경기: 정민사.

김기원(2017). 사회복지정책론. 서울: 학지사.

김기원(2020). 사회복지정책론(제2판). 서울: 학지사.

김기태, 박병현, 최송식 (2000). 사회복지의 이해. 서울: 박영사.

김병록, 김귀환, 유정욱, 조당호(2010). 사회복지정책론. 서울: 동문사.

김상균(2007). 사회복지개론. 경기: 나남.

김상균, 최일섭, 최성재, 조흥식, 김혜란, 이봉주, 구인회, 강상경, 안상훈(2011). 사회복지개론. 경기: 나남.

김성철(2018). 사회복지경영학. 경기: 공동체.

김성철(2021). 비영리경영과 인성코칭. 서울: 박영사.

김성철(2024). 사회복지경영론. 경기: 양성원.

김양희, 전세경(1993). 사회정책으로서의 페미니즘에 관한 이론적 고찰. 가정문화논총, 7, 1-8.

김연명(2000). 변혁기 한국 사회보험의 현황과 과제. 사회복지, 2000, 가을호,

김영화(2010). 현대사회복지이론: 실천을 위한 담론과 준거틀 만들기. 경기: 공동체.

김영화, 박태정, 장경은(2020). 사회정의실현을 위한 사회복지정책론. 경기: 공동체.

김운왕(2007). 공동모금회의 운영실태와 발전방안. 청주대학교 사회복지 행정대학원 석사학위논문.

김윤나, 심선경, 이서영(2022). 사회복지학개론. 서울: 신정

김윤재, 금기윤, 최선, 노순희(2020). 사회복지정책론. 경기: 정민사.

김일문, 주재현(2014). 4대 사회보험 징수통합 정책형성과정에 관한 연구: 정책흐름모형의 적용. 한국비교정부학보, 18(1), 93-118.

김제선(2021). 사회복지학개론(개정판). 경기: 어가.

김제선, 고강호, 강석주, 김재원, 이규태(2015). 사회복지행정론. 경기: 양서원.

김제선, 임경선, 최세영(2018). 사회복지개론. 경기: 어가.

김종명, 송낙길, 염일열, 이영희, 이형렬, 임재옥, 장정순(2015). 사회복지정책론. 경기: 양서원.

김종상, 임우석, 장은석, 송혜자, 신용식, 제미자(2020). 사회복지정책론. 경기: 양서원.

김종상, 임우석, 장은석, 한재원(2014). 사회복지정책론. 서울: 동문사.

김종일(2009). 사회복지정책론. 경기: 학현사.

김진석(2022.06.01.). 윤석열 정부 국정과제 진단과 평가: 총론. 참여연대.

김태성(2008). 사회복지정책입문. 서울: 청목출판사.

김태성, 성경륭(1993). 복지국가론. 서울: 나남.

김태성, 성경륭(2003). 사회복지정책론. 서울: 나남.

김형수, 이명호, 허정철, 송기영(2018). 사회복지행정론. 경기: 정민사.

김형식(1999). 사회복지프로그램 평가. 서울: 아시아미디어리서치.

김환준(2017). 사회보장급여의 빈곤완화효과 분석. 사회복지연구, 48(3), 5-28.

남기민(2004). 사회복지정책론. 서울: 청목출판사.

남기민(2016). 사회복지정책론. 서울: 학지사.

남기민(2020). 사회복지정책론(개정3판). 서울: 학지사.

노동부(2002). 고용보험백서.

노동부(2002). 산재보험사업연보.

노병일(2014). 사회복지정책론. 경기: 공동체.

노화준(1991). 정책평가론. 서울: 법문사.

대한민국 정책브리핑(2018.09.06.). [정책뉴스] 문재인정부 '포용국가'비전 제시...전 생애 생활보장 계획 마련. 대통령 직속정책기획위원회.

대한민국 정책브리핑(2018.11.01.). [인포그래픽] 포용국가의 한 가족이 누리는 포용적 복지. 문화체육관광부 국민소통실.

류연규(2019). 거꾸로수업을 위한 사회복지정책론. 서울: 신정.

류종훈 외(2005). 사회복지정책론. 경기: 학현사.

문재인(2018.09.06.). [연설문] 포용국가 전략 회의 대통령 모두 발언.

문재인(2018.11.18.). [연설문] 문재인 대통령 APEC 정상회의 발언 "배제하지 않는 포용이 대한민국 국정비전".

문지영(2009). 자유. 서울: 책세상.

박경일(2014). 사회복지정책론. 경기: 공동체.

박경일(2020). 사회복지정책론(개정5판). 경기: 공동체.

박능후(2006). 한국, 사회보장제도 변화의 점검 및 개혁방안: 기획주제 현황과 발전방향 -급여체계 개선을 중심으로-. 한국사회복지정책학회, 사회정책연합 공동학술대회 자료집. 57-76.

박병현(2007). 사회복지정책론. 경기: 학현사.

박병현(2015). 사회복지정책론. 경기: 정민사.

박병현(2019). 사회복지정책론: 이론과 분석(개정 5판). 경기: 정민사.

박주현(2021). 사회복지정책론. 경기: 어가.

박차상, 서민호, 이영희, 이진용, 전대성, 정명희, 최병태(2020). 사회복지정책론. 경기: 양성원.

보건복지부(2018). 의료급여사업안내.

보건복지부(2018.09.07.). [영상] 모두를 위한 나라, 나를 안아주는 포용국가.

보건복지부(2021a). 2021년 국민기초생활보장 사업안내.

보건복지부(2021b). 2021년 의료급여 사업안내.

보건복지부(2022). 국민기초생활보장사업안내.

보건복지부(2023). 국민 누구나 필요할 때 누리는 질 높은 사회서비스. 보건복지부 보도자료.

서보준, 김우호, 이대주, 서명환, 김정호, 이정미, 김갑주, 박선태(2014). 사회복지정책론. 경기: 공동체.

석재은(2000). "국민연금의 정책적 선택의 특성과 발전 과제". 한국사회과학연구소 사회복지연구실(편). 한국 사회복지의 현황과 쟁점. 서울: 인간과 복지

손병덕(2020). 사회복지정책론. 서울: 학지사.

송근원, 김태성(1995). 사회복지정책론. 서울: 나남.

송근원, 김태성(2007). 사회복지정책론. 서울: 나남.

송정부(2001). 사회복지개론. 서울: 학문사.

슬로우뉴스(2020.04.01.). 재난지원금 70% 커트라인에 비전은 존재하는가.

아틀라스뉴스(2020.05.14.). 실패한 뉴딜정책④…반기업-친노동으로 선회하다.

안선회(2010). 사교육비 경감정책 평가연구: 참여정부를 중심으로. 고려대학교 대학원 박사학위논문.

안해균(1984). 정책학원론. 서울: 다산출판사.

안홍순(2012). 사회복지정책론. 경기: 공동체.

양승일(2015). 사회복지정책론. 경기: 양서원.

양승일(2019). 사회복지정책론. 경기: 양서원.

양정하, 황인옥(2016). 사회복지정책론. 경기: 양서원.

양정하, 황인옥, 신현석, 유태완, 윤기혁(2020). 사회복지정책론. 경기: 양서원.

여유진(2005). 국민기초생활보장제도 선정 및 급여 현황과 문제점. 보건복지포럼, 101, 67-79.
염일열, 이승현(2020). 사회복지정책론. 경기: 정민사.
오미옥, 정창훈, 유정욱(2013). 사회복지정책론. 경기: 정민사.
오세영(2019). 사회복지정책론(개정2판). 서울: 신정.
오세영(2023). 사회복지정책론(개정4판). 서울: 신정.
오세영(2021). 사회복지정책론. 서울: 신정.
오영민(2021). 한국의 장기요양 서비스 운영 실태에 관한 연구. 대전대학교 대학원 박사학위논문.
오종희, 김형수, 이승준, 어흥선(2018). 사회복지개론. 경기: 정민사.
원석조(2006). 사회복지정책론. 경기: 양서원.
원석조(2008). 사회복지정책론. 경기: 공동체.
원석조(2019). 사회복지행정론. 경기: 양서원.
원석조(2020). 사회복지정책론(개정9판). 경기: 공동체.
원석조(2021). 사회복지정책론. 경기: 공동체.
유종해, 하동석(2010). 이해하기 쉽게 쓴 행정학용어사전. 서울: 새정보미디어.
유한욱(2014). 사회보험료 지원정책에 관한 연구: 근로장려세제와의 연계방안을 중심으로. 사회과학연구, 40(2), 133-155.
윤용근(2004). 사회복지기관의 기부자 개발 및 유지전략에 관한 연구. 부산대학교 박사학위논문.
윤홍식, 남찬섭, 김교성, 주은선(2019). 사회복지정책론. 서울: 사회평론아카데미.
이성기, 원석조(2020). 사회복지학개론. 경기: 양성원.
이소현(2019). Gilbert와 Terrell의 산출분석 틀을 적용한 국제청소년성취포상제 정책분석과 개선방안. 중앙대학교 사회복지대학원 석사학위논문.
이수천, 고광신, 전준현(2011). 사회복지정책론. 서울: 나눔의집.
이재훈(2021). 문재인 정부의 주요 복지정책 평가. 이슈페이퍼, 2021(6), 1-38.
이정서(2018). 사회복지정책론. 경기: 정민사.
이정우(2017). 사회복지정책론. 서울: 학지사.
이종복, 신은주, 강양구, 손병돈, 신승연, 이상무, 이서영, 이혜경, 정용충, 조성심, 조혜경, 최승희, 최현미, 한정우(2016). 사회복지개론. 경기: 양서원.
이준영, 김제선(2012). 사회보장론. 서울: 학지사.
이진숙, 주은선, 신지연, 윤나리, 노승택(2010). 사회복지정책론. 경기: 양서원.
이진숙, 주은선, 신지연, 윤나리, 노승택(2014). 사회복지정책론. 경기: 양서원.
이철수(2009/2013). 사회복지학사전. 경기: 혜민북스.
이태수(2010). 복지국가와 사회복지정책. 서울: 다산출판사.

임봉호, 김승훈, 박용권, 남상권, 조국행(2013). 사회복지정책론. 경기: 양서원.
임봉호, 김승훈, 박용권, 박현식, 조국(2016). 사회복지정책론. 경기: 양서원.
임속근(2002). 사회복지기관의 모금활동을 위한 마케팅 전략. 대전대학교 석사학위논문.
임정문, 나직균, 김영숙, 나혜숙, 안원철, 전대성(2016). 사회복지정책론. 서울: 동문사.
전재일, 배일섭, 정영숙(2000). 사회복지정책론. 서울: 형설출판사.
정신영(2011). 비영리조직 모금의 성공요인에 관한 연구. 경희대학교 NGO대학원 석사학위논문.
정연희(2020). 국내 중소형 비영리단체들의 풀뿌리모금 특성에 관한 연구. 경희대학교 공공대학원 석사학위논문.
정영숙, 서종수, 한상일, 이우구, 이미영, 김영호(2019). 사회복지정책론. 경기: 지식공동체.
정정길(1997). 정책학원론. 서울: 대명출판사.
정한별(2020). 학대피해장애인 지원정책에 관한 연구: Gilbert와 Terrell의 정책분석틀을 활용하여. 경기대학교 행정사회복지대학원 석사학위논문.
정현태, 강도명, 박옥신, 정재갑, 정현숙, 한승협(2017). 사회복지정책론 이론과 실제. 서울: 창지사.
정효정(2005). 보육정책의 문제점과 개선방안. 한국영유아보육학, 42, 279-303.
조성한, 임재현, 주재현, 한승준(2006). 사회복지정책론. 경기: 법문사.
조영구, 이재문, 이은모(2016). 사회복지정책론. 경기: 정민사.
조영훈(2017). 복지국가의 사회이론. 경기: 공동체.
조원탁, 김형수, 이형하, 조준(2015). 사회복지법제론(제11판). 경기: 양서원.
조흥식(2012). 사회복지정책과 형평성의 역할. 한국사회복지학회.
조흥식(2012). 사회복지정책과 공공정책의 관계. 한국사회복지학회.
참여연대(2021.07.26.). [이슈리포트] 문재인 정부 평가보고서_사회보장 강화와 불평등 해소.
최성은, 선우덕, 구인회, 김인춘 백인립, 임완섭 ,이주연, 이기주(2011). 선진 4국과 우리나라 사회보장체계 비교연구. 세종: 보건복지부, 한국보건사회연구원.
한국경제신문(2014.07.18.). 엥겔스도 놀란 복지정책…노동자 향한 비스마르크의 구애였다.
한국기업교육학회(2010). HRD 용어사전. 서울: 중앙경제.
한국복지행정학회(2007). 사회복지정책론. 경기: 양서원.
한국복지행정학회(2014). 사회복지정책론. 경기: 양서원.
한국임상사회사업학회(2019). 사회복지개론. 서울: 신정.
한신애, 권붕, 김진수, 박선태, 박옥신, 손홍재, 양철수, 이의용, 이척희, 정해분(2018). 사회복지행정론. 경기: 수양재.
현외성 외(2019). 핵심 사회복지정책론. 경기: 양서원.
현외성(2011). 사회복지정책강론(제4판). 경기: 양서원.

현외성(2014). 핵심사회복지정책론. 경기: 양서원.

현외성(2019). 사회복지정책강론(제6판). 경기: 양서원.

홍봉수, 조당호, 임현진, 금기윤, 장승전, 조웅, 배재덕, 정문진, 성시한, 김남식, 한성수(2019). 사회복지정책론. 경기: 공동체.

황선영, 노병일, 김세원(2016). 사회복지정책론. 서울: 창지사.

황성동(2015). 사회복지정책의 기본권 보장의 역할. 한국사회복지정책연구.

황성동(2015). 사회복지정책의 예방적 접근. 한국사회정책연구.

황성열(2017). 스포츠 바우처 제도 분석: 길버트&테렐의 사회복지정책 분석틀을 중심으로. 청주대 대학원 석사학위논문.

Beveridge, W. H. (1942). *Social insurance and Allied Service.* London: Her Majesty's Staiionary Office.

Bigman, S. K. (1961). Evaluating the Effectiveness of Religious Programs. *Review of Religious Research, V.2,* Winter.

Chu, K. & Gupta, S. (1998). *Social safety nets: Issues and recent experiences.* Washington, DC: IMF.

Esping-Anderersen, G. (1990). *The Three Worlds of Welfare Capitalism.* Cambridge: Polity Press.

Freeman, H. & Sherwood, C. (1970). *Social Research and Social Policy.* Englewood Cliffs, N.J.: Prentice-Hall.

George, V. & Wilding, P. (1994). *Welfare and Ideology.* London, UK: Harvester Wheatsheaf.

Gilbert, B. & Terrell. P. (1988, 2002). *Dimensions of Social Welfare Policy*(4th ed.). Boston: Allyn and Bacon.

Gilbert, N. & Specht, H. (1986). *Dimensions of Social Welfare Policy.* New Jersey: Prentice-Hall.

Gilbert, N. & Terrell, P. (2002). *Dimensions of Social Welfare Policy*, 5th ed. Boston: Allyn and Bacon.

Gilbert, N. & Terrell, P. (2005). Dimensions of Social Welfare Policy(6th ed.). Boston: Allyn and Bacon.

Gilbert, N. & Terrell, P. (2007, 2011). 사회복지정책론: 분석 틀과 선택의 차원. [Dimensions of Social Welfare Policy(6th Edition)] (남찬섭, 유태균 역). 서울: 나눔의집(원저출판: 2005).

Hewitt, M. (2000). 욕구, 복지와 이데올로기: 복지국가에 대한 발전적 시각. [Welfare, Ideology and

Need: Developing Perspectives on the Welfare State] (김영화 외 역). 서울: 한울(원저출판: 1992).

KTV(2018.11.01.). [영상] 문재인 대통령 국회 시정연설.

Lohmann, R. A. (1989). 사회복지기관의 재무관리. [Breaking even] (신섭중 역). 서울: 대학출판사(원저출판: 1980).

Luxton, P. (1990). *Charity Fund Raising and Public Interest.* New York: McGraw-Hill.

Mendelsohn, A. R. (1980). *The Work of Social Welfare.* New York: A divison of Framklin Watts.

Mullard, M. & Spicker, P. (2004). 사회이론과 사회정책. [Social Policy in a Changing Society] (박형신, 송영민, 박보영 역). 서울: 일신사(원저출판: 1998).

Myrdal, A. (1968). *Nation and Family: The Swedish Experiment in Democratic Family and Population Policy.* M.A.: The MIT Press.

Posavac, E. J. & Carey, R. G. (1997). *Program Evaluation.* N.J.: Prentice Hall.

Rapp, C. & Poertner, J. (2002). 사회복지 기관행정. [Social administration: a client-centered approach] (정무성, 박차상 역). 서울: 나눔의집(원저출판: 1992).

Rogers, B. (1979). *The study of social policy: a comparative approach.* London; G. Allen & Unwin.

Roysw, D. & Thyer, B. (1996). *Program Evaluation.* Chicago: Nelson-Hall Publishers.

Taylor, G. (2009). 이데올로기와 복지. [Ideology and welfare] (조성숙 역). 서울: 신정(원저 출판: 2007).

Terrell, P. (2012). *Dimensions of Social Welfare Policy*(8th ed.). Boston: Pearson.

Titmuss, R. M.(1974). Social Policy.An introduction. Allen & Unwin.

Townsend, P. (1975). *Sociology and Social Policy.* London: Penguin Books.

Weiss, C. (1976). Symposium on the 'Research Utilization Quandary'. *Policy Studies Journal, 4*(3), Spring.

국민건강보험공단(http://www.nhis.or.kr).

근로복지공단(http://www.kcomwel.or.kr).

대한민국 정책브리핑(http://www.korea.kr).

디딤씨앗통장(http://www.adongcda.or.kr).

여성가족부(http://www.mogef.go.kr).

한국사회복지사협회(http://www.welfare.net).

찾아보기

(ㅋ)

(ㅌ)

(ㅍ)

(ㅎ)

저자 소개

김성철 백석대학원 NPO경영학과 주임교수

김성숙 서울시립대학교 사회복지학과 외래교수

김제선 강원대학교 사회복지학과 교수

박란이 대전광역시사회서비스원 복지협력부장

박윤희 백석대학원 NPO경영학과 초빙교수

박종란 서울한영대학교 객원교수

배순정 해밀원격평생교육원 운영교수

오현주 한국복지경영 & 코칭연구원장

이성은 수원대학교 미래융합교육원 교수

이혜영 에덴쉼터 요양원 대표

이흥재 한국열린사이버대학교 상담심리학과 특임교수/평생교육원 교수

임유진 고신대학교 사회복지학과 교수

한화진 세계사이버대학교 겸임교수

[개정판]

사회복지정책론

1판 1쇄 발행 – 2022년 8월 26일
2판 1쇄 발행 – 2025년 3월 25일

저　　자 - 김성철 김성숙 김제선 박란이 박윤희
박종란 배순정 오현주 이성은 이혜영
이흥재 임유진 한화진
발 행 인 - 강철원
발 행 처 - 양성원
주　　소 - 경기도 파주시 검산로 173번길 29-20
전　　화 - 031-946-3861(代)
팩　　스 - 031-946-3864
이 메 일 - tnwpub@naver.com
홈페이지 - tnwpub.co.kr
출판등록 - 2015년 8월 31일 제 2015-000211 호

ISBN 979-11-6126-614-5

정가 22,000원